経営管理論

上野恭裕／馬場大治 [編著]

ベーシック＋
Basic Plus

中央経済社

はじめに

▶なぜ経営管理論を学ぶのか

　現代は組織の時代です。人々は何らかの形で組織の活動に参加しています。組織活動にかかわらずに生きていくことは，現代社会では不可能でしょう。さらに組織の活動は人々の生活に影響を与えます。特に大規模企業組織の活動は，人々の生活に大きな影響を与えます。現代社会に生きる人々は，組織を管理運営するための正しい方法を身につけておく必要があります。

　経営管理論はこのような組織の管理運営を研究する学問です。研究の対象は大企業が中心になりますが，それ以外の組織，例えば中小企業や非営利組織なども研究対象となることがあります。経営管理論の知識は大企業の社長だけでなく，すべての人にとって必要な知識です。経営管理論は現代社会に生きる人々にとっての一般教養といえるでしょう。

▶本書の特徴

　本書は経営管理論を学習しようとしている大学生を主な対象として書かれています。基本的なテキストですが，レベルが低いというわけではありません。オーソドックスで重要な理論を，正しく理解することを目指して書かれています。基本的な経営管理論を，しっかりと学べるように工夫されていますので，大学院生が経営管理論の基礎を身につけるのにも役立ちます。また最近の社会の出来事にも目を向けながら，具体的，個別的な経営管理の問題も解説していますので，社会人が経営管理論の理論を理解し，それを現実の管理問題に応用する場合にも役に立ちます。

　本書は経営管理論の基本的な理論を理解するために，学説史的な流れを大切にしています。同時に経営管理問題の全体像を理解するため，内部組織の

マネジメントと外部環境のマネジメントという大きな枠組みを使って経営管理の問題を捉えています。

さらに現実の経営管理の問題を理解できるように，従来のテキストでは省略されることが多かった，個別管理の問題も解説しています。日本企業の経営管理の特徴と関連させて議論していますので，日本企業のあるべき姿を考えることができるでしょう。

▶本書の構成

本書は 4 部構成になっています。

第Ⅰ部「経営管理論の全体像」では，経営管理とは何か，またその舞台となる企業とは何かを考察し，「古典的管理論」と「近代管理論」と呼ばれる経営管理論の草創期の議論を検討することにより，経営管理論の全体像を明らかにします。

第Ⅱ部「内部組織のマネジメント」では，組織の内部の管理問題について議論を展開します。ここでは，どうすれば人がやる気を出して働いてくれるのか，というモティベーション論や，リーダーの行動に注目したリーダーシップ論を説明し，組織内部の問題である組織構造や組織文化のマネジメントについて議論します。

第Ⅲ部「外部環境のマネジメント」では，外部環境との関わりに目を移します。経営組織の環境適応の理論であるコンティンジェンシー理論を紹介したうえで，近年，経営管理論の中で中心的な地位を占めるようになった経営戦略論を解説しています。また，経営戦略に関連して注目を集めているイノベーションについても説明しています。

第Ⅳ部「日本企業のマネジメント」では，ヒト，モノ，カネといった経営

資源の管理問題である個別管理の問題を扱います。日本企業はこれら個別管理の方法に，際立った特徴を持っていました。ここでは個別管理における日本的経営の特徴とその変化，今後の日本企業のあり方について議論しています。

　以上の各部は，それぞれの領域における新進気鋭の研究者や，経験を積んだその領域の専門家により執筆されています。少し難しい議論もありますが，本書を読み通すことによって，組織を管理運営するための基本的な知識を身につけることができます。さらに，日本企業が直面する現実の経営管理の問題を理解し，日本企業のあるべき姿や進むべき方向性について考えることができるでしょう。

▶本書の使い方

　本書は半期15回の講義に使用できるように構成されています。基本的には最初から読み進めていくのが最も効率的な学習方法です。経営管理論の全体像をつかむためにも是非，第Ⅰ部から読んでください。ただし，時間的な余裕がない人や，すでに経営学の基本的な知識を得ている人は，第Ⅰ部を省略し，関心や必要性に応じて第Ⅱ部，第Ⅲ部から読んでもいいでしょう。あるいは具体的な個別管理の課題に直面している社会人の読者は，第Ⅳ部を必要に応じて読むという方法もあります。

　どのような順序で読むにしても，ロジックを丁寧にたどって，しっかりと理解するようにしてください。そのためには，各章の最初の「Learning Points」を，まずしっかりと読んでください。ここでは，この章で何を学ぶのか，ということが疑問文の形で書かれています。この問いを常に意識しながら，自分の頭でその答えを見つけるように本文を読む，という主体的な学習を心がけてください。

皆さんの主体的な学習の手助けとなるのが，章末にある「Working」と「Discussion」です。「Working」では自分で資料やデータを集めて，理解を深めていくための課題が出されています。少し面倒な作業ですが，この作業を行うことで，経営管理論が現実の社会問題を扱っていることを実感できるでしょう。その作業をしたうえで，友だち同士やゼミなどで「Discussion」に取り組んでください。ここでは，必ずしも正しい答えがないような課題が出されています。皆さん自身の頭で考え，そして仲間と議論してください。他人と議論することで頭が整理され，自分なりの答えが見つかるはずです。

▶謝辞

　本書の執筆に際して，貴重な原稿を提供していただいた執筆者にお礼申し上げると同時に，編者の作業の遅れにより，出版までに予想以上の時間がかかってしまったことをお詫びいたします。

　最後になりましたが，出版の機会を与えていただいた㈱中央経済社の代表取締役社長・山本継氏，本書の企画をご提案いただいた経営編集部編集長の納見伸之氏，丁寧な編集作業を行っていただいた同編集部の浜田匡氏に，この場を借りて厚くお礼申し上げます。

2016年5月

上野恭裕
馬場大治

目次

はじめに······001

第 I 部　経営管理論の全体像

第1章　経営管理論とはどのような学問か······012
1. 現代社会における基本問題······012
2. 管理とは何か······014
3. 経営管理の担い手······017
4. 本書の構成と経営管理論の歴史······020

第2章　企業とはどのような存在か······026
1. 企業と会社······026
2. 株式会社の特徴······030
3. 株式会社におけるトップ・マネジメントの構造······033
4. 株式会社の実際······038

第3章　マネジメントの誕生······043
1. 科学的管理法······043
2. 人間関係論······050
3. 現代のマネジメントへの役立ち······057

第4章　組織マネジメントの展開······060
1. 個人と組織―組織とは何か―······060

- 2 組織の存続条件―誘因と貢献のバランス― ... 066
- 3 意思決定のマネジメント ... 069
- 4 組織マネジメントの価値 ... 073

第Ⅱ部 内部組織のマネジメント

第5章 モティベーション論 ... 078
- 1 モティベーションとは ... 078
- 2 実体理論―人は何によって意欲が生まれるのか― ... 079
- 3 プロセス理論―モティベーションが生まれるプロセス― ... 084
- 4 モティベーションを生み出すマネジメント ... 088

第6章 リーダーシップ論 ... 093
- 1 リーダーシップの基礎 ... 093
- 2 リーダーシップのコンティンジェンシー理論 ... 097
- 3 トップとミドルのリーダーシップ ... 101
- 4 リーダーシップ研究の新展開 ... 105

第7章 組織構造のマネジメント ... 109
- 1 組織構造とは何か ... 109
- 2 官僚制組織 ... 114
- 3 組織形態 ... 117
- 4 組織構造の発展 ... 123

第8章 組織文化のマネジメント ……126

1. 組織文化とは何か ……126
2. 組織文化の機能と逆機能 ……129
3. 組織文化の形成と変革 ……133

第III部 外部環境のマネジメント

第9章 経営組織の環境適応 ……142

1. 環境適応の必要性 ……142
2. コンティンジェンシー理論の誕生 ……144
3. コンティンジェンシー理論の発展 ……154
4. コンティンジェンシー理論の意義と限界 ……156

第10章 企業戦略のマネジメント ……159

1. 経営戦略とは何か ……159
2. ドメインの設定 ……161
3. 多角化 ……163
4. 多角化企業の資源配分 ……166

第11章 競争戦略のマネジメント ……174

1. 競争優位とは何か ……174
2. ポジショニング・アプローチ ……176
3. 経営資源アプローチ ……179
4. 競争優位のタイプ ……184

第12章 イノベーションのマネジメント　　189

- 1 イノベーションとは何か　　189
- 2 イノベーションの発生　　192
- 3 イノベーションの全体像　　195
- 4 イノベーション・メカニズムの解明に向けて　　203

第Ⅳ部 日本企業のマネジメント

第13章 日本企業における人のマネジメント　　206

- 1 人のマネジメントとは何か　　206
- 2 人のマネジメントの特殊性　　209
- 3 日本的経営と人のマネジメント　　212
- 4 新しい日本的経営へ向けて　　218

第14章 生産管理とその日本的特徴　　221

- 1 ２つの大量生産物語　　221
- 2 生産管理と経営　　225
- 3 生産技術の進化　　230
- 4 品質の理論　　232
- 5 生産管理と企業の優位性　　235

第15章 日本企業の財務管理とコーポレート・ガバナンス　　238

- 1 財務管理とコーポレート・ガバナンス　　238
- 2 日本企業の資本調達　　239

| **3** | 日本型コーポレート・ガバナンスの成立 | 244 |
| **4** | 日本におけるコーポレート・ガバナンスをめぐる議論 | 250 |

索　引 ... 257

第 I 部

経営管理論の全体像

第1章
経営管理論とはどのような学問か

第2章
企業とはどのような存在か

第3章
マネジメントの誕生

第4章
組織マネジメントの展開

第1章 経営管理論とはどのような学問か

第I部 ● 経営管理論の全体像

Learning Points

- ▶経営管理とはそもそも何でしょうか。何のために経営管理が必要なのでしょうか。
- ▶経営管理は一体誰が行う仕事なのでしょうか。社長以外には関係のない仕事なのでしょうか。
- ▶経営管理論はどのような歴史を持ち、どのように発展してきたのでしょうか。

Key Words

経営管理　マネジメント　管理職能　管理者層　トップ・マネジメント

1 現代社会における基本問題

　現代社会は高度に分業が進んだ社会です。自給自足で生活している人はほとんどいません。自分の身の回りのものを見渡しても、自分や家族が手作りしたものはほとんどありません。身の回りのものの多くを企業が作っています。住宅会社が建てた家に住み、アパレル会社が作った服を着て、自動車会社が作った自動車で外出し、スーパー・マーケットやコンビニエンス・ストアなどの小売業の店舗で食料を購入し、レストランで外食をします。

　人間の生活の基礎的な衣食住のほとんどが企業活動によって支えられています。企業が作ったものを買うためのお金もまた、企業で働くことによって得られます。

　もし、企業が適切に運営されなければ、必要のないものや好ましくないものを無駄に生み出したりして、人々の生活を悪化させます。単に、企業が質

の悪い製品を生み出して消費者が不便な思いをするだけでなく，副産物として生み出されるものによって被害を受けることもあります。公害などはその典型です。また，企業が適切に運営されずに倒産してしまうと，人々は生活の糧を得る手段を失ってしまいます。

このように人間の生活に密接に関わっている企業活動を適切に運営するにはどうすればいいのでしょうか。そもそも企業を適切に運営するというのはどういうことでしょうか。

企業活動においては，さまざまな経営資源がインプットとして企業に投入されます。資本金や運転資金などの資金，工場などの建物，原材料などの物的資源，労働力を提供する人的資源などです。また技術やブランド等，情報的経営資源も必要です。それらが企業に投入され，企業内部で技術変換が行われ，必要な製品やサービスがアウトプットとして産出されます。

企業が生み出すアウトプットは，人々の役に立つものでなければなりません。人々が必要としないものを生み出しても仕方がありません。必要とするものが効率よく生産されると，その結果として，人々の生活が豊かになります。また，そのような活動を企業が継続的に行っていくための原資である利益も得られます。利益の獲得は企業活動の結果として得られるものです。

利益は企業の目的とも考えられますが，企業の究極の目的は人々の幸福であり，利益はそのために企業活動に再投資される手段なのです。お金儲けは大変重要なことではあるのですが，最終的な目的ではありません。

経営学では，お金儲けの手段について考えることがよくありますが，単なるお金儲けのための学問ではなく，企業の適切な運営を考える学問である，ということを忘れないでください。

では経営管理論とはどのような学問なのでしょうか。経営管理論はこのような経営学の中心的な一領域として発展した学問です。経営学は企業の適切な運営のための学問だと述べましたが，その適切な運営を管理という側面から分析し，考察を行った学問が経営管理論です。では管理とはそもそも何でしょうか。

2 管理とは何か

2.1 管理の本質

　経営管理論は企業の適切な運営を管理的な側面から追求する学問です。では管理とはそもそも何でしょうか。管理という言葉には，あまりよいイメージがないかもしれません。管理野球や管理教育など，堅苦しいイメージが付きまといます。しかしながら，管理という仕事は堅苦しいだけでなく，人々が大きな仕事を成し遂げるためには非常に重要な仕事なのです。

　管理は英語では**マネジメント**（management）です。英語の management という語は manage という動詞の名詞形ですが，manage はもともとは馬を調教するという意味でした。そこから困難な目標を何とかうまく成し遂げる，という意味になり，管理という意味で使われるようになりました。

　1人で成し得ない大きなことを行うために，組織が生まれますが，その組織を運営していくために必要な能力が管理能力です。マネジメントの本質は"Doing things through others"である，という言葉があります。他人を通して物事を成し遂げること，いいかえると他人の協力を取り付けて組織を運営し，難しい事業を成し遂げることがマネジメントであり，それこそが管理の本質なのです。

　そのためにさまざまな方法が用いられます。管理野球に代表されるような，統制を強めた方法もその1つかもしれませんが，逆に選手の自主性に任せた自由な管理方法もあり得ます。

2.2 管理の要素

　ファヨール（Fayol, J. H.）は，企業における管理問題の存在とその重要性を初めて明示的に指摘し，全般管理の問題を中心とした体系的な経営管理論を初めて提示しました。そのため，第3章で取り上げるテイラーと並んで，

図表1－1 ▶▶▶ ファヨールの職能分析

```
           ┌ 技術：生産，製造，加工など
           ├ 商業：購買，販売，交換など
           ├ 財務：資金の調達と運用
経営活動 ─┤ 保全：財産と従業員の保護
           ├ 会計：貸借対照表，原価計算と統計など
           │
           │          ┌ 計画：将来を探求し，活動計画を作成すること
           └ 管理     │ 組織：事業経営のための物的，社会的な二重の有機体を構
                     │       成すること
               管理要素 ┤ 命令：従業員を職能的に働かせること
                     │ 調整：あらゆる活動，あらゆる努力を結合し，団結させ，
                     │       調和を保たせること
                     └ 統制：樹立された規則や与えられた命令に一致してすべて
                             の行動が営まれるよう監視すること
```

出所：占部都美 [1981], 50頁, 図2をもとに筆者作成。

「経営管理論の父」とも呼ばれています。

彼は，1841年にトルコで生まれ，1860年にフランスの名門の鉱山学校を卒業後，コマントリ・フルシャンボールという鉱山会社に入社し，その会社で社長にまで上り詰めました。ファヨールが社長になるまで同社は業績を悪化させていましたが，ファヨールはその企業の業績を立て直します。その経験から経営管理の重要性を認識し，多くの論文を発表しました。その成果をまとめたのが1917年に出版された *Administration industrielle et Generale*（『産業ならびに一般の管理』）です。

この本では，**図表1－1**にあるように，経営活動は技術，商業，財務，保全，会計，管理の6つの活動からなり，これらは企業の本質的な職能として常に存在する，としています。この中で，最初の5つの職能は従来からよく知られた職能でした。これに対して，最後の管理職能に関しては，それまで明確には認識されていませんでした。

図表1－1にあるように，ファヨールは，管理職能を「計画し，組織し，命令し，調整し，統制することである」と，5つの管理要素をもって定義しています。このような管理職能は，企業のあらゆる活動の背後で遂行される職能です。例えば，生産にあたって，技術的職能が必要なことはいうまでも

ありませんが，それが十分に機能するためには，「計画し，組織し，命令し，調整し，統制する」管理職能が不可欠なことは容易に理解できるでしょう。このように，管理職能は，企業経営のあらゆる局面において必要な，最も重要な職能であるとファヨールは指摘しています。

したがって，管理職能は組織のあらゆる階層でみられる職能であることになりますが，管理階層によってその重要性は異なります。それを示したのがファヨールの法則です。この管理職能は管理階層が上層へ行くほどその重要性を増します。また同じ上位の管理階層でも企業規模が大きいほどその重要性が増してきます。つまり大企業のトップ・マネジメントはその能力の大部分を管理職能の遂行に向ける必要があるのです。

Column　ファヨールの議論と管理過程論

　本文にあるように，ファヨールは全般的な管理職能の重要性を明示的に示し，その具体的内容を，管理要素という形で初めて定義しました。さらに，管理職能を遂行する上での指針として，自身の経験から導いた管理原則を提示しています。それは，①分業，②権限と責任，③規律，④命令の一元性，⑤指揮の統一，⑥個人利益の一般的利益への従属，⑦公正な報酬，⑧集権化，⑨階層，⑩秩序，⑪公正，⑫従業員の安定，⑬創意力，⑭団結，の14の原則です。これらの原則は，現在の目でみると，いささか古びた印象になってしまっているものもありますが，「1人の従業員は1人の上司から命令を受けなければならない」とする命令の一元性の原則や，「分業によって，同じ努力で，より多くの，より良いものを生み出す」とする分業の原則（専門化の原則とも呼ばれます）のように，現在においても，組織構造を議論するにあたって用いられる，重要な概念も含んでいます。

　ファヨールの議論は，アメリカに紹介され，経営管理論の発展に大きな影響を与えます。すなわち，管理職能の具体的内容（ファヨールの管理要素に該当しますが，後には管理過程と呼ばれます）を定義し，管理原則を示すことによって経営管理について論じようとするファヨール流の議論は，管理過程論と呼ばれ，1950年代までのアメリカにおいて，大きな勢力を誇りました。その後，管理原則の曖昧性や非科学性が認識され，この学派は衰退し，第一線を退くことになります。しかしながら，経営管理の具体的内容を管理過程の形で整理し，議論を進める管理過程論のスタイルは，現代の経営管理論の教科書において，形を代えながらも，少なからず継承されています。つまり，現代の管理論の基本的な枠組みを作ったという意味において，ファヨールの貢献は大きいと考えられます。

本書は主に大企業の経営管理の問題を扱っています。それはファヨールの法則でも示されているように，管理の仕事は大企業の経営管理者にとって特に重要な仕事になるからです。大企業の経営管理者は，多くの従業員を取りまとめて，大きな企業目的を遂行していく必要があります。そのための指針が必要とされています。ただ，経営管理は先ほども述べたようにトップ・マネジメントだけの仕事ではありません。そこで次に経営管理の担い手について確認しておきましょう。

3 経営管理の担い手

3.1 管理者の垂直的階層

経営管理を担当する人は一般的にマネジャーと呼ばれますが，それはどのような人々なのでしょうか。最も基本的な会社組織を例にとりみてみましょう（図表1－2）。

経営組織は垂直的には**所有者層**，**経営者層**，**管理者層**，**従業員層**の4つの階層に分けられます。

所有者層は企業の所有者で株式会社では株主です。株主は企業経営に必要な資金を出資し，その証明として株式を保有します。小さな企業では株主でありながら，自ら企業を経営する経営者であることが多いでしょう。

しかしながら，企業が大きくなると，株主は自分で経営することは少なくなります。所有と経営の分離という現象です。詳しくは第2章で学びますが，規模の拡大による株式所有の分散と専門的経営能力の必要性から，株主は自分で経営するのではなく，他人に経営を任せます。株主総会で自分の代わりに経営をしてくれる取締役を選任し，その取締役に経営を委託します。

株主総会で選ばれた取締役は，株主の委託を受けて経営を担当します。公開会社の場合は3名以上の取締役で取締役会を構成し，この取締役会が経営を担当する**経営者層**として，経営の基本方針の決定や重要な業務執行に関す

図表 1 − 2 ▶▶▶ 日本企業のマネジメント層

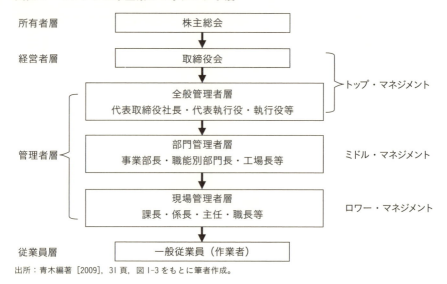

出所：青木編著［2009］，31頁，図1-3をもとに筆者作成。

る意思決定，およびその執行の監督を行います。

　取締役会で決められた基本方針を実際に遂行するのが**管理者層**です。管理者層には**全般管理者層，部門管理者層，現場管理者層**が存在しますが，取締役会で選任された代表取締役（指名委員会等設置会社では代表執行役）を中心とした全般管理者層が，業務遂行についての責任を持ちます。

　この代表取締役（代表執行役）は法律的な呼称であり，会社を代表する権限と業務執行の権限を持っている人を指します。多くの場合，社長という肩書の人が代表取締役社長としてその任務を担当しますが，会長や副社長など，社長以外の人が代表権を持って社長とともにその業務に当たることもあります。代表取締役社長は，専務取締役，常務取締役などとともに全般管理者層として業務遂行と企業の全般的な経営管理を担当します。

　この代表取締役を中心とした全般管理者層と，取締役会という経営者層を合わせて**トップ・マネジメント**と呼ぶことがありますが，法律的には別の機関ということになります。ただし，実際の日本企業では両者のメンバーが重複していることが多く，階層は未分化となっています。また全般管理者層は

経営者層と呼ばれることもあり、実務的には経営者と管理者の区別はそれほど明確なものとはなっていません。

全般管理者層により決定された方針や計画に基づいて、部門別に業務を遂行するのが、**ミドル・マネジメント**と呼ばれる部門管理者層です。管理業務の水平的な分業により、部門ごとの管理を行う事業部長や、職能別の生産部長や営業部長などの職能別部門長が誕生します。これらの部門別管理者層の指揮のもと、課長や係長などの**ロワー・マネジメント**と呼ばれる現場管理者層が、**従業員層**である一般従業員（作業者）を使いながら、実際の業務を遂行していきます。

この分類は法律の規定を基本とした一般的なマネジメント層の分類ですが、現実の企業では、取締役会の形骸化なども進んでおり、制度と現実の乖離が起こっています。法律上は取締役会が代表取締役を選任することになっていますが、現実は代表取締役社長が取締役の人事権を掌握していることが多いのが実情です（第2章参照）。また企業規模が小さい場合や、意図的に管理層を少なくしている、いわゆるフラットな組織では、ミドル・マネジメントが存在しない場合もあります。

3.2 個別部門の管理問題（水平的分化）

3.1項では管理者の垂直的階層について説明しました。ここでは経営管理問題の水平的分化をみていきましょう。

企業活動には、例えば製造業では、研究開発、生産、販売、アフターサービスといったさまざまな仕事があります。経営学ではそれらさまざまな種類の仕事を職能といいます。本章の第2節で説明したファヨールの6つの職能（技術職能、商業職能、財務職能、保全職能、会計職能、管理職能）もこの仕事の種類を述べたものです。

企業が大規模化すると、この職能別に部門化が行われ、部門ごとに管理が行われ、職能ごと、部門ごとの管理問題の専門化が進みます。それが水平的な管理問題の分化です。経営学でも管理問題の水平的な分化に伴い、個別管

理の問題の研究が進みました。生産に関しては生産管理論，財務に関しては財務管理論，人事に関しては人的資源管理論といった具合です。本書ではこれらの問題を第Ⅳ部で扱います。では次に，本書の構成を経営管理論の歴史と関連させながらみていきましょう。

4 本書の構成と経営管理論の歴史

4.1 経営管理の枠組みと古典的管理論・近代管理論（第Ⅰ部）

　経営管理論はテイラー（Taylor, F. W.）の科学的管理法に始まり，およそ100年の歴史を持っています。本書は基本的にはこの経営管理論の歴史に沿って議論が展開されています。もちろん，年表のように一直線に年代順に理論を並べているわけではありません。さまざまな問題は並行して研究が進められています。また，かつて盛んに議論された問題に再び光が当たり，議論が再燃して理論が発展することもあります。しかしながら，経営管理論が対象とする問題は年代別にみると大きな流れを持っています。本書もその大きな流れに沿って議論を展開しています。

　まず第Ⅰ部の第1章（本章）で，経営管理とは何か，経営管理論とはどのような学問かについての基本を確認します。この後，第2章でその経営管理論が主要な研究対象とする企業の姿を明らかにしていきます。企業とはそもそもどのような存在か，どのように管理されているのかということを法律面・制度面から説明した後，実際の企業経営の側面からも分析を加えていきます。さらには，経営管理の目的を規定し，そのあり方の前提となるコーポレート・ガバナンスの問題も，ここで論じられます。この第1章と第2章は本書全体の議論の前提となりますので，しっかりと理解してください。

　第3章ではテイラーの**科学的管理法**と，その後に展開された**人間関係論**について説明をします。経営管理の父と呼ばれたテイラーが *The Principles of Scientific Management*（『科学的管理法』）を出したのが1911年です。また

その後に展開された人間関係論のホーソン実験が行われたのが 1924 年から 1932 年で，その実験を受けて書かれたメイヨー（Mayo, E.）の代表的著作である *The Human Problem of an Industrial Civilization*（『産業文明における人間問題』）が発表されたのが 1933 年です。第 3 章ではこれらの**古典的管理論**と呼ばれる理論をみていくことで，どのような形でマネジメントの学問である経営管理論が誕生したのかをみていきます。

第 4 章では古典的管理論から発展してきた管理論が，科学としての地位を確立した時期の理論であるバーナード（Barnard, C. I.），ならびにサイモン（Simon, H. A.）の理論を学びます。バーナードの *The Functions of the Executive*（『経営者の役割』）が出版されたのが 1938 年で，サイモンの *Administrative Behavior*（『経営行動』）の初版が 1947 年です。20 世紀半ばに経営学は技法からサイエンスへと発展していきます。第 4 章ではこれらの理論を学ぶことで，組織とはそもそも何か，組織はどうすれば存続するのかという根本的な問題を考えます。

4.2 組織内部の管理問題（第Ⅱ部）

メイヨーらが展開した人間関係論は初期人間関係論ともいわれます。初期人間関係論から発展してきたのが**モティベーション論**であり，初期人間関係論に対して新人間関係論といわれます。モティベーション論の基礎となる心理学者マズロー（Maslow, A. H.）の欲求階層説は 1943 年の論文で発表されています。またブルーム（Vroom, V. H.）の著作 *Work and Motivation*（『仕事とモティベーション』）が出版されたのは 1964 年で，1950 年代から 60 年代にかけて，モティベーション論が展開されるようになります。

これと同時期に並行してリーダーシップ論が展開されます。20 世紀の半ば以降，リーダーシップの行動理論についての著作が発表され，本格的な**リーダーシップ論**が展開されました。本書では第 5 章でモティベーション論を扱い，第 6 章でリーダーシップ論を議論します。

これらの議論は主に組織内部の管理問題でした。この問題に関連して第 7

章では**組織構造**の問題を，第8章では**組織文化**の問題を扱います。組織構造は組織内部の分業の枠組みの問題であり，組織文化は組織内部の価値観，ものの考え方，行動規範の問題です。基本的にはともに組織内部の問題を扱っていて，従来の経営管理論の伝統を受け継いでいます。

組織構造の議論としては古くは20世紀初頭のマックス・ウェーバー（Weber, M.）の議論がありますが，経営学の領域で本格的な議論が進んだのは1960年代以降と考えられます。

1962年に経営史の研究者であるチャンドラー（Chandler, A. D., Jr.）は *Strategy and Structure: Chapters in the History of the Industrial Enterprise*（『経営戦略と組織』）という著作で，「組織は戦略に従う」という有名な命題を提示しました。最適な組織はその企業の採用する戦略に規定されるという意味ですが，この研究をさらに発展させ，組織の全体構造のデザインを議論したのがガルブレイス＝ネサンソン（Galbraith, J. R. & D. A. Nathanson）による *Strategy Implementation: The Role of Structure and Process*（『経営戦略と組織デザイン』）です。この本が1978年に出版されているように，1970年代から80年代にかけて組織構造について活発な議論が展開されました。

組織文化の議論のきっかけとなったピーターズ＝ウォーターマン（Peters, T. J. & R. H. Waterman）の *In Search of Excellence: Lessons from America's Best-Run Companies*（『エクセレント・カンパニー』）は1982年にその初版が出版されています。その後20世紀の終わりから21世紀にかけて，組織文化については活発な議論が行われました。

4.3　外部環境の管理問題（第Ⅲ部）

企業の内部の管理問題に続いて，第Ⅲ部では企業の外部環境との関わりを議論します。歴史的にも，経営管理論は企業内部の管理問題から20世紀の後半には企業の外部環境との関わりに議論が移ってきています。

まず1960年代に企業を外部環境と関わりを持った存在と考える**オープン・システム観**を前提として，**社会−技術システム論**という議論が展開され

ます。さらに，1960年代から1970年代にかけて，外部環境との適応問題に関する実証研究が数多く発表され，**コンティンジェンシー理論**が確立されていきました。この企業の環境対応の問題を扱っているコンティンジェンシー理論を第9章で議論します。

コンティンジェンシー理論は環境対応理論として一世を風靡しますが，コンティンジェンシー理論における環境対応は環境に対する受動的な対応であるという限界がありました。それに対して1960年代に誕生し，1980年代に大きく発展した研究領域が**経営戦略論**です。先に述べたチャンドラーが，*Strategy and Structure* で初めて戦略という用語を経営学で用いました。また1980年代にはハーバード大学のポーター（Porter, M. E.）によって**競争戦略論**が展開され，経営戦略論は経営管理論，経営学の中心的な領域として発展してきました。

本書では第10章と第11章で経営戦略の問題を議論します。第10章は企業全体の戦略問題を扱う全社戦略（企業戦略）で，第11章は個別の事業レベルの競争を扱う事業戦略（競争戦略）です。これらの経営戦略論では企業は単に受動的に経営環境に対応するだけでなく，積極的に環境に働きかけ，環境創造を行う存在として捉えられています。企業は**イノベーション**を起こすことによって，新しい事業領域を創造し，長期的に存続発展を図っていく存在なのです。この経営戦略の関係から，企業のイノベーションの問題を第12章で議論します。

4.4　個別管理とその日本的特徴（第Ⅳ部）

このように，第Ⅲ部までは，全般管理の問題を中心に，経営管理論の歴史に沿って議論が展開されます。第Ⅳ部では，部門管理層の問題である個別管理について，人の管理（第13章），生産管理（第14章），財務管理（第15章）の順番に，論じていきます。

ここでは，これらの管理問題に関して，日本企業の企業経営の特徴と関連させて論じていきます。その理由は，これらの職能の管理問題において，日

本企業が際立った特徴を持っており，それが日本企業の成長を支えたと考えられるからです。アメリカでも日本でも，どこの国の企業でも個別管理の問題は存在しますが，日本企業は欧米の企業とは異なったやり方で，これらの問題を解決してきたのです。

第13章で取り上げる，人の管理の問題に関しては，日本には，終身雇用を中心とする日本的雇用慣行が存在するとされています。第14章の生産管理に関しては，トヨタ生産方式やセル生産方式といった，世界に広がった生産方式が日本で生まれています。また，第15章で説明されるように，日本企業のコーポレート・ガバナンス（企業統治）は，株主だけではなく，すべてのステークホルダーを重視する独特のものであるとされますが，その背後には，財務政策や労務政策の日本的特徴が存在すると考えられます。

第Ⅳ部ではこのような日本企業の発展を支えた個別管理の問題を説明するとともに，その変化の過程を明らかにしていきます。そのうえで今後の日本企業の進むべき方向性を考えます。

以上が本書の大まかな構成です。本書を通読することによって，経営管理論の全体像と日本企業の特徴，さらには今後の進むべき方向性とその指針が得られるでしょう。

Working　　　　　　　　　　　　　　　　　　　　　　　　　　　調べてみよう

現在，企業に関連してどのような社会問題が存在しているでしょうか。新聞やインターネットを使って調べてみましょう。

Discussion　　　　　　　　　　　　　　　　　　　　　　　　　　　議論しよう

経営管理とは誰が，何のために，何をすることなのか，話し合ってみましょう。

▶▶▶**さらに学びたい人のために**

- 青木幹喜編著［2009］『人と組織を活かす経営管理論』八千代出版。
- 喬晋建［2011］『経営学の開拓者たち──その人物と思想』日本評論社。
- 経営史学会監修，佐々木恒男編著［2011］『ファヨール──ファヨール理論とその継承者たち（経営学史叢書Ⅱ）』文眞堂。

参考文献

- 青木幹喜編著［2009］『人と組織を活かす経営管理論』八千代出版。
- 伊丹敬之・加護野忠男［2003］『ゼミナール経営学入門（第3版）』日本経済新聞社。
- 占部都美［1981］『近代管理論』白桃書房。
- 喬晋建［2011］『経営学の開拓者たち──その人物と思想』日本評論社。
- Barnard, C. I. [1938] *The Functions of the Executive*, Cambridge, Mass.: Harvard University Press.（山本安次郎・田杉競・飯野春樹訳［1968］『新訳　経営者の役割』ダイヤモンド社）
- Chandler, A. D., Jr. [1962] *Strategy and Structure: Chapters in the History of the Industrial Enterprise*, Cambridge, Mass.: M. I. T. Press.（三菱経済研究所訳［1967］『経営戦略と組織』実業之日本社；有賀裕子訳［2004］『組織は戦略に従う』ダイヤモンド社）
- Fayol, J. H. [1917] *Administration Industrielle et Generale*, Paris: Dunod & Pinat.（山本安二郎訳［1985］『産業ならびに一般の管理』ダイヤモンド社）
- Galbraith, J. R. & D. A. Nathanson [1978], *Strategy Implementation: The Role of Structure and Process*, London: West Publishing.（岸田民樹訳［1989］『経営戦略と組織デザイン』白桃書房）
- Mayo, E. [1933] *The Human Problems of an Industrial Civilization*, New York, NY: The Viking Press, Inc.（村本栄一訳［1967］『(新訳)産業文明における人間問題』日本能率協会）
- Peters. T. J. & R. H. Waterman, Jr. [1982] *In Search of Excellence: Lessons from America's Best-Run Companies*, New York: Harper & Row.（大前研一訳［2003（1983）］『エクセレント・カンパニー──超優良企業の条件』講談社；英治出版）
- Simon, H. A. [1947] *Administrative behavior: A Study of Decision-Making Processes in Administrative Organization*, New York, The Macmillan Company.（松田武彦・高柳暁・二村敏子訳［1965］『経営行動──経営組織における意思決定過程の研究』ダイヤモンド社）
- Taylor, F. W. [1911] *The Principles of Scientific Management*, New York & London: Harper Brothers.（上野陽一訳・編［1969］『科学的管理法』産業能率大学出版部）
- Vroom, V. H. [1964] *Work and Motivation*, New York: John Wiley & Sons.（坂下昭宣・榊原清則・小松陽一・城戸康彰訳［1982］『ヴルーム・仕事とモティベーション』千倉書房）

第2章 企業とはどのような存在か

第Ⅰ部●経営管理論の全体像

Learning Points

▶いろいろな種類の会社が設立できるにもかかわらず，現代社会において，大多数の会社は株式会社の形態になっています。その理由は，何でしょうか。

▶日本の株式会社のトップ・マネジメントの特徴はどのような点にあるでしょうか。

▶アメリカにおいて，会社の支配権が株主から経営者の手に渡り，再び，株主の手に戻ったといわれています。このような変化の背後に，どのような状況の変化があったのでしょうか。

Key Words

株式会社　有限責任　取締役会　資本の証券化　所有と支配の分離　株主復権

1 企業と会社

1.1 会社とは何か

　本書では，企業の経営管理の問題を中心に考察を進めていきます。そして，その企業のほとんどは，会社とも呼ばれています。この章では経営管理の舞台となる，会社の仕組みを説明しますが，そもそも，企業や会社とは何であり，両者はどう違うのでしょうか。

　人々が必要とする財やサービスを生産し，販売するといった，事業活動を営むための組織を，一般に**企業**と呼びます。これに対して，会社とは，そのような活動を行うための法律上の組織形態の1つを指します。Column にあ

るように,会社以外の企業も存在しないわけではないのですが,圧倒的多数の企業は,会社の形態をとっています。

事業を行うにあたって,ヒト・モノ・カネといった多くの経営資源が必要とされます。そのなかで,まず最初に必要とされるのは,**出資**の形での資金です。出資とは,資金を提供するにあたって,貸付のように貸した金額が保証され,返還される形ではなく,その事業が行われている間は資金が提供され続け,損失が発生した場合はそれが減ってしまう(反対に,利益が上がった場合は,その利益が与えられる)形での資金の提供をいいます。

通常,事業にはリスクが伴いますので,このような資金が「元手」として存在しないならば,他の経営資源の提供者もリスクを負担することになり,各種の経営資源が提供されるにあたって,それを考慮した非常に複雑な契約を結ぶ必要が生じます。出資の形での資金が存在することにより,リスクの負担を出資者に限定して,つまり,出資された資金を信用の基礎として,外部からさらなる資金を借り入れたり,人々を従業員として雇用したりすることが,各段に行いやすくなります。

Column 企業の種類

民間の出資による私企業だけではなく,政府や地方自治体といった公の出資による公企業といわれる企業も存在します。また,民間と公の両者の出資による公私混合企業と呼ばれる企業形態もあります。民間と公共の優れた面を活用すべく設立される,第3セクターはこれに該当します。

一般に,私企業は,出資者の利益を目的として設立され,営利目的をもって運営されます。そのため,公営の交通機関のように人々の生活にとって重要性が高いにもかかわらず利益が出にくいような分野や,水道のように極めて公共性の高い分野に関しては,営利目的に従って事業を運営しない公企業にゆだねられることが,政策的に行われることが多いようです。

また,営利目的で事業を運営する,個人企業や **2.1** 項で説明されている各種の会社組織のほか,私企業の中にも非営利の目的をもって運営される企業形態もあります。生活協同組合や農業協同組合のような,組合員の相互扶助を設立目的にする共同組合や,生命保険のような出資者の保険を引き受ける相互会社がこれに含まれます。

事業を行う個人が出資し，その個人の名前で事業を行う，**個人企業**の形で事業を起こすことも可能ですが，事業の規模が大きく，多人数からの出資が必要である状況を考えると，個人企業では問題が非常に複雑になります。

例えば，5人のグループでお金を出し合って事業を行っているケースを考えましょう。この時，このグループが取引先や従業員といった他の経済主体と契約を結ぶ場合，5人の名前でそれを行わねばならず，契約が非常に複雑になります。また，この5人の出資者の間での権利義務の関係を明らかにしようとすると，それぞれの間で非常に多くの複雑な契約が必要となります。

これに対して，事業を行っている主体を，この5人の個人とは別に，法律上の権利義務の主体となる資格を認められた組織である**法人**の形にすることにより，他の経済主体との契約はスムーズにできるようになります。また，5人の権利関係は，それぞれの間の契約で決めるのではなく，この5人によって設立された法人と各人の契約関係にすることにより（この種の法人は**社団**と呼ばれます），それを単純な形で規定することができるようになります。

法律では，会社はこのような特徴を備えた「営利事業目的の社団法人」であるとされています。つまり，多くの人々が出資している企業を運営するにあたって，それを会社の形で行うことにより，運営が非常にシンプルに行えるようになるのです。

1.2 会社の種類

さて，会社法では，会社のあり方に関して，詳細に規定しています。わが国では，**図表2−1**に示されているように，4種類の会社の設立が認められています。

会社が倒産し，解散する場合，会社の財産をもってその債務の返済にあてることになりますが，それだけで債務のすべてを返済できない場合，残った債務がどうなるかが問題となります。出資者が，個人財産を用いてでも，債務をすべて支払わなければならない義務があることを，出資者の無限責任と

図表2-1 ▶▶▶ 会社の種類

会社		出資者		譲渡制限	運営		法的規定
		名称	責任		主体		
持分会社	合名会社	社員	無限	↑ 社員全員の承認が必要 ↓	↑ 全社員 ↓	小 ↑ ｜ ｜ ｜ ↓ 大	定款自治の範囲大
	合資会社	社員	無限・有限				
	合同会社	社員	有限				
	株式会社						
	非公開会社	株主	有限	会社の承認が必要	↑ 会社機関 ↓		会社法上の規定大
	公開会社	株主	有限	原則譲渡自由			

出所：筆者作成。

いいます。上述のように会社法では，会社は出資者からなる社団法人であるとの前提で規定されていますので，その構成員である出資者は**社員**（通常の会社員，従業員の意味での「社員」とは違うので注意が必要）と呼ばれます。したがって，この種の出資者は，**無限責任社員**と呼ばれます。一方，出資した資金がゼロとなる以上は，債務に対して責任が発生しないタイプの出資者を，**有限責任社員**と呼びます。

会社の形態は，まず，第1に，社員の責任の範囲によって定義されます。**合名会社**は無限責任社員のみからなり，**合資会社**は，無限責任社員と有限責任社員の両者を社員としています。これに対して，**合同会社**（**LLC**）と**株式会社**は，有限責任社員のみからなります。

もう1つ，会社の形態を分ける重要な属性は，出資したことに伴う権利を第三者に自由に譲渡できるかどうかです。合名会社，合資会社，合同会社では，この権利は**持分**と呼ばれ，この3つの会社を**持分会社**と呼びます。これらの会社では，持分の自由な譲渡は制限されており，ある社員がその持分を譲渡するにあたって，社員全員の承認が必要となります。

これに対して，株式会社は出資したことの権利が**株式**の形で小口に分割されており，株式の売買の形で，権利の移動が行われます。ただし，株式会社の中には，株式の譲渡にあたって会社の許可が必要な**株式譲渡制限会社**（非公開会社とも呼ばれます）と，自由に株式の譲渡が可能な**公開会社**があります。

なお，かつては，有限責任社員のみから構成され，持分の譲渡制限があっ

た**有限会社**と呼ばれる会社形態が認められていましたが、2006年の会社法の改正により廃止され、株式会社に統合されました。ただし、かつて有限会社であった会社は、「特例有限会社」として、従前どおり存続することも可能とされています。

2 株式会社の特徴

2.1 有限責任

　現在、世界の会社の圧倒的多数派は株式会社です。それは株式会社が多くの資金を集めること、すなわち、多くの投資家が比較的容易に出資することが可能な企業形態であるからです。つまり、今日われわれが目にするような、大規模な企業経営が可能となったのは、株式会社の仕組みが発明されたことによるといっても過言ではないでしょう。

　株式会社が多くの出資を比較的容易に集められる理由の第1は、出資者である株主が有限責任であることにあります。合名会社や合資会社のように無限責任で出資する場合、会社が倒産し、その時残った債務を弁済するにあたって、会社財産の処分だけで足りない場合は、出資者の個人財産からも、残った負債を弁済する責任を負うことになります。

　複数の人々が無限責任で出資している場合、会社への出資分以外に全く財産を所有しない出資者は、いわば、「ない袖は振れない」ので、そのような要求に答えようがない反面、多くの財産を保有する出資者は、それだけ多くの個人財産を提供する必要があることになります。つまり、無限責任のもとで出資する場合、自らが負担するリスクの大きさを本当に知るためには、他の出資者の財産の状態について熟知している必要があり、そのようなことが可能なのは、本当に近しい人々のみの出資しか必要としない場合であることになります。

　これに対して、有限責任で出資している場合、そもそも出資額がゼロにな

る以上の責任を負う必要がありません。また，他の出資者の財産状態にかかわらず，会社の財政状況を把握するだけで，出資に伴うリスクを把握することが可能となります。このように，出資者から見ると，有限責任の場合は，無限責任と比べて，格段に出資しやすい形態であることになります。

2.2　資本の証券化

　株式会社において，それに出資した権利は，均等に小口化され，流通性のある「株式」という証券の形になっています。これを，**資本の証券化**といい

> **Column　株式の上場と2つの「公開会社」**
>
> 　2.2項で説明されている，株式会社における資本の証券化のメリットを享受するためには，株式の譲渡が制限されていない必要があります。図表2－1にあるように，会社法上，株式会社には株式譲渡制限会社（非公開会社）と公開会社がありますが，ここでの議論は公開会社を前提にしていることになります。
>
> 　ただし，公開会社であり，株式の譲渡制限がないからといって，株式の買い手が簡単に見つからなければ，株式の売却は容易ではなく，投資した資金の回収も不可能です。したがって，実質的にここでの説明通りに事が進むのは，株式が活発に取引されている会社であることになります。そのためには，その会社の株式が証券市場で取引されていることが前提となりますが，そうなることを株式の上場といいます。
>
> 　日本では，証券取引所が東京，名古屋，福岡，札幌にあるほか，ジャスダック（JASDAQ）や東証マザーズといった新興市場といわれる市場があります。市場に株式が上場されるためには，株主数や純資産額等に関して，一定の基準を超える必要があります。株式の上場により，不特定多数の投資家に株式を発行して出資を募る，公募増資が可能となりますし，会社の創業者は所有する株式を売却することが可能となり，創業者利得を実現することもできます。また，上場により社会的に大企業として認知され，会社の知名度，信用力が大きくなる効果もあるといわれています。
>
> 　なお，経営学を中心に，一般に，上場し，株式を市場に公開している企業を「公開会社」と呼んできました。上述の株式の譲渡制限がない「公開会社」は，2006年施行の会社法において初めて使用された用語法であり，両者を混同しないように注意する必要があります。つまり，資本の証券化の利益を享受できる会社は，「会社法上の公開会社の中で，上場し，経営学上の公開会社となっている会社である」と理解する必要があります。

ますが，株式会社がこのような仕組みを備えていることは，他の会社形態と比べて，より多くの出資を集めることを可能としています。

企業に出資する投資家は，出資するにあたって多くの収益を望んでいますが，その他に次の2つの欲求を持っていると考えられます。第1に，企業に出資するにあたって，少額で出資できることは，本来的に好ましいと投資家は考えているはずです。投資にあたって多くの資金が必要ならば，それだけの資金がないため投資することができない可能性がありますし，可能な程度の資金があっても，分散投資によりリスクを削減することできません。

第2に，出資した後，何らかの事情でその資金を別のことに利用する必要が生じる可能性もありますので，その資金を簡単に現金に戻したいという欲求も，投資家は潜在的に持っていると考えられます。これに対して，出資を必要とする企業は，全く反対の欲求を持っています。つまり，企業は，できることならばより多くの出資を望んでいますし，出資された資金を，企業が続く限り，半永久的に利用することを望んでいるはずです。

このように，資金の提供者である投資家と資金の利用者である企業は，本来的に矛盾した欲求を持った存在であることになりますが，株式会社制度は，資本の証券化によりその矛盾を解消することに成功しています。まず，株式会社への出資は，小口化された株式を購入するという形になりますので，少額での投資が可能です。また，投資家は，株式を売却するという形で，比較的簡単に，投資した資金を回収することができます。

一方，企業にとっては，小口でも，多くの相手に株式を発行することにより，より多くの出資を集められる可能性が広がるだけでなく，その後，それが投資家間で売買されても，株主が代わるだけで，企業は永続的にその資金を利用することが可能となります。このように，株式会社は，投資家と企業の欲求の矛盾を，資本の証券化により解消することができる制度となっています。

2.3　会社機関

持分会社は，出資者が少数であり，彼らが実際の企業経営を行うことを前

提としている企業形態です。そのため，**図表2－1**に示されているように，会社の運営のあり方について，各社がある程度自由に規定を定めること，すなわち，定款自治が認められています。

これに対して，株式会社は，不特定多数の投資家から出資を集めることを前提とした企業形態となっています。そのため，多くの出資が集まった場合，出資者である株主の数が増大し，群小化することになります。このような多人数の株主の合議によって，会社を実際に運営していくことは不可能ですから，会社の実際の運営を行うための仕組みが必要となります。また，そのような会社に対して，不特定多数の人々が，安心して出資できるためには，出資した資金がしかるべく使用されていることが保証される必要があります。したがって，株式会社においては，これらのことを可能にするための**会社機関**の設置が，法律で強制されています。

株式会社において，出資者である株主の意思は，最上位の会社機関である，**株主総会**の議決に参加する形で反映されることになっています。そこにおいて，株主は，その持株数に比例して**議決権**が与えられ，そこでの多数決に参加することができます。ただし，企業経営のすべての意思決定を株主総会で決めることなど不可能ですから，実際の企業経営を行うしかるべき人物を決める必要があります。具体的には，株主総会で選任された**取締役**からなる，**取締役会**がこれに当たることになります。

3 株式会社におけるトップ・マネジメントの構造

3.1 トップ・マネジメントの職能

会社の最上位に位置する，トップ・マネジメントが果たすべき職能として，まず考えつくのは，全社的な戦略策定やそれに基づく組織の変革，また，その実行に際してのリーダーシップの発揮といった，最高レベルにおける管理職能である，**全般管理職能**だと思われます。トップがこのような職能を果た

せるのは，株主総会がそれを認めているからです。したがって，全般管理職能がしかるべく行われているかどうかは，株主総会で詳細にチェックされる必要がありますが，それを年1度の，しかも，多数の株主からなる株主総会で行うことは，実際上不可能です。そのため，株主の利益を保護・促進し，全般管理の前提となる基本方針を決定し，その成果のチェックを行う，**受託職能**もトップ・マネジメントにおいて行われる必要があります。これらに加えて，個別事業や各職能部門の経営管理に関する責任を負う**部門管理職能**もトップ・マネジメントの職能に含まれることがあります。

トップ・マネジメントの構造は，法律で規定されている会社機関の設置のあり方を表面的に見るだけではなく，実際に各職能がどのような形で運営されているかという側面からも捉える必要があります。特に，企業を実際に運営する全般管理職能とそれを監督する受託職能という，いわば，矛盾する2つの職能を果たす組織が，どのように配置されているかが重要なポイントとなります。

3.2 日本企業のトップ・マネジメント組織

3.2.1 かつての日本企業のトップ・マネジメント組織とその問題点

日本企業のトップ・マネジメント組織は，伝統的には取締役会と監査役（会）から成っています。取締役会は，株主総会で選任された取締役からなり，そこにおいて，業務執行をとりおこなう代表取締役を選び，それを監督することになっています。また，取締役会の職務執行を監査する機関として，株主総会で選任された監査役が置かれています（**図表2－2**）。

このような日本企業のトップ・マネジメント組織に関して，「取締役会の無機能化」と呼ばれる問題点が指摘されてきました。それは，第1には，取締役のほとんどが，もともとその会社の従業員である社内取締役によって構成されているため，彼らが代表取締役を監督するとともに，代表取締役のもとで実際に業務を執行することになります。つまり，**図表2－2**に示されて

図表 2 − 2 ▶▶▶ かつての日本企業のトップ・マネジメント組織

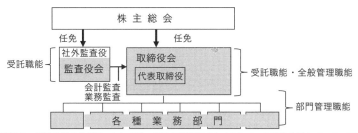

注：網掛けは，当該企業の従業員，もしくは，従業員出身者で占められている部分を示している。図表 2 − 3，図表 2 − 6 も同様。
出所：筆者作成。

いるように，取締役会には，受託職能と全般管理職能の相反する職能を同時に果たすという，現実的でないことが期待されている制度になっていました。また，社内から選ばれた取締役や監査役は，実質的には代表取締役の部下であり，十分に受託職能が果たせるとは考えにくい制度となっていました。

さらに，従業員にとって取締役に就任することは，職業生活における成功を意味しており，会社もその期待に応えるべく取締役の員数を増やす傾向にありました。その結果，取締役の人数が多くなり過ぎ，実質的な議論が不可能な状況になっていました。そのため，全般管理に関する実質的な意思決定を行う機関として，取締役の中の上席者からなる**常務会**や経営会議といった任意の機関を設けていた会社も多くあります。

3.2.2 現代日本企業のトップ・マネジメント組織

このような問題点を改めるため，近年，取締役会改革が，法制上も，また，企業の独自努力においても進められています。現代の会社法では，会社法上の会社機関のあり方を，**監査役会設置会社**，**指名委員会等設置会社**，**監査等委員会設置会社**の 3 種類から選ぶことになっています（図表 2 − 3）。

監査役会設置会社は，上述の日本における従来型の会社機関ですが，監査役の権限が強化され，その過半数は社外監査役であることが義務づけられています。また，会社法上の会社機関ではなく，企業が任意に設けた組織として，近年，**執行役員制**の採用が進んでいます。執行役員制は，人数が多くな

図表2-3 ▶▶▶現代の日本企業のトップ・マネジメント組織

Ⓐ 監査役会設置会社

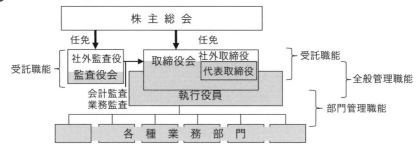

Ⓑ 指名委員会等設置会社

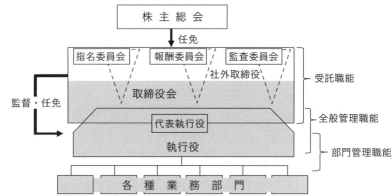

- 指名委員会：株主総会に提出する取締役の選任・解任に関する議案の内容の決定。
- 監査委員会：執行役や取締役の職務執行の監査および監査報告書の作成，株主総会に提出する会計監査人の選任・解任。
- 報酬委員会：執行役や取締役の報酬等の内容の決定。

出所：筆者作成。

り過ぎた取締役会をスリム化し，意思決定の迅速化を図るとともに，全社的な戦略的意思決定と事業部門の業務執行を分離することを意図して設けられた制度です。会社によって，その実際の運営はバリエーションがあり，**図表2-3Ⓐ**のように，取締役を兼ねている執行役員がいるケースもあれば，両者が完全に分離しているケースもありますが，監査役会設置会社である上場企業の7割程度が，何らかの形でこの制度を採用しています。

執行役員制により，近年，取締役の数は劇的に減少しており，取締役会のスリム化という観点からは大きな成果が上がっているようです。ただし，執

行役員制が採用されていても，代表取締役を任免し，監督する取締役会の圧倒的多数派は社内取締役であり，受託職能と全般管理職能の分離という観点からは，従来と同様の問題点を有していると考えられます。

指名委員会等設置会社は，アメリカ的なトップ・マネジメント組織の普及を意図して導入された制度です。取締役会の中に，図表２－３❸にある３つの委員会が設けられ，その委員の過半数は社外取締役である必要があるとするものです。全般管理職能は，取締役会によって選任された代表執行役を中心に執行役が行い，取締役会の職務は受託職能が中心となります。代表執行役は，監査役会設置会社における代表取締役に相当する会社機関であり，会社が任意で設置している執行役員とは性質が違うことに注意が必要です。また，指名委員会等設置会社においては，監査役の職務は，取締役会にある監査委員会が行います。指名委員会等設置会社において，代表執行役は取締役を兼務してもいいことになっていて，図表２－３❸のように，兼務しているケースもあれば，そうでないケースもあります。

なお，監査等委員会設置会社は，2014年の会社法改正によって導入された制度です。監査役会設置会社と指名委員会等設置会社の折衷的な制度で，監査役会の職務を，取締役会に設置された３人以上の取締役から成り，かつその過半数を社外取締役とする監査等委員会がとりおこなうというものです。

現在（2015年春）では，指名委員会等設置会社においては，半数以上の社外取締役がいる企業が７割程度を占めていますが，この形態の会社そのものは100社にも満たず，全上場企業の2％にも達していません。また，監査役会設置会社においても，社外取締役の導入が，それなりに進められていますが，１名以上の社外取締役がいる企業が７割程度です。2015年６月からは，社外取締役よりも，より厳格に会社との独立性が必要とされる**独立社外取締役**を２名以上確保するよう，東京証券取引所の上場に関するルールが変更になりました。その結果，東京証券取引所に上場している会社が２名以上の独立社外取締役の選任を行わない場合には，その理由の説明が求められることになります。そのため，指名委員会等設置会社や監査等委員会設置会社が，今後，増加していくことが予想されます。

4 株式会社の実際

4.1 所有と支配の分離

　個人企業においては、通常、出資者の所有物である資産を、彼がその意思に基づいて自由に運営し、生じた利益も彼に帰属します。この時、この会社を所有しているのは、明らかに経営者でもある出資者であり、所有と経営が一致しています。

　これに対して、企業が株式会社の形態をとり、その規模が拡大し、出資者の数が増えると、出資者と会社の関係は、このようにシンプルではなくなります。上述のように、会社の運営は会社機関を通じて行われることになりますが、このような状況下では、実際の企業経営は、出資していることをその根拠としない経営者の手にゆだねられる可能性が広がります。

　大規模な株式会社においては、出資者ではなく、経営に対する専門的な能力を有する**専門経営者**が、実際の企業経営を担当する、**所有と経営の分離**が一般的な状況となります。出資者である株主は、実際の企業の運営に直接かかわることはなくなり、図表2−4にある権利を有するだけの存在となります。ただし、株主総会において持株数に応じた議決権を有し、経営者の選任権を保持する形で、企業を実際に運営することに対する最終的な権限が与えられています。

　ところが、経営者を選任する権限すらも、株主は実質的に失っているとする、**所有と支配の分離**が生じている企業が、一般的になっている状況が出現しました。このことを、最初に実証的な形で指摘したのは、バーリ＝ミー

図表2−4 ▶▶▶株主の権利

剰余金配当請求権：利益の一部を配当として受け取れる権利
残余財産分配請求権：会社を清算した時に残った財産を受け取れる権利
議決権：株主総会においてその議決に参加できる権利

出所：筆者作成。

ンズ（Berle, A. A. & G. C. Means）で，彼らは，1929年当時，アメリカにおいて，全生産高の40％以上を占めている非金融業の大企業200社に関して，その株式所有構造に注目して調査した結果，所有と支配が分離し，経営者支配にある企業がかなりの比率を占めていることを示しました（**図表2－5**）。

株式会社が大規模化する過程で，巨額の資本調達が行われ，多くの株式が発行されましたが，その結果，株主総会の議決を左右することができる大株主が存在しない企業がかなりの比率で分布するに至りました。このような企業においては，株主は株主総会に出席せず，委任状を送付するだけで，その議決権を実質的に行使しないケースが多くなります。その結果，提案される取締役の候補者は，株主総会で機械的に承認されることになります。その候補者を選ぶのは，現在の取締役会であるので，経営陣は自ら次期の経営陣を選んでいることになります。バーリ＝ミーンズは，このような状況を，**経営者支配**と呼び，図表2－5に示されているように，それに該当する企業が，企業数では44％，保有する資産の比率では58％を占めていることを報告し，所有と支配の分離がかなり進行していることを報告しました。

所有と支配の分離は，株式会社の大規模化に伴う会社の量的な拡大だけでなく，その経営のあり方の質的な変化によってももたらされています。企業

図表2－5 ▶▶▶アメリカにおける非金融業上位200社の究極的支配状況（1929年）

支配形態*	会社数	同割合	資産合計 （100万ドル）	同割合
完全所有	12	6％	3,366	4％
過半数支配	10	5％	1,542	2％
少数持株支配	46 1/2	23％	11,223	14％
法的手段支配	41	21％	17,565	22％
経営者支配	88 1/2	44％	47,108	58％
管財人管理	2	1％	269	---
合計	200	100％	80,804	100％

＊ 分類の基準は，最大株主の持株比率に応じて，80％以上を私的所有，50～80％を過半数所有，20～50％を少数持株支配，20～5％を経営者と株主の共同支配，5％未満を経営者支配と分類。ただし，共同支配に関しては，少数持株支配と経営者支配の会社がそれぞれ1/2社あるとしてカウントしている。法的手段支配は，ピラミッド型の持株会社や無議決株を通じて，1個人ないしは1つの集団が株式の過半数を所有している企業が該当する。
＊＊支配権を有する大株主が企業の場合，その親会社の支配形態により当該企業の支配形態を再分類している。
出所：Berle, A.A. and G.C.Means［1932］（邦訳書，140頁）をもとに筆者作成。

規模の拡大に伴い，かつてとは比較にならないほどの複雑な経営上の問題が発生するようになります。このような状況では，経営者には，それ相応の資質や専門知識が必要となります。それに対して，出資をしているだけの株主は，そのような能力が備わっている可能性は低く，実際の企業経営に対する直接的な判断をすることが，そもそも不可能な状況となります。かくて，企業経営における主導権は，株主から専門経営者に移ることになります。このような変化を，バーナム（Burnham, J.）は，**経営者革命**と呼んでいます。

4.2 アメリカにおける株主復権

　バーリ＝ミーンズの実態調査から，30年以上たった1963年に，ラーナー（Larner, R. J.）は，同様の調査を行い，この当時，経営者支配の会社が83.5％に達していることを報告しています。つまり，バーリ＝ミーンズの頃には進行中であった経営者革命が，第2次世界大戦をはさんだこの時期には，ほぼ完成したかにみえました。

　ところが，まさにこの時期から，株主復権とでもいうべき動きが，徐々に進行し始めます。1960年代後半から，アメリカの企業社会ではM＆A（企業の合併・買収）が盛んになり，幾度かにわたってM＆Aの波が押し寄せました。買収者が，買収によって利益を得られるのは，買収後，被買収企業の企業価値が上昇することによってです。そのため，会社がM＆Aの対象とならないようにするためには，会社の潜在力に見合った，十分に高い株価である必要があります。このように，M＆Aが活発化し，証券市場が**会社支配権市場**であることが認識されると，経営者は否応なく自社の株価，すなわち，株主を強く意識することを強いられるようになりました。

　また，1970年頃から，公務員年金や企業年金を運用する年金基金や投資信託がアメリカ企業の大株主として，存在感を示し始めます。これらの機関投資家のファンド・マネジャーは，資金の運用成績によって厳格に評価されるため，投資の収益性を極端に追求するタイプの行動をとります。彼らが短期的な利益を追求して，株式の売買を行い，株価の変動をもたらしたことは，

図表2−6 ▶▶▶ アメリカ企業のトップ・マネジメント組織

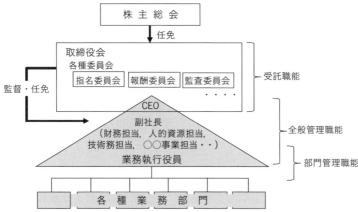

出所:佐久間［2009］94頁,図Ⅻ-2をもとに筆者作成。

上述のように株価にナーバスになっていた経営者に対して,大きな脅威となりました。さらに,近年では,これらの投資家のそれぞれの資産運用額が大きくなり,株式を売却すること自体が株価の低下を招く可能性が大きくなったため,彼らは「売り逃げができない投資家」となっています。そのため,これらの投資家は,直接的に経営者に対して働きかけるようになっています。つまり,議決権を積極的に行使したり,取締役会に働きかけたりする,**株主行動主義**といわれる傾向が生じています。

さらに,1970年代後半から,経営者に対する監督を強める形で取締役会の改革が進められました。このような改革が求められた背景には,制度と実態を合わせるべきだとする株主復権に関わる主張のみならず,企業の社会的責任の観点からの主張もありました。その結果,社外取締役が重視され,取締役会の受託職能の強化の方向で改革が進められました。

今日では,**図表2−6**のように,全般管理職能はCEO(Chief Executive Officer:最高経営責任者)を中心とする取締役会から任命された業務執行役員(officer)が担当し,取締役会は受託職能に特化しています。取締役の多数派は社外取締役(特に,独立取締役)によって占められ,取締役である業務執行役員がCEOただ1人である会社が半数以上に達しています。この

ような取締役会に対する機関投資家の株主行動主義的な働きかけは非常に有効であり，企業経営に株主の意思がより反映されやすくなっています。

Working　　　　　　　　　　　　　　　　　　　　　調べてみよう

　インターネットでいくつかの会社のホームページを閲覧し，監査役会設置会社と指名委員会等設置会社を1社ずつ探してみましょう。それぞれの企業のトップ・マネジメント組織を具体的に調べて，両者を比較してみましょう。

Discussion　　　　　　　　　　　　　　　　　　　　　議論しよう

1. 西友やApple Japanといった会社は，大企業であるにもかかわらず，合同会社の形態になっています。株式会社ではなく，なぜ合同会社にしているのか，その意図について考えてみよう。
2. ベンチャー・キャピタルは，有望な未上場企業に出資し，その成長を支援します。ベンチャー・キャピタルはどのような形で利益を上げるのか考えてみましょう。

▶▶▶さらに学びたい人のために

- 小松章［2006］『企業形態論（第3版）』新世社。
- 佐久間信夫編［2006］『よくわかる企業論』ミネルヴァ書房。

参考文献

- 加護野忠男・砂川伸幸・吉村典久［2010］『コーポレート・ガバナンスの経営学』有斐閣。
- 神田秀樹［2014］『会社法（第16版）』弘文堂。
- 佐久間信夫編［2006］『現代企業論の基礎』学文社。
- 土屋守章・岡本久吉［2003］『コーポレート・ガバナンス論』有斐閣。
- 友岡賛［1998］『株式会社とは何か』講談社。
- Berle, A. A. & G. C. Means［1932］*The Modern Corporation and Private Property*, New York: Macmillan.（北島忠男訳［1957］『近代株式会社と私有財産』文雅堂銀行研究社）
- Burnham, J.［1941］*The Managerial Revolution; What is Happening in the World*, New York: The John Day company.（武山泰雄訳［1965］『経営者革命』東洋経済新報社）
- Larner, R. J.［1966］"Ownership and Control in the 200 Largest nonfinancial Corporations, 1929 and 1963," *American Economic Review*, Vol. 56, pp.777-787.

第3章 マネジメントの誕生

Learning Points

▶ マネジメントの考え方を初めて明らかにしたテイラーの科学的管理法はどのような具体的仕組みだったのでしょうか。何のためにテイラーは科学的管理法を考えたのでしょうか。

▶ 人間関係論は,なぜ,どのような経緯で生まれたのでしょうか。科学的管理法のどういった点を引き継ぎ,どのような点が異なるのでしょうか。

▶ 本章で学ぶ経営管理の学説や理論は一般に古典的管理論と呼ばれます。なぜ「古典的」なのでしょうか。現代企業のマネジメントとどう違うのでしょうか。逆に,古典的管理論の考え方が現代にも活かされている点は何かないでしょうか。

Key Words

作業能率　科学的管理法　ホーソン実験　人間関係論　古典的管理論

1 科学的管理法

1.1 テイラーの登壇

19世紀末のアメリカでは,産業革命後の鉄鋼生産の増大に伴って企業規模が巨大化していました。市場では大企業間の競争が激化し,製造でのコスト・ダウンや**作業能率**の向上が喫緊の課題となっていました。こうした時代背景のもと,アメリカのエンジニアであった**テイラー**（Taylor, F. W.）は鉄鋼企業において作業能率をいかに向上させるかを考えようとしました。

こうして,**科学的管理法**（Scientific Management）が成立することになったのです。科学的管理法は,テイラーの名前をとってテイラー・システムと

呼ばれることもあります。

テイラーは「経営学の祖」とも呼ばれ，20世紀初頭のテイラーの登壇をもって経営学は成立したといわれています。以下，このテイラーの考案した科学的管理法のもとでの経営管理の考え方や仕組みについて学習することにしましょう。

1.2 課業管理

テイラーは，自身も鉄鋼会社の作業員として働いていた経験から，現場作業員は自分の持てる能力の3分の1くらいしか発揮しておらず，一生懸命に働いていないと感じていました。一生懸命働くことなくサボっている作業員が組織全体に蔓延している状況のことをテイラーは**組織的怠業**（systematic soldiering）と名づけ，この組織的怠業を打ち破り，作業能率を向上させようとして科学的管理法を考案したのでした。

作業員の作業能率を上げようとしたとき，最も効果的な方法は，その職場でいちばん作業能率の高い作業員を選び，彼（彼女）を模範として無駄な動作を省き，最速の動作で作業ができるように仕向けることでした。そこでテイラーは，その職場での一流労働者を選抜し，その作業者の動作を細かな要素作業に分解して，無駄な動作を省いたうえで**標準的作業量**を決定しようとしました。実際にストップウォッチを使って秒単位で作業員の効率的動作を観察することで，合理的な動作を決めようとしたのです。これを**時間動作研究**と呼び，作業能率向上の手法として普及させました。

またテイラーは，一流労働者が1日にこなすべき作業量を**課業**（タスク，task）と名づけ，課業管理の仕組みを整えようとしました。1890年代当時，作業者が1日にこなす作業量は，経験と勘に基づいて適当に決められていました（成り行き管理）が，テイラーはそれを数値的に計測し，科学的に決定しようとしたので，テイラーの考えた仕組みは科学的管理法と呼ばれたのです。テイラーのいう科学とは，作業員の一連の作業を要素作業に分解し，それを厳密に測定して課業を定めることでした。そしてひとたび課業が決定さ

図表3－1 ▶▶▶ テイラーの考案した作業指図票の例

機械工場名 .... 注　文　主 .... タイヤ数 .... 素材タイヤ番号 .... 次のとおり（青写真）..	テンプレット	仕上寸法	キリコミ	スピード	オクリ	賃率	標準時間
削るべき面							
タイヤをトリツケ運転の準備							
前面内側の角荒ケズリ							
〃　　〃　シアゲ							
内径面の前方荒ケズリ							
〃　　〃　シアゲ							
前面荒ケズリ							
踏面荒ケズリ							
〃　シアゲ							
めんとり							
フランチ荒ケズリ							
のどシアゲ							
タイヤ取付けカエ							
後面内側の角荒ケズリ							
〃　　〃　シアゲ							
内径面の後方荒ケズリ							
〃　　〃　シアゲ							
輪とめ溝切りこみ							
後荒ケズリ							
フランチメントリ							
タイヤトリハズシおよび回転盤掃除							

出所：Taylor, F. W.［1903］*Shop Management*（上野陽一訳・編［1969］『科学的管理法』産能短大出版部，110頁。）

れると，課業はたとえ労働組合からの要請があっても変更することがあってはならないとテイラーは主張したのです。

　工場内の多種多様な作業に関して，その課業を正確に決めようとすると，時間動作研究を行う専門スタッフが必要です。要素作業へと分解し，最終的に個々の要素作業をつなぎ合わせて最も作業能率を高く設計するうえでも専門的な能力が必要となります。そこでテイラーは，そのような専門スタッフを**計画部**という部署を作りそこに結集させようとしたのです。計画部は，今

目的にいえば作業マニュアルを作成する部署といってもいいでしょう。作業する際に用いる工具も計画部が事前に準備して作業員に提供し，作業条件も徹底的に標準化することが求められました。

テイラーが意図したのは，作業に必要となる手順はすべてこの計画部で事前に作成しておき，実際に作業を行う作業員は，計画部から渡される**作業指図票**に沿って極力何も考えることなく作業ができるような状態にすることでした（図表3−1は作業指図票の例を示しています）。このように，作業のうえで「考える部分」を実際に行動する部分から独立させることを「構想と執行の分離」と呼ぶこともあります。

1.3 職能的職長制度

テイラーの基本的考えは，作業員の職務の特化を最大限に推し進め，一切の余分な要素を排除して必要な課業のみに専念させることでした。そのために具体化された手段の1つが作業指図票です。テイラーは，この「職務はできる限り特化されるべき」という考え方をマネジメントに対しても適用しようとしました。**職能的職長制度**と呼ばれる仕組みがそれにあたります。

テイラーによると，典型的な工場職長の仕事は，多数のさまざまな機能の複合で，それらは例えばコスト係，準備係，検査係，修理係，手順係，訓練係などの職能に分けることができるといいます。そして，かつて導入されていた親方システムのような，1人で大勢の部下の活動すべてに関して指導監督する万能型の職長に代えて，これら各職能に応じ専門分化された職長を設けるべきだと主張したのです。

こうすると，作業員は1人の職長の指揮下のみにあるのではなく，各職能の担当職長からそれぞれ指示を受けることになります。テイラー自身は，この方式の採用によって，マネジメントの能率も大きく改善できると考えたのです。いわば，1人の担任教師がすべての科目を教えている学校のような教育システム（例えば小学校）と比べ，異なる科目ごとに専門の教師が教える学校（例えば中学校・高等学校）の教育システムのほうが効果は上がると考

えたわけです。実際，テイラーは職能的職長制度を採用すれば，中学校・高等学校のシステムと同様に能率を上げることができると述べています。

ただ，この職能的職長制度は，いわゆる命令の一元性の原則（第1章Column参照）に反しています。それぞれ職能領域は異なるとはいえ，複数の職長から指示を受けなければならない作業員は，不統一で矛盾した指示を与えられた場合には，どちらの職長の指示を優先すべきか困ってしまうでしょう。結果，職場全体が混乱に陥ってしまう危険もあります。実際，こうした混乱が発生しないように，指揮命令系統の統一は，洋の東西を問わず，企業における最重要な組織原則と考えられており，現代企業では職能的職長制度のような仕組みはほとんど採用されていません。

1.4 差率出来高賃金

テイラーの考案した科学的管理法のもとでは，人間はもっぱら経済的利害を求める存在と捉えられていました。そのような前提から，そのマネジメントの仕組みは経済人モデルといわれることがあります。こうした課業管理のための諸制度と賃金付与のシステムとを結びつけ，作業員が仕事で頑張れば

図表3－2 ▶▶▶差率出来高賃金制度の仕組み

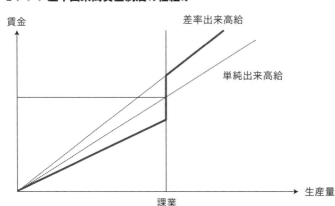

出所：上林ほか［2007］，156頁。

頑張るほど，加速度的に高い賃金が得られるような仕組みがとられていたためです。

科学的方法を用いて設定された1日の作業量は，これまで自己の能力の3分の1しか発揮していなかった作業員にとって，とてもハードな目標となります。したがって，このハードな目標を達成させるための仕組みが必要でした。それが賃金によるインセンティブ制度です。ここでインセンティブというのは刺激という意味です。

テイラーが考えたインセンティブ賃金の仕組みは，賃率に差をつけるという意味で**差率出来高賃金**と呼ばれています。この仕組みを図示したのが**図表3-2**です。文字通り，仕事をどれだけ達成したか，その出来高に応じて率（賃率）に差を設け，作業員を頑張らせようというのが基本的発想です。

図表3-2に示されているように，グラフの横軸に作業員が達成した作業量（出来高），縦軸に賃金をとると，単純出来高賃金の場合は，賃金は作

Column　フォード・システム

テイラーの科学的管理の考え方を徹底し，自動車産業において大量生産方式を確立したのがフォード自動車の創設者であるヘンリー・フォード（Ford, H.）です。フォードは，軽量で安く信頼の高いT型フォードと呼ばれる車を開発し，大成功を収めました。

フォードは，ベルト・コンベアによる**流れ作業方式**を導入し，T型フォードを大量に生産しました。黒一色で10年間もモデルチェンジをせず，生産コストを下げることで，庶民にはそれまで手の届くことがなかった自動車を大衆の乗り物にしたのです。

フォードが導入した大量生産方式の特徴は，一般に3Sと呼ばれます。3Sとは，単純化（simplification），専門化（specialization），標準化（standardization）の英語の頭文字をとった簡略表記です。製品の種類や形を限定し，作業員の労働内容も簡単にすることが単純化です。専門化とは，製品種類を限定することで，部品を加工する専用の機械設備を作り，作業内容も1つだけに限定することです。標準化とは，製品や部品の規格，作業方法，生産条件，管理方式等の基準を作り，その基準に統一することです。

フォード・システムの下では，多くの移民労働者が工場に集められ，製品を安く大量に生産することができました。英語がわからない移民労働者で，技能がない非熟練労働者であっても，3Sの導入されたフォードの工場では簡単に働くことができたのです。

業量に比例して上昇するはずですから，一直線に右肩上がりのグラフが描けます。しかし，テイラーはこの単純出来高賃金では作業員へのインセンティブとしては弱く，もっと強力なインセンティブが必要だと考えたのです。そこで考えられたのが差率出来高賃金です。差率出来高賃金のもとでは，課業以上の生産量を達成できた場合には高い賃率を適用し，課業が達成できなかった場合の低い賃率適用者と区別しようとしたわけです。

こうして，課業を達成した場合には高い賃金が得られ，達成できない場合には低い賃金となるため，作業員にとって課業の達成できた時とそうでない時の受け取る賃金額が大きく異なることになります。こうして，いわば信賞必罰の原則を厳格に適用することで，誰もが怠けることなく課業を達成しようとして一生懸命働くだろうとテイラーは考えたのです。

しかし，この差率出来高賃金は一般の作業員にとっては厳しい制度であり，労働組合からは労働強化の制度であるとして激しい反対にあうことになりました。結果的に，差率出来高賃金の仕組みは大きく根づきませんでしたが，賃金を上げることで作業能率を促進できるという考え方自体は当時の産業界に広く普及していくこととなりました。

ここでは，作業員を差率出来高賃金で惹きつけ一生懸命働かせようとする基本的考え方と，それを支える課業管理の基本的仕組み，すなわち時間動作研究に基づく作業分析，計画部の設置に伴う構想機能の執行からの分離というポイントを押さえておくようにして下さい。導入された多様な制度の背後には，人は金銭的動機を求めて働く存在だという信念があり，こうした人の動機を充足させるためには各自の仕事を極力シンプルにして，その達成度で客観的に評価しなければいけないという考えがあったのです。

2 人間関係論

2.1 科学的管理法の限界

　経済人モデルを前提としていた科学的管理法は，1920年代以降，フォード社で採用されたベルト・コンベア・システムに代表されるような大量生産方式とともに導入されていきました（Columnを参照）。しかし，科学的管理法の導入の結果としてもたらされた作業の大幅な単純化，考えることなく誰もが従事できるような職務の無内容化は，多くの作業員の不平・不満を増大させ，やる気の低下をもたらすこととなりました。当時のアメリカの多くの工場は，こうした作業員のやる気の低下に悩んでいたのです。

　こうした状況の中で，ハーバード大学の**メイヨー**（Mayo, E.）や**レスリスバーガー**（Roethlisberger, F. J.）は，ピッツバーグ郊外にあるウエスタン・エレクトリック社（Western Electric Company）のホーソン工場において，作業員の作業時間や物的・人的環境条件の調整によって作業員の緊張を緩和するとともに，どうすれば作業能率が促進されるのかを実験を通じて明らかにしようとしたのです。この一連の実験を**ホーソン実験**と呼びます。

　そして，そこで明らかになってきたのが，人間は賃金ではなく，むしろ社会的集団の中に作用する心理や感情といったよりソフトで非論理的な要素によって動いている，という事実です。このように，人間の働く動機を，賃金という経済的側面からではなく，所属組織における社会的関係性から説明しようとする人間観は，時に社会人モデルとも呼ばれます。社会人モデルを発見したメイヨーらの理論は，組織における人間関係に着目していますから**人間関係論**（Human Relations）と呼ばれることもあります。

　以下，この社会人モデルを提示したホーソン実験の概略を明らかにしてみましょう。ホーソン実験はいくつかの段階から構成されています。

2.2 ホーソン実験の経過

2.2.1 照明実験

　最初の実験は，工場が独自に行った，作業する際の照明の明るさと作業能率の関係を明らかにしようとする「照明実験」と呼ばれる実験でした。工場のコイル巻部門で，通常の職場と同じように照明度が一定のグループ（コントロール・グループ）と，照明度が時間とともに変化するグループ（テスト・グループ）とを作り，両グループ間で生産高がどう異なるかを調べようとしたのです。2つのグループを作ったのは，同じ職場内で同一作業に就く作業員に対し，照明の明るさのみを変化させることで，照明度が生産高に及ぼす影響だけを分離して捉えることができると考えられたためです。

　結果，テスト・グループでは24燭光，46燭光，76燭光と徐々に照明度を高めていくにつれ，生産高の増大が認められました（燭光とは，ろうそく1本分の明るさという意味の，明るさを示す単位です）。ところが，照明度が一定のコントロール・グループでも同様に生産高は増大していったのです。このため，テスト・グループの照明度を次第に減少させ，10燭光，3燭光，0.6燭光まで照明度を下げましたが，それでも依然として生産高は増大し続けました。しかも照明度が一定のコントロール・グループも同様に増大し続けたのです。

　こうして照明実験は失敗に終わることになります。わかったことは，照明の明るさは作業能率の規定因ではないという，消極的な事実ただ1つです。

2.2.2 継電器組立作業実験室の調査

　照明実験を通じて，照明度は作業能率に影響を及ぼさないことが明らかになりましたので，いかなる要因が能率を規定しているのかという調査課題は，継続して研究されることになりました。そこで次に行われた調査は，ハーバード大学の指導のもと，照明以外の，何らかの物理的作業条件の変化が作業能率に影響を及ぼしているのではないかという仮説に基づき，作業をする

図表3-3 ▶▶▶継電器組立作業実験室での調査結果

期	期間	作業条件	総生産高（週当たり）
1	2週間	実験用基礎データ採取のため，通常の職場で生産量測定，週48時間労働	2,400個
2	5週間	週48時間労働，作業条件変更無し，実験室で測定	2,360個
3	8週間	集団的出来高賃金制導入	2,440個
4	5週間	相談のうえ，午前と午後に各5分間の休憩時間	2,460個
5	4週間	休憩時間を各10分間とする	2,550個
6	4週間	休憩時間を午前・午後各3回とし，5分間に変更	2,520個
7	11週間	午前の休憩時間，相談のうえ15分間に。コーヒー，サンドイッチ，スープを支給，午後の休憩を10分間として茶菓子を支給	2,590個
8	7週間	第7期と同一で，終業時間を30分早める	2,670個
9	4週間	終業時間をさらに30分早める	2,600個
10	12週間	終業時間1時間繰り下げ，第7期と同一に	2,800個
11	9週間	夏期のため，相談のうえ，土曜を休みとする	2,650個
12	12週間	話し合いで第3期の条件に戻す	2,900個
13	31週間	第7期と同じ，ただしサンドイッチとスープは自己負担，コーヒーは会社支給	3,000個

出所：伊藤［1996］，61頁；渡辺［2007］，149頁をもとに筆者作成。

際の作業の継続時間，休憩時間や労働日数が作業能率に与える影響に関する調査でした。

　継電器とは，リレー（relay）とも呼ばれ，電気信号で電磁石を作動させ接点を開閉する電気スイッチのことです。これを組み立てるために，コイルやバネ，絶縁体などの35個の部品を組み付け作業をするのがこの職場でした。1個の継電器の組み立てに1分程度かかる，機械的な反復・単純作業で，担当したのは6名の女性工員（5名の作業員と1名の世話係）でした。

　この実験室での調査は，作業時間，休憩時間，労働日数のほか，軽食やコーヒーの支給に至るまで，あらゆる作業条件の組み合わせと生産高との関係を究明するため，**図表3-3**に示されるような経緯で合計13期にわたって続けられました。

　この結果，メイヨーらの実験指導者らは，当初出発点としていた「物理的

作業条件と作業能率には因果関係がある」とする仮説が根本的に支持されないことを認めざるを得ませんでした。なぜなら，**図表3－3**に示されるように，作業条件をどのように変化させようとも，その変化の内容に関わりなく，継続的に生産高が高まっていったからです。

そこで，実験指導者らは物理的作業条件以外の何らかの要因が女性工員たちの作業能率を刺激し，生産高を増大させたのではないかと考え始めるようになりました。再びいくつかの仮説が考えられたのですが，特に「実験室」という通常の職場とは異なる状況が，何らかの形で彼女らの作業能率に影響したのではないかという仮説に注目することとなりました。こうしてホーソン実験は次の第3段階へと進んでいきます。

2.2.3 雲母剝ぎ作業集団実験室の調査

実験室では，実験を記録する観察員は存在していましたが，平常の職場と大きく異なる点は，普段であれば作業の指示命令をする監督者が不在であるという点です。この監督者不在の状況がいかに作業能率に影響するかについて，メイヨーら実験グループは，雲母剝ぎ作業集団を対象に詳細に観察することにしました（雲母剝ぎ作業集団は，絶縁体に用いる雲母を岩石から剝がす作業に従事しています）。

この実験中のあらゆるデータと女性工員の私的な会話まで含んだ実験記録を分析した結果，実験室の状況と監督方法の特徴は，次に挙げるような点にあることがわかりました。

- 6名の女性工員の選定にあたり，最初に2人を選び，残る4名は彼女たち自身に選んでもらったが，このことは6人が作業中，常に友好的な人間関係を維持するのに役立った。
- こうした女性工員たちの間に親密な関係が築かれていたため，誰かが疲れるなど何らかの理由で1人の作業が停滞した際にも，他の工具が作業速度を上げて不足分を補おうとしていた。
- 実験に際し，実験内容について会社から説明を受けたが，この機会を通じ，自分たちは会社を代表して選抜され，重要な問題解決に協力をして

いるのだという誇りの意識が芽生えていた。
- 実験中，作業条件に変更を加える際，女性工員たちは招かれてその目的を説明され意見を求められたが，そこで彼女たちが同意しなかった作業条件の変更については拒否することができた。このことも自分たちの仕事の価値を認められたという印象を強めさせ，仕事上の責任感を生じさせることにつながった。

こうした特徴が検討された結果，実験室での作業能率の促進は，物的な作業条件の変化よりも，むしろ女性工員たちの精神的態度や感情の変化に基因しているとする，これまでとは違った結論が導かれることになったのです。

これらは実験室での調査から導かれた結論でしたので，実験グループの次なる課題は，実験室ではない平常の職場で実施されている監督の実態と，それに対する作業員の精神的態度，感情について調査することでした。

2.2.4 インタビュー調査

このインタビュー調査は，1年7カ月間の歳月を費やし，ホーソン工場の2万人以上の作業員および監督者を対象に行われました。結果，次の3つの点が明らかになりました。
- 作業員の行動は，彼ら彼女らの感情と切り離しがたく結びついている。
- 作業員の感情はときに偽装され，真実はつかみにくい。
- 感情表現は，その作業員が置かれている「全体的状況」に照らして理解できる。

ここでいう全体的状況とは，個々人の持つ過去の経歴や家庭生活を通じて自らの職場に対して抱く感情と，さらに職場の社会的状況（職場における同僚や上司との間に持っている社会的な交友関係）の双方を含むものです。実験グループの解釈によると，これらの帰結が意味しているのは，作業員1人ひとりの行動が，彼ら彼女らの精神的態度や感情を離れては存在し得ず，その精神的態度や感情それ自体が社会的集団の中での相互作用を通じて形成さ

れている，ということでした。

こうして，このインタビュー調査を通じ，作業能率の規定因として，作業員個々人の精神的態度と感情という要因があり，それらは所属する社会的集団の作用によって形成されるという新しい見解に到達することとなったのです。人間は経済的利害によって動機づけられているとする経済人モデルの考え方は誤りではないか，という認識に至ったのです。

2.2.5　バンク配線作業観察室の調査

こうして，実験グループの関心は個人から社会的集団へと移り，さらに実験は続けられました。作業能率を規定する作業員の精神的態度や感情が，どういったプロセスを経て形成され，社会的集団の中でいかに機能しているかを明らかにするためです。それがホーソン実験の最終段階に位置づけられるバンク配線作業観察室での調査です。

バンク配線の作業とは，電話交換機の端末機である端子台を組み立てる作業のことで，作業内容は継電器組立作業よりも複雑で，より高い熟練が必要な作業でした。この観察室では，9名の配線工（端子台に配線する工員），3名のハンダ工（配線をハンダ付けする工員），2名の検査工（きっちりできているか検査する工員）の計14名の男性工員が作業を行っていました。

作業員には，各人の作業能率，経験年数に基づく個人別時間賃率に作業時間数を乗じた基本給が支給されましたが，それに加え，集団全体の生産高分に比例して賃金が上がっていく集団的出来高払い分が加算されるという賃金システムがとられていました。実験グループは，各作業員の賃金は，基本給とは別に集団全体の総生産高によっても規定されるのだから，作業員はお互いに協力して総生産高を上げるよう努力するだろうと，予測していました。ところが，観察の結果わかったことは，作業員たちは，総生産高を増大させることに関心を示さないばかりか，生産高を上げるのではなくむしろ一定に保とうとしていることがわかったのです。

そこで研究グループは，作業員がこうした集団行動を規制しているのはなぜかを解明しようとしました。ここで初めて，集団内部における作業員間の

相互作用が問題として取り上げられることになったのです。その結果，14名の作業員たちは，仕事の相互援助や友情関係，交友関係などによって，集団内部に明確に分かれる2組の非公式な小集団を形成していたことが明らかになりました。この小集団は，**非公式集団**（informal group：インフォーマル・グループ），あるいはクリーク（clique：派閥）と呼ばれます。

さらに，これらの2つのクリークは，いずれも次にあげるような共通認識ないし行動基準を持っていることがわかりました。

- 働きすぎてはいけない。働きすぎるのは「賃率破り」であり，経営者に標準作業量を上げられしんどくなってしまう危険がある。
- あまり怠けすぎてもいけない。こうしたさぼり屋は，集団的出来高払賃金制のもとでは，仕事もせずに割高の賃金を得ることになる。
- 仲間の誰かが迷惑することを監督者に告げ口するといったような，裏切り行為を働いてはいけない。

各作業員は，こうした非公式集団内の暗黙の行動基準に従わなければならず，もしこれに従わないと，冷たい視線を浴びたり罵声を浴びせられたり等の圧力がかけられていたこともわかったのです。非公式集団内においてある種の仲間意識や連帯感が芽生え，それが作業をするうえで重要な動機づけになっていることもわかりました。

このように，経営者が作ったオフィシャルな作業集団の内部には，作業員間の相互接触によって作られた非公式集団が形成されており，その非公式集団が経営者の決定した標準や作業手順とは異なる，独自の共通感情や行動規範を持っていることが発見されたのです。こうした非公式集団の持つ行動基準が作業員1人ひとりの行動を拘束し，結果的に作業能率をコントロールしていることがわかりました。こうして，テイラーの考えていたような経済人モデルに代えて，社会的集団の中の非論理的な感情の論理によって動く社会人モデルが注目されるようになったのです。

3　現代のマネジメントへの役立ち

　テイラーの科学的管理法やホーソン工場での実験は，今日の企業のマネジメントにおける基盤となる考え方や仕組みを形成するのに役立っています。
　現代は，どこの工場の現場でも，何らかの形で「標準」が定められていますが，これはテイラーの考案した標準的作業量の考え方がもとになっています。また，皆さんもよく耳にする「ノルマ」という語は，実はテイラーの考えた科学的管理法がソビエト（現ロシア）に渡り使われたロシア語Нормаで，一定時間内に果たすよう個人や集団に割り当てられた標準的作業量のことです。
　ホーソン実験を通じて組織で働く人間が非論理的で感情によって動かされる一面を持ち，経済的動機のみでなく，人間関係の中の仲間意識や連帯感をも求めながら働いていることがわかりましたが，現代の企業ではこうした発見事実をもとに，職場における人間関係を維持するためのさまざまなマネジメント制度が生み出されています。
　例えば，従業員態度調査（モラール・サーベイ）によって労働者たちの精神的な態度や感情，勤労意欲，作業条件に対する希望や満足度などを調査する仕組みです。これにより，個々人の不満を解消し，同時に職場内の人間関係を改善してコミュニケーションを深め，作業能率を改善できます。また，従業員に業務上の改善を提案させて参画意識を刺激する提案制度，始業時や終業時などに定期的に懇談の機会を持つ職場懇談会など，今日の企業においても多く利用されている制度の原型は，このホーソン工場の実験で明らかにされた人間関係論に端を発しています。
　要するに，本当に作業効率を高めるためには，しゃかりきに効率だけに焦点を当てていてはだめで，その作業をしている人間の置かれた場（環境）にも注目しなければならず，その両者のバランスこそがカギとなるということを，これらの理論は教えてくれているのです。こうした考えは，現代でもマネジメントのいちばん根底にある重要な考え方になっています。

ところで，本章で学習した科学的管理法や人間関係論，ファヨールの管理過程論（第1章参照）などは，まとめて**古典的管理論**と呼ばれます。古典という言い方がされるのは，現代とは違った"古い"管理論というニュアンスがあるためです。次章で学ぶバーナード（Barnard, C. I.）やサイモン（Simon, H. A.）は近代管理論とも呼ばれ，古典的管理論とは対比されます。どこがどのように新しくなっているか，次章を読んでから再度本章も読み直し，考えてみるようにして下さい。

Working 調べてみよう

あなたの身近な組織（アルバイト先の職場，部活動など）を例にあげ，その組織目的や成果との関連において，本章で学んだ「人間関係」が重要な役割を果たしているかどうか，具体的に調べてみましょう。なぜ，どのように人間関係が組織の成果と関わっているでしょうか。逆に，人間関係があまり成果に影響を与えない状況があるとすれば，それはどんな職場でしょうか。

Discussion 議論しよう

1. テイラーの科学的管理法は，工場で働く労働者（ブルーカラー）を対象にしたものでした。では，ホワイトカラーには科学的管理の仕組みは導入可能でしょうか。導入できない箇所があるとすれば，それはどのような部分で，なぜ導入できないのでしょうか。
2. テイラーは自らの考案した科学的管理法をなぜ「科学」と呼んだのでしょうか。テイラーの想定していた科学観の基礎はどういったものなのか考えてみましょう。また，科学とは何かについて多面的に考察し，議論してみましょう。例えば，テイラーの科学観は現代においても，あるいはわが国においても，通用するでしょうか。

▶▶▶**さらに学びたい人のために**

- 経営史学会監修,中川誠士編著［2012］『テイラー（経営学史叢書Ⅰ）』文眞堂。
- 経営史学会監修,吉原正彦編著［2013］『メイヨー＝レスリスバーガー──人間関係論（経営学史叢書Ⅲ）』文眞堂。

参考文献

- 伊藤健市［1996］『労務論講義（増補新版）』晃洋書房。
- 上林憲雄・奥林康司・團泰雄・開本浩矢・森田雅也・竹林明［2007］『経験から学ぶ経営学入門』有斐閣。
- 渡辺峻［2007］『「組織と個人」のマネジメント』中央経済社。
- Ford, H. & S. Crowther [1988] *Today and Tomorrow*, Cambridge, Mass. USA: Productivity Press.（竹村健一訳［2002］『藁のハンドル』中央公論新社）
- Taylor, F. W. [2006] *The Principles of Scientific Management,* Cosimo Classics, New York: Cosimo. Inc.（有賀裕子訳［2009］『新訳 科学的管理法』ダイヤモンド社）

第4章 組織マネジメントの展開

Learning Points

▶組織とはそもそもどのようなものでしょうか。組織が続いていくためには、どういった条件が必要でしょうか。

▶人間の行動や意思決定にはどのような性質があるでしょうか。組織メンバーの行動に合理性の制約があるとすれば、組織はどのように対応すればいいのでしょうか。

▶サイモンの示した意思決定論は、バーナード理論の何を受け継ぎ、どのように発展させたのでしょうか。逆に、どのような点が受け継がれなかったのでしょうか。

Key Words

組織　組織均衡論　限定合理性　道徳的創造性

1　個人と組織
組織とは何か

　第3章で説明されたように、経営学は成り行き的な管理から、テイラーの科学的管理法、ファヨールの古典的管理論、メイヨーやレスリスバーガーの人間関係論を経て、個人のマネジメント論として構築されました。その後、経営管理は、個人にとどまらない**組織**におけるマネジメントとして確立されます。それは、古典的管理論に対して**近代管理論**ともいわれます。本章では、**バーナード**、**サイモン**を中心に、組織マネジメントの展開を検討していくこととします。

1.1 組織メンバーの協働

　今，本書を手にしている皆さんの多くは，大学で経営管理論を学ぶ学生で，企業での勤務経験はないかもしれません。そのため，企業の「組織」や「マネジメント」といったことを理解するのは難しいと考えているかもしれません。

　ところが，そのような学生の皆さんにとっても，「組織」自体は日常生活で実感されているはずです。例えば，サークルやクラブに参加したり，アルバイトをしたりしているときに，皆さんは，責任をもってそれぞれの役割を引き受けて協力し合い，主体的に活動しています。このように，複数の人間が何らかの目的に向かい，責任をもって協力し合っている状態を**協働**といいます。そして，経営学では一般に，協働が行われている状態ないしシステムを組織と呼んでいます。

1.2 バーナードの組織定義

1.2.1 組織とは何か

　このような組織の捉え方は，バーナード（Barnard, C. I.）によって経営学にもたらされました。彼は，1938年に主著『経営者の役割』の中で「2人以上の人々の意識的に調整された活動ないし諸力のシステム」と組織を定義しました。

　バーナードは，このいささか難解な定義を，複数の人間が協力して1人では動かせない石を運ぶという例をあげて説明しています。1人の力では，大きな石を動かすことができません。したがって，石は，それを運ぶという目的の達成を妨げる制約となっています。しかし，石を動かす力が足りないという制約は，何人かの人々の力を合わせれば克服することができるかもしれません。このように，個人ではなし得ることのできなかった目的を達成するための複数の人々による活動が協働なのです。

もっとも，協働すれば目的が達成されることがわかっていても，各自が自分の役割をきちんと果たさない場合や，お互いがうまく連携できていない場合は，目的を達成することができないでしょう。石を動かすためには，各人の持ち場が適切に決められ，タイミングを合わせて力を加える必要があります。つまり，石を動かすという共通目的の達成のためには，メンバーによってそれぞれの役割が責任をもって果たされ，かつ，それらの行為が共通目的の達成に向けてうまく調整されていなければなりません。

　このように，「2人以上の人々」によって提供される「活動ないし諸力」が，共通の目的の達成のために，「意識的に調整」され，「システム」となっているものを，バーナードは「組織」と定義しているのです。

　今日，バーナードの組織定義は，「最も有名な組織定義」ともいわれ，経営管理論において広く普及しています。また，この組織定義は，バーナード理論ないし彼の組織観を理解する「カギ」となっているのですが，同時に「躓きの石」ともいわれています。ここでは，その理由ともなっているバーナードの組織定義の特徴を2つほど説明しておきましょう。

　第1に，組織の構成要素は「調整された活動」だけであるということです。人も集団も組織定義から除かれていることに注意しなければなりません。個人を組織の構成要素としていないのは，個々の人間が組織に包含されず常に対峙する位置にあることを強調するものです。

　第2に，「調整された活動」によって組織概念が規定されるということは，組織への参加メンバーには，それらの活動を提供するあらゆる者があてはまるということを意味しています。例えば，企業という組織への参加メンバーとして通常考えられるのは，経営者や管理者，従業員ですが，バーナードの定義によると，他にも，取引業者，投資家，債権者，顧客等が組織メンバーに広く含まれます。

　組織を「調整された活動」と定義づけ，組織メンバーを広く組織活動の貢献者とするバーナードの組織観は，非常に斬新なものとなっています。もしかすると，読者の皆さんは，組織という言葉で「組織図」や「組織構造」を思い浮かべるかもしれません。それも組織の一面を示してはいるのですが，

ここでは少し違った見方をしています。混乱を避けるため，これらの組織定義の背景にある組織観の違いをみておきたいと思います。

1.2.2 組織に対する考え方

組織に対する見方は，大きく分けると3つあります。

1つ目は，組織を職務（権限）の体系，役割・ルールの体系とするものです。いいかえれば，職務遂行の「仕組み」ないし「構造」とも捉えられます。官僚制組織の理論（第7章）やファヨールに始まる管理過程学派（第1章）の組織観が，これにあたります。

2つ目は，組織を「調整された活動のシステム」とする考え方です。この考え方は，組織を活動の諸システムと捉え，組織活動の本質を意思決定から捉えるという視点を提供しました。本章第3節でも言及しますが，バーナードに始まり，それを受け継いだサイモンによって展開されています。

3つ目は，組織メンバーの相互作用から創り上げられる意味や価値といった視点から組織を捉えるものです。これもやはり，バーナードを創始者としてセルズニック（Selznick, P.）に受け継がれ，1980年代以降の組織文化論へと大きく展開されました（第8章）。少し系譜は異なりますが，レスリスバーガーを中心にした初期人間関係論（第3章）の研究も一部はこの流れに属するといってよいでしょう。

組織に関するこれらの考え方は，視点は異なるにせよ，いずれも組織の一面を捉えています。例えば，組織を「構造」と捉えると，一時点における組織の姿が断面図のように網羅されます。これに対して，組織を活動として捉えれば，一時点のみでは捉えきれない組織の変化や動的なプロセスをみることができます。後者の考え方は，いうまでもなくバーナードの組織概念です。

1.3 組織成立の3要素

バーナードの定義する「2人以上の人々の意識的に調整された活動ないし

諸力のシステム」である組織は，共通目的，協働意思，コミュニケーションという3つの要素があるときに成立します。

1.3.1 共通目的

　先ほどの例をみてみると，何人かの人が集まるのは，大きな石を運ぶという共通目的を達成するためです。目的もなく，人が集まり何らかの活動を行うということはありません。

　ここで，石を運ぶことは最終的な目的なのですが，そのためにはいろいろな道具が必要です。また各自に役割を割り当てていかなければなりません。石を運んでいく際に通るルートも確保しておくことが必要でしょう。それらが整っていないのであれば，まずはそれらの準備から始められることになります。

　このように，組織には大きな共通目的が必要であると同時に，それを達成するための手段が検討されなければなりません。そして，その手段が今度は目的となり，さらにそれを達成するための手段・役割が検討されていくことになります。その時々の状況によって，共通目的の下で検討される具体的な目的・目標や手段は変わっていくことにも注意が必要です。

1.3.2 協働意思

　石を運ぶための道具を揃え，人手も十分です。そして，各自の役割も決められたとしましょう。しかし，実際にその役割が「やる気」をもって適切に実行されなければ，最終的な目的は達成できません。組織の目的は理解されるだけではなく，組織への参加メンバーに容認されなければ機能しないのです。

　組織に参加するメンバーは，石を運ぶという大きな目的には賛同していても，具体的に割り当てられた仕事が気に入らないものであったり，疲れてくると途端にやる気をなくしたりするかもしれません。それでも組織の目的に沿って与えられた役割のために頑張る意思のことを，協働意思といいます。人はさまざまな性格をしており，生活事情や背景も多分に異なるのですが，

およそ組織に参加している以上は与えられた職務について，責任をもって全うするというのが協働意思の意味するところです。

1.3.3 コミュニケーション

さらに，割り当てられた仕事は大きな組織目的に向かって調整されていかなければなりません。つまり，お互いの仕事がバラバラになされるのではなく，常に連携している必要があるのです。ここから，組織成立の3番目の要素としてコミュニケーションが重要となります。

通常，組織の共通目的はそのままメンバー間で共有されるわけではなく，個々の役割にブレイクダウンされていきます。その際，コミュニケーションは組織目的と連動した各自の仕事を伝達し，活動の「調整」を行うという機能を担っています。また，組織への貢献意欲を引き出し，協働意思を確保するためにもコミュニケーションは欠かせません。つまり，コミュニケーションは，共通目的を具体化し協働意思を形成しているのです。

共通目的，協働意思，コミュニケーションの3要素は，あらゆる組織の成立時に見出され，これらの3要素が組織成立の必要十分条件となっています。バーナードは，組織が「コミュニケーションし合える人々が共通目的を達成するために行為を提供しようとする意思を持つ」時に成立する調整された活動のシステムであるといっています。

組織が成立するとともに存続していくためには，相互に依存し合った組織の3要素がその時々の外部環境に適するように結合されなければなりません。成立した組織の存続が一時的なものであれば，組織の3要素が連携してうまく機能していればいいでしょう。この組織3要素間のバランスがとれている状態を**内的均衡**といいます。しかし，組織が長期的に発展していくためには，組織と外部の全体情況とのバランスも必要となってきます。これを**外的均衡**といいます。

この内的均衡・外的均衡は次節のお話ですが，ここでは組織観の転換がマネジメント概念の変容をもたらしたという点を確認しておきましょう。バーナード理論以降，ダイナミックな活動プロセスとしての組織をいかにうまく

マネジメントしていくかということが経営管理論の大きな課題となりました。ここに至って経営管理論は，ファヨールをはじめとする伝統的管理論から，環境に適応して組織の持続を図る現代マネジメント論へと大きく様相を変えていくことになります。

2 組織の存続条件
誘因と貢献のバランス

すでに説明してきたように，組織は，共通目的，協働意思，コミュニケーションの3要素が適切に結合している場合に成立します。この3要素間のバランスが内的均衡です。一方，組織と外部の全体情況とのバランスが外的均衡です。組織が存続しようとすれば，この内的均衡と外的均衡を図っていかなければなりません。とりわけ，組織と外部環境との外的均衡が組織の長期的な存続には必要なことです。この外的均衡を維持する条件が，これから説明する「**有効性**（effectiveness）」と「**能率**（efficiency）」です。

2.1 個人の有効性と能率

有効性と能率は，組織活動に限られるものではなく，個人の意思レベルにも深く関わる問題です。ここで，いったん個人レベルの有効性と能率がどういったものかを検討し，その後で組織の有効性と能率を説明することにしましょう。

有効性と能率は，両者ともに日常的にはなじみの薄い概念で，はっきりと意味を区別することは難しいかもしれません。辞書を引いても，有効性が「望まれる結果を効果的に達成できる」という意味合いであるのに対し，能率は「結果に至る過程を無駄なく能率的にこなす」という意味合いを持っており，両語は非常に意味の近い類語です。

しかし，バーナードは個人レベルの有効性と能率を次のように区別しています。まず，有効性は，目的追求行為に関する客観的な達成基準です。これ

は，目的から意図した結果をどの程度達成できたかについての評価基準であり，辞書的な意味とも近いでしょう。

他方，能率は目的を達成したかどうかに関わりなく判断される個人の主観的な満足です。バーナードが指摘するように，活動には当初求めていなかった他の結果を伴うということがよくあります。そして，たとえ目的が客観的には達成されなかった場合であっても，当初は意図していなかった結果によってわれわれの欲求や動機が満たされるということも起こり得ます。

有効性が目的達成基準だとすれば，能率は目的達成だけでなく目的達成以外のものも含めた動機の充足基準であり，意図せざる結果の評価基準ということになります。

もっとも，以上のような能率についての説明は，辞書的な意味を超えてしまっています。では，バーナードはなぜ誤解を与えそうな「能率」という言葉で意図せざる結果についての満足・不満足を説明しようとしたのでしょうか。バーナードも指摘するように，一般的に目的活動に随伴する結果は，偶然的なものでとるに足りないもの，些細なものとみなされてきました。しかし，たとえ目標数値を客観的には達成できなかったとしても，その過程で感じた楽しさ・やりがいや活動を通してつながった人間関係こそが，その活動から得られた最大の収穫であったと感じた経験を多くの人が持っているのではないでしょうか。

個人の意思決定において意図せざる結果が重要な割合を占めていること，それが目的を達成する意図的活動と同じ活動から生じるという表裏一体の関係にあること，こうした意図せざる結果の性質から，バーナードはあえて有効性と類似した言葉である「能率」でこれを説明しようとしたのかもしれません。

2.2 組織の有効性と能率

「組織は成立と同時に解体，崩壊，破壊の危機にさらされている。協働がうまくいくのは異例であり，普通のことではない」とバーナードは言います。

このような組織の認識のもと，**組織均衡論**として組織の存続条件が明らかにされました。

組織均衡論はバーナードによって創始され，サイモンを経て，マーチ＝サイモンに受け継がれました。もっとも，バーナードのいう組織均衡では組織の内的均衡と外的均衡が意味されているのに対して，マーチ＝サイモンでは組織均衡が基本的に動機づけの理論であるとされています。つまり，組織と雇用者との関係に焦点を当てた能率を基準とする内的な均衡に限定されています。同じ組織均衡論といっても，バーナードとサイモン（およびマーチ＝サイモン）とではその内容に随分と差があります。この点に注意しつつ，以下の説明はバーナードの組織均衡論に沿って進めることにします。

組織の成長・発展は，組織システムの内的均衡と外的均衡を維持することによって可能となります。外的均衡とは，組織と環境との適応関係であり，その均衡の維持には2つの条件が満たされなければなりません。

第1は組織の有効性であり，環境状況に対する組織目的の適切性の問題でもあります。ここでは目的達成度が問われており，手段合理性に依拠するという意味で技術的問題です。

第2は組織の能率であり，組織と個人が互いに満足するという交換の問題です。個人にとって組織から受け取る誘因が，個人が組織に提供する貢献以上であり，組織にとっては逆に受け取る貢献が提供する誘因以上でなければ，交換は実現しません。形式的には同時に成り立たないこの交換が成立するのは，組織が誘因を客観的な物的・金銭的基準で評価するのに対して，個人はそれらを主観的に評価するからです。そのため，金銭的誘因以外に，名誉や名声，地位，やりがいのある仕事なども誘因に含まれます。

組織の存続は，個人に満足のいく誘因を提供することによって，組織活動の源泉である個人の貢献を確保し維持するという組織の能力にかかっています。したがって，組織の能率とは組織均衡を維持するのに必要な誘因を提供する組織の能力であるといえます。

有効性に関しては個人レベルの説明と違わないのに，能率については個人レベルにおける「意図せざる結果の満足・不満足」から組織レベルにおける

「組織の誘因提供能力」になることを不思議に思う人がいるかもしれません。しかし，組織目的が達成されて組織有効性が確保されても，多くの個人が誘因を失って組織から離脱してしまったら，これほど組織にとって意図せざる結果の不満足はないでしょう。ここに，バーナードが組織の能率を，個人の貢献を確保するための誘因提供能力と説明した理由があるのです。

3　意思決定のマネジメント

　現代経営学にバーナードが与えた影響は，計り知れません。それは，人間観をはじめ，組織概念，知識観，組織均衡論，権威受容理論，道徳的リーダーシップなど多岐にわたっています。これらに加えて，**意思決定**は組織の本質的過程」と捉えた意思決定論は今日の経営学に非常に大きな影響を与えています。

　もっとも，バーナードは主著の中で意思決定論を全面的に述べているわけではありませんでした。それを大きく理論展開したのは，サイモンです。サイモン（Simon, H. A.）の『経営行動』（1997年，初版は1947年に出版）には，「経営組織における意思決定過程の研究」というサブタイトルがついています。サイモンの意思決定論は，意思決定が組織の本質的過程であるというバーナードの命題を基礎にした「経営組織の意思決定論」ともいえるでしょう。

3.1　限定された合理性

　サイモンの意思決定論ではまず，次のような確認がなされます。従来の経営学では，意思決定過程が組織全体の政策形成に限られると考えられていたため，それ以外の決定過程にそれほど関心が寄せられてきませんでした。しかし，日々の実践においては，最終的な組織目的を達成するための下位目的やさまざまな手段についての意思決定が絶えず行われています。意思決定は，

組織の一般的な目的決定に限られず，ある行為には必ず先行してなされているのです。ここに，組織にとって有効な各行為を引き出す意思決定の諸原則，ならびに適正な意思決定を引き出す諸原理が経営理論において探求されなければなりません。

　以上の確認のうえに，サイモンは経済学においてみられるような「合理性」の限界を指摘し，意思決定の**「限定された合理性」**という考え方を強調します。人間は，意思決定過程で完全な知識を持っているわけではないので，意思決定の選択肢をすべてリストアップすることはできません。何とかして目的を達成しようとするも，直面する現実の問題の複雑さに比べると人間の情報処理能力は非常に限られています。したがって，人間が意思決定する際には，最適解が導かれることはなく，どうにか満足できるレベルの満足化基準によることになります。この意味で，意思決定の合理性は限定されているのです。

　このような意思決定における「限定された合理性」は，共著であるマーチ＝サイモン（March, J. G. & H. A. Simon）の『オーガニゼーションズ』（1993年，初版は1958年に出版）において，「経営人−限定合理性−満足解」モデルへと精緻化されていくことになります。

3.2　サイモンの意思決定モデル

　サイモンの意思決定論において，意思決定は経営とほとんど同義になるほど広く解釈されるようになりました。例えば，『意思決定の科学』（1960年）では，行為選択の瞬間だけではなくあらゆる過程から意思決定が分析されています。具体的には，意思決定は①決定のための機会を見出すこと，②可能な行為の代替案を見出すこと，③行為の代替案の中から選択を行うこと，④過去の選択を再検討することの4局面から成り立っているとされます。サイモンは，これを①情報活動，②設計活動，③選択活動，④再検討活動と呼び換えて議論を展開しています。

　①の情報活動とは，相手の動きや情況を探る軍事的な諜報活動を借用した

ものです。したがって、情報活動は、意思決定の契機を見出すための積極的な環境探索活動、問題発見活動と言い換えることができます。人間の認知には合理性の限定がありますから、すべての問題が把握されるわけではありません。②の設計活動では、情報活動による問題の析出を受けて、それを解決する可能ないくつかの解決案が検討されます。そして、③として手にした利用可能な解決案の選択活動が続きますが、その選択基準として働くのが満足原理であることはいうまでもないでしょう。さらに、1977年に出版された『意思決定の科学』の改訂版では、④として意思決定過程に行為結果の再検討活動が加えられました。結果のフィードバックは、行為選択の妥当性・適切性を顧みて自身の選択能力を改善していくという点で当然重要なものです。それに加えて、④の再検討活動は、環境が複雑化すればするほど意思決定が困難になるということをも示唆しています。

3.3 意思決定の科学と組織マネジメント

3.3.1 意思決定の科学と技術の確立

サイモンは、管理するということが意思決定を行うことだという前提から、経営管理者にとって重要なものは意思決定スキルであると結論づけました。まず、組織の意思決定を定型的にプログラム化しうる意思決定と、非定型的な意思決定に分けています。次に、これら2つの意思決定に適用される意思決定技術を伝統性、現代性という観点から分析しました（**図表4－1**を参照）。

在庫管理などの日常業務に典型的な「定型的意思決定」は、反復的になされるため、その構造が明らかでプログラム化・コンピュータ化しうる意思決定です。それに対して、「非定型的意思決定」は、組織が初めて直面する問題や頻繁になされない戦略的決定のように、構造が不明確でプログラム化が困難な意思決定です。

また、現代における第1の意思決定革命として、定型的意思決定における

図表 4－1 ▶▶▶ 意思決定の伝統的技術と現代的技術

意思決定の種類	意思決定の技術	
	伝統的	現代的
定型的意思決定	①習慣 ②事務上の慣例：標準的な処理手続き ③組織構造：共通の期待，下位目標の体系，よく定義された情報網	①オペレーションズ・リサーチ：数学解析モデル，コンピュータシミュレーション ②電子計算機によるデータ処理
非定型的意思決定	①判断，直観，創造力 ②目の子算 ③経営者の選抜と訓練	発見的問題解決方法 　ⓐ人間という意思決定者への訓練 　ⓑ発見的なコンピュータ・プログラムの作成

出所：サイモン［1960］，66頁をもとに筆者作成。

コンピュータの性能の向上と利用の高度化・拡大化があげられています。さらに，サイモンは，第1の革命に10年から20年後れて第2の意思決定革命が，トップ層やミドル層が扱う非定型的な意思決定に対して起こることを期待していました。もっとも，第2の革命は半世紀以上を過ぎた今日においても実現されていません。それは，非定型的な意思決定において，単に意思決定技術，情報技術の高度化で説明しきれない意思決定の性質が含まれているからかもしれません。

3.3.2　意思決定の科学の組織マネジメント論としての限界

　経営学，とりわけ組織マネジメント論を「意思決定の科学」として確立し，その展開を図ったサイモンの挑戦と成果は目覚ましいものでした。その評価は，1978年にサイモンがノーベル経済学賞を受賞したことでも明らかです。しかし，その意思決定論には次に示すような限界があることも否定できません。

　第1に，認知能力の限界から限定合理性しか持たない人間が意思決定する際，行為の選択基準として満足化基準が想定されていますが，組織の実践において機能する満足水準を事前に決めておくのは，必ずしも容易ではありません。満足できる代替案が見つかったら，そこで探索活動をやめるというのもそれほど現実的ではないでしょう。

第2は，組織マネジメントを意思決定の科学から捉えたサイモン理論によっては，現実の経営実践において捉えきれない部分があるのではないかという問題です。これは次節で検討していくこととしましょう。

4 組織マネジメントの価値

　サイモンは，研究の出発点において，自らの研究方法が論理実証主義によることを明示しています。論理実証主義とは，ある命題を「よい」や「べきである」などの価値命題と，「である」などの事実命題に分け，論理的・客観的に真偽を検証することが可能な後者のみを「科学」として取り上げるものです。これに従って，サイモンは組織マネジメントの中でも価値的な側面を捨象しています。

　しかし，経営実践においては，たとえ十分な判断材料が揃わない場合でも，組織活動の目的や方向性を瞬時に判断していかなければなりません。そのような判断にあたっては，事実的な問題と価値的な問題が分かちがたく結びついています。

　バーナードの『経営者の役割』の「日常の心理」という付録部分に，このことがわかりやすく示されています。そこでは，経営実務にも通じる日常生活の感覚や視点から，科学の論理至上主義に潜む問題点を指摘し，非論理的つまり価値的プロセスの軽視に警鐘が鳴らされています。

4.1　論理的プロセスと非論理的プロセス

　バーナードによれば，日常現象で用いられる思考プロセスは，「論理的プロセス」と「非論理的プロセス」の相互作用からなっています。前者は言葉や記号で表せる意識的思考や理性です。後者は，判断，決定，行為によって推察されるに過ぎない直観やインスピレーションであり，感覚とか感性とも呼ばれます。

理性のほうが感性よりも高次の知性であるというような一般的な理解のために，論理的プロセスのほうが強調される傾向にあります。しかしながら，目的が複雑であるほど，情報の質が良くないほど，また逼迫した状況など時間的制約が強いほど，直観や鋭敏な感性が必要な場合は多くなるでしょう。

たしかに，人の行為や意思決定において，論理的プロセスを規定する理性より，むしろ非論理的プロセスを彩る感覚や感情によって突き動かされる場合が少なからず存在します。そうであるならば，これを組織マネジメントの価値的側面として捨象するのではなく，受け止めることも必要でしょう。

4.2 組織マネジメントの本質―道徳的創造性―

マネジメントとは，「うまく事物を取り扱うこと」です。今日の経営学において，マネジメントは文脈に応じて経営とも管理とも訳されます。つまり，マネジメントという言葉は，日常の業務管理から，組織全体にわたる調整を行う経営までを広く包含しているのです。

組織のさまざまな調整・バランスを保つ意思決定には，多くの価値判断が伴われます。バーナードは，こうした組織マネジメントの価値的側面に関しても考察を加えています。

ある程度持続した組織では，活動を提供してきた組織メンバー間のコミュニケーションと相互作用から，伝統や社風，文化といった独特の価値・雰囲気が作り出されることがあります。バーナードは，このような組織メンバーの相互作用から生じる共通の感覚や規範，信念，態度，習慣といった組織内の影響を「道徳」と表現しました。

組織メンバー間で活動の視点や理解が共通していれば，仕事上，細かな指示がなくても共通の価値判断に従って進められるでしょう。詳細な指示・監督がなされないので，メンバーが一定の範囲で活動の自主性を発揮できるという動機づけ効果も期待できます。

しかし，組織メンバーはさまざまな経験や背景を持っているため，各自の価値観も持っています。そのため，組織メンバー間，あるいは組織と個人間

で価値観が対立することもあるでしょう。組織マネジメントでは，すでに組織に形成されている価値観と，組織メンバーの価値観とのバランスをうまく取り持っていくことが非常に重要な課題となっています。

さらに，組織を取り巻く環境に変化が生じる場合には，組織の価値観や判断基準を変更する必要があります。組織が環境に適応するためには，意思決定の基礎にある組織の価値観それ自体を新たに創り出していかなければならないのです。

組織マネジメントの本質は，協働を方向づける組織の理念や価値を創造し（**道徳的創造性**），現有資源を再結集させて組織目的を何とか達成することにあるといえるでしょう。

> Column **バーナードの人間観**
>
> バーナードの組織定義は，組織の構成要素から個人を除いているところに画期的意義があります。組織から個人を対置させたことによって，個人の自律性を担保しているからです。しかし，人を含めない抽象的な定義ゆえに，初学者にはわかりにくいでしょう。また，活動は人間を離れてはあり得ません。そのため，両者が分離されていることに多くの人が違和感を覚えるかもしれません。
>
> バーナードはこの疑問にいかに応えているのでしょうか。そのヒントは，バーナードの人間観にあります。それによれば，人間は2つの側面から捉えられます。1つは純粋機能的な側面です。組織活動，つまり協働は人々の提供する努力ですが，これは組織の役割によって規定されるいわば非人格化されたものです。これを組織人格といいます。管理者とか従業員という場合には，人間そのものではなく組織活動における役割に焦点を当てたものです。組織を構成する活動は，組織人格と一体の営為です。
>
> 他方，人間はそれ自体尊重され，全体として把握されるべき自律的主体です。人間のこのような側面を個人人格といいます。組織の調整された活動からは除かれている人間的な側面であり，組織にとってはさまざまな配慮を払うべき「環境的存在」ともいえます。人間は，組織人格と個人人格を同時的に存在させていますが，組織活動において提供しているのが組織人格であり個人人格は潜在化しているのです。

| Working | 調べてみよう |

サークルやアルバイト先は，バーナードのいう組織として有効に機能しているでしょうか。していないとすればどの点においてでしょうか。共通目的・協働意欲・コミュニケーションの3つの観点から分析してみましょう。

| Discussion | 議論しよう |

1. 今日の企業経営で，サイモンが意思決定の科学として予想したことが実現されたもの，まだ実現されていないものについて議論してみましょう。
2. 経営学における「科学」について，バーナードはどのように捉えていたのでしょうか。それは，どこが自然科学に代表される通常の「科学」と異なっているでしょうか。本章の第4節を参考に考えてみてください。

▶▶▶さらに学びたい人のために

- 経営史学会監修，藤井一弘編著［2012］『バーナード（経営学史叢書Ⅵ）』文眞堂。
- 経営史学会監修，田中政光編著［2012］『サイモン（経営学史叢書Ⅶ）』文眞堂。

参考文献

- 庭本佳和［2006］『バーナード経営学の展開―意味と生命を求めて』文眞堂。
- 庭本佳和・藤井一弘編著［2008］『経営を動かす―その組織と管理の理論』文眞堂。
- Barnard, C. I. [1938] *The Functions of the Executive*, Cambridge, Mass. : Harvard University Press.（山本安次郎・田杉競・飯野春樹訳［1968］『新訳 経営者の役割』ダイヤモンド社）
- March, J. G. & H. A. Simon [1993] *Organizations*, 2nd ed. Cambridge, Mass., USA, Blackwell.（高橋伸夫訳［2014］『オーガニゼーションズ―現代組織論の原典』ダイヤモンド社）。
- Simon, H. A. [1960] *The New Science of Management Decision*, Englewood Cliffs, N. J. : Prentice-Hall.（稲葉元吉・倉井武夫訳［1979］『意思決定の科学』産業能率大学出版部）
- Simon, H. A. [1977] *The New Science of Management Decision*, Rev. ed., Englewood Cliffs, N. J., Prentice-Hall.
- Simon, H. A. [1997] *Administrative Behavior: A Study of Decision-making Processes in Administrative Organizations*, 4th ed., New York, Free Press.（二村敏子・桑田耕太郎・高尾義明・西脇暢子・高柳美香訳［2009］『経営行動―経営組織における意思決定過程の研究』ダイヤモンド社）

第 II 部

内部組織のマネジメント

第5章
モティベーション論

第6章
リーダーシップ論

第7章
組織構造のマネジメント

第8章
組織文化のマネジメント

第5章 モティベーション論

Learning Points

▶ 仕事やアルバイト，あるいは勉強に対して意欲の高い人もいれば，低い人もいます。こうした違いはどこから生まれるのでしょうか。あるいは，アルバイトは熱心だが勉強は今ひとつ身が入らないということもあります。これはなぜでしょうか。

▶ 皆さんがリーダーだとして，部下や部員の意欲を向上させ，高い目標を達成したり質の高い仕事を成し遂げさせるには，どうすればいいでしょうか。

▶ 高い報酬が約束されているにもかかわらず，やる気が出ないときがあります。何が原因なのでしょうか。

Key Words

欲求階層説　内発的動機づけ　期待理論　職務充実

1　モティベーションとは

　モティベーションとは，一般的に人々の行動のエネルギー，方向性，持続性を説明する概念です。仕事へのモティベーションは，仕事意欲とも呼ばれます。ある人が熱心に仕事をしていたり，長く仕事を続けているとき，その人の仕事意欲は高いといえます。組織が高い成果を生み出すためには，こうした仕事へのモティベーションが高い人々の協働が不可欠といえましょう。

　モティベーションの研究はたくさんありますが，これらは大きく「実体理論」と「プロセス理論」に分けられてきました。実体理論とは，モティベーションを発生させる要因を明らかにしようとする理論であり，プロセス理論とは，モティベーションが発生する心理的なメカニズムを解明しようとする理論です。第2節では，実体理論の代表的な理論を紹介し，第3節では，プ

ロセス理論の代表的な理論である期待理論について説明します。最後の第4節では，こうした理論を踏まえ，モティベーションを生み出す代表的なマネジメントについて紹介します。

2 実体理論
人は何によって意欲が生まれるのか

2.1 欲求階層説—欲求は5段階—

人々のモティベーションはどこから来るのでしょうか。欲求理論では，それは人々の欲求にあり，人々の行動はさまざまな欲求を満たそうとすることで発生すると主張されます。欲求とは，人間が生活を維持し，健康や成長のために必要な条件を指しています。後ほど述べる動機とは，こうした欲求を含む，人々の行動をもたらす心理的な要因です。

人々の行動の源泉である欲求は，実にさまざまなものが考えられます。この本を読んでいるみなさんも，朝起きてから今までの行動を考えてみてください。そこには多くの欲求が原因となっていたこと（例：お腹がすいた，友人と会いたい，面白そうな講義だ，あるいはさぼると単位が危うい……等）に思い至るでしょう。

こうした人々の欲求について調べた研究者の中で，最も代表的な研究者をあげるとすれば，マズロー（Maslow, A. H.）の名をあげることができるでしょう。彼は，人がなぜこれを求めるのかについて答えようのない基本的な欲求として，**図表5-1**に示した5つをあげています。彼の理論は，**欲求階層説**と呼ばれています。

①**生理的欲求**：自分の生命や生活を維持しようとする欲求です。例として，睡眠，食物，休養，運動などに対する欲求があげられます。

②**安全・安定性欲求**：安全な状態を求めたり，危険や不確実性を回避しようとする欲求です。例として，害をなす人々からの回避，安定した賃金，定職に対する欲求などがあげられます。

図表 5 − 1 ▶▶▶ マズローの欲求階層説のモデル

③所属・愛情欲求：集団への所属や，仲間を求める欲求です。例として，友情や家族での愛情を求める欲求があげられます。

④尊厳欲求：自尊心を求める欲求です。例として，周りからの尊敬，責任ある地位，他者からの命令ではなく，自分が決めたやり方で行動することを求める欲求があげられます。

⑤自己実現欲求：自分の成長の機会を求めたり，自分の能力を発揮したいと思う欲求です。さらに，マズローはこの欲求の中に利己と利他の一致を通じた社会貢献を含めています。つまり，自己実現欲求には，利己的な要素とそれだけではない要素が含まれています。

マズローによると，これら5種類の欲求は，一番低いレベルの生理的欲求から最高の自己実現欲求まで順番に階層になっています。人々は，欲求を満たすために行動しますが，低いレベルの欲求が満たされると，もう1つ上の欲求を満足させようと行動するといわれています。つまり，低いレベルの欲求が満たされると，それ以上その欲求を追い求めることはせず，もう一段高いレベルの欲求を満たそうとする行動が生まれます。このようにして，最高レベルの欲求である自己実現欲求に到達するまで，追い求める欲求は段階的に変化します。ただし，自己実現欲求はいくら追い求めても満足することはできないとマズローは主張しています。

2.2　E・R・G理論——欲求は3段階——

　マズローの欲求階層説は，その後多くの研究者によって取り上げられ，多くの人々が知ることとなりました。しかし，その後行われた研究では，欲求階層説を完全に支持する研究結果は得られていないようです。アルダーファ（Alderfer, C. P.）の**E・R・G理論**は，欲求階層説を部分的に修正した理論として代表的なものです。アルダーファは，欲求を次の3段階に区分しています。

①**生存欲求**（Existence）：生きるために必要な物質的，生理的なさまざまな欲求です。食欲や睡眠欲がその例です。

②**関係欲求**（Relationship）：家族や友人，上司や同僚といった自分の周りの重要な人々との関係を求める欲求です。

③**成長欲求**（Growth）：自分や周りに対して創造的で生産的でありたいとする欲求です。

　欲求階層説では，安全・安定性欲求の中に対人的な安全と，給与などの物質的な安定を求める欲求が混在していました。また，尊厳欲求にも，周りからの尊敬を求める対人的な欲求と自尊心を自ら確認したいという欲求が含まれています。E・R・G理論は，安全・安定性欲求と尊厳欲求に含まれる対人的な欲求を関係欲求にまとめることで，欲求階層説の5つの欲求を，物質的・生理的な生存欲求，対人関係に関する関係欲求，自分自身に対する成長欲求の3つに再区分しているといえるでしょう（図表5-2）。

　E・R・G理論でも，低いレベルの欲求が満たされればその欲求を満たそうとする行動は減少し，もう1つ上の欲求の重要度が増加するとしています。また，一番上の成長欲求は満足してもその欲求の重要度は減少せず，増加するとしている点も欲求階層説とよく似ています。

　しかし，両者には大きな違いもあります。まず，それぞれの欲求は必ずしも低レベルから順番に求められるのではなく，同時に満たそうとして追求されることもあります。また，あるレベルの欲求が満足されない場合，欲求階

図表 5 − 2 ▶▶▶ 欲求階層説とE・R・G理論の比較

マズローの欲求階層説	アルダーファのE・R・G理論
生理的欲求	生存欲求
安全・安定性欲求（物質的な欲求）	
安全・安定性欲求（対人的な欲求）	関係欲求
所属・愛情欲求	
尊厳欲求（対人的な欲求）	
尊厳欲求（自己確認的な欲求）	成長欲求
自己実現欲求（利己的な欲求）	
自己実現欲求（利己と利他が一致した欲求）	

出所：Alderfer［1972］, p.25 をもとに筆者作成。

層説ではそのレベルの欲求を追い求め続けるのですが，E・R・G理論ではもう1つ下のレベルの欲求の重要度が増してくるとされています。つまり，関係欲求が満たされない場合，E・R・G理論ではそのすぐ下の生存欲求の重要度が増加するとされているのです。欲求が満たされない場合の代償行為といえるでしょう。

2.3 内発的動機付け理論—仕事そのものの面白さ—

さて，ここまで紹介したモティベーション理論では，報酬はプラスの効果を持つことが，いわば暗黙の了解でした。ところがデシ（Deci, E. L.）は，**内発的動機付け**の研究を通じ，報酬が必ずしもやる気を向上させないことを指摘しました。内発的動機付けとは，仕事そのものに対する興味のことを意味しています。

人間は，誰かに命令されたり，報酬を約束されたわけでもないのに，自分からすすんで活動に取り組むことがあります。自分が楽しいと思える活動に没頭しているときなど，誰しもこのような経験を持っていると思います。このような場合，その人は内発的に動機付けられているといいます。逆に，お金など何らかの報酬を目的に活動する場合，あるいは叱られたり罰を受ける

のを避けるために活動しているとき，外発的に動機付けられているといいます。

　内発的に動機付けられているとき，すなわち人が興味を持って自発的に取り組んだ課題に対し，お金で報いればどうなるでしょうか。常識的にみれば，好きなことをやってそのうえお金までもらえるのだから，もっとやる気が起こりそうに思えます。しかし，そう簡単ではないことが研究で示されています。

　デシが行った大学生を対象とした実験では，パズルに夢中になった学生に報酬としてお金を渡したところ，パズルに取り組む内発的動機付けが低下してしまいました。一方，お金を渡さなかった大学生は，内発的動機付けの強さに変化はみられませんでした。このように，内発的動機付けが外部からの報酬によって低下してしまう効果を，**アンダーマイニング効果**と呼んでいます。

　アンダーマイニング効果は，どうして発生するのでしょうか。デシによれば，内発的動機付けには2つの欲求が関係しています。1つは，自己決定の欲求です。これは，自分の行動の原因は自分自身でありたいと思う欲求です。もう1つは，有能さへの欲求です。これは，能力が高い人間でありたいと思う欲求です。

　つまり，仕事を行う際，この仕事に取り組むこと自体や仕事のやり方について，自分自身で決定しているという感覚と，その仕事を上手にこなせるという自信が，内発的動機付けを生み出すと考えられています。そのようなとき，もし報酬をもらえば，「自分は報酬のためにこの仕事をやっている」と感じてしまうでしょう。そのように感じたとき，自己決定の感覚は低くなり，内発的動機付けは低下してしまいます。

　しかし，もし報酬をもらっても「自分の能力を評価してもらえた」と感じることができれば，有能感が高まり内発的動機付けは高くなると考えられます。

3 プロセス理論
モティベーションが生まれるプロセス

3.1 公平理論—同僚との比較がやる気に影響する—

　前節では，代表的な実体理論について説明しましたが，本節ではやる気が発生する心理的プロセスに関する代表的理論について紹介します。

　ところで，ある人が同じ仕事をしている同僚よりも「えこひいき」され，仕事の出来ばえが同じくらいなのにもかかわらず，同僚よりも高い報酬をもらった場合，その人はどう行動するでしょうか。常識では，同じ仕事でも高い報酬をもらったほうが，もっと自分の仕事を好きになってますます一生懸命仕事をする気がしますが，そういう人ばかりではありません。実は，同僚よりも高い報酬をもらった人のほうが，自分の仕事や「えこひいき」した人物を嫌いになったり，報酬を減らすためにわざと手を抜いたりすることがあるのです。アダムス（Adams, J. S.）の**公平理論**は，こうした人間の心理プロセスを説明するのに適しています。

　公平理論では，人間のモティベーションはその人が知覚したインプットとアウトカムの比率を，他者と比較することで発生すると考えられています。インプットとは，仕事に投入した努力や，その人の学歴，経験，年齢などがあげられます。一方，アウトカムとは，給料その他の報酬があげられます。ここで，ある個人のアウトカムを O_p，インプットを I_p と表し，その個人が比較する他者のアウトカムを O_a，インプットを I_a と表すと，公平理論は次のように表現できます。

$$\frac{O_p}{I_p} < \frac{O_a}{I_a} \cdots 不公平$$

$$\frac{O_p}{I_p} = \frac{O_a}{I_a} \cdots 公平$$

$$\frac{O_p}{I_p} > \frac{O_a}{I_a} \cdots 罪の意識$$

上の式で，他者のインプットとアウトカムの比率が自分を上回るとき，「自分は他者よりも報われていない」と思い，不公平を感じます。一方，自分のインプットとアウトカムの比率が他者を上回るとき，「自分は他者よりも報われすぎている」と思い，罪の意識を感じます。いずれの場合も，人間は自分のインプットとアウトカムの比率が他者と等しくなる，すなわち公平感を得られる方向に動機付けられます。

　ただし，公平感を得るための行動はさまざまです。不公平を感じたとき，自分のインプットを減らすこともあれば，自分のアウトカムを増加させるよう働きかけることもあります。一方，罪の意識を感じたときは，自分のインプットを増やしたり，アウトカムを減らすよう行動すると考えられます。それ以外にも，その仕事自体をやめてしまうことも考えられますし，比較する人物を他の人に変更するということもあるでしょう。

　公平理論では，先ほどの「えこひいき」をされた人が，自分の仕事を嫌いになったり，わざと報酬を減らそうとする行動をとるのは，罪の意識を感じたためであると考えます。つまり，自分が同僚と比べて高い報酬をもらったと感じたため，公平感を得るために自分のアウトカムを減らそうとする行動をとっているのです。もちろん，自分のインプットを増やすために，前より一層仕事に励むことも考えられます。

3.2　期待理論──報酬の「見込み」がやる気を決める──

　期待理論は，ブルーム（Vroom, V. H.）によって理論的に整理され，ローラー（Lawler Ⅲ, E. E.）によって発展しました。ブルームによれば，人間のモティベーションは期待と誘意性の積によって表されます。期待とは，自分の努力がある特定の結果をもたらす主観的な確率です。誘意性とは，そうした結果の主観的な魅力です。つまり，自分の努力が特定の結果をもたらす可能性が高いと考え，そうした結果が自分にとって望ましいと思うほど，その努力を行うモティベーションは高くなります。さらにローラーは，期待を努力が目標達成をもたらす確率と，その目標達成が結果をもたらす確率に分

け，期待理論におけるモティベーションを，次のように定義しました。

$$\sum [(E \to P) \sum [(P \to O)(V)]]$$

　上の式で，$(E \to P)$ とは，自分の努力が予想された目標達成をもたらす主観的な確率，つまり見込みを表します。これは，努力が確実に達成をもたらすことを示す1から，確実に達成できないことを示す0までの値をとります。$(P \to O)$ は，目標達成した場合，特定の結果をもたらす主観的な確率です。これも，確実に結果をもたらすことを示す1から，絶対に結果につながらないことを示す0までの値をとります。

　最後に，(V) はそうした結果に対する誘意性，すなわち主観的な魅力の程度を表します。これは，非常に望ましいことを示す1から，罰など非常に望ましくないことを示す−1までの値をとります。ある結果の誘意性が0に近い場合，その人にとってその結果は特に価値がなく，関心が向いていないことを示しています。

　さらに，ある目標達成がもたらす結果は1つとは限りません。また，人々はそれぞれの結果に対して異なった誘意性を感じることでしょう。式にΣが含まれているのは，モティベーションがこうした複数の期待×誘意性の合計からなっていることを意味しています。

　ローラーの期待理論に従えば，人々のモティベーションを向上させる方法は3つに分けられます。1つ目は，$(E \to P)$ を向上させることです。これは，人々の自尊心や，自身の経験と観察を通じた学習によって向上します。2つ目は，$(P \to O)$ の向上です。これには，個人の内的統制感が影響しているといわれています。つまり，自分が環境にコントロールされているのではなく，自分のほうが環境をコントロールしているという確信です。$(P \to O)$ へのもう1つの影響要因は，目標達成と結果の結びつきの強さです。つまり，達成について結果が保証されている職場で働く人々は，$(P \to O)$ を向上させるといえるでしょう。

　3つ目は，(V) を向上させることです。これは，得られると予想される結果が自身の欲求を満足させる程度に影響されます。すなわち，個人が求めて

いる欲求を充足させることにつながる結果がもたらされることで，誘意性は向上します。（V）に影響するもう1つの要因は，結果の公平性です。つまり，得られた結果について公平感があれば，その結果に対する誘意性は向上するといわれています。

このように，期待理論はモティベーションが発生する心理プロセスに着目することで，モティベーション向上について実体理論よりも精緻な方策をわれわれに示唆してくれます。ただし，期待理論は自身の欲求充足に向けた計算をしながら行動する人間を前提としています。人々が何らかの努力を傾ける際，このような冷静な計算をいつもしているかどうかについては，疑問をはさむ声もあります。しかし，期待理論は多くの研究によって支持されており，モティベーションを説明する理論としては比較的完成度が高いと評価できるでしょう。

Column　目標設定理論

人々が掲げる目標の性質によっても，モティベーションが左右されることがあります。ロック（Locke, E. A.）らは，具体的で達成が難しい目標は，あいまいな「最善を尽くせ」のような目標よりも達成のための行動を引き出す効果があることを確かめています。明確で具体的な目標は，行動の注力すべき点を明らかにし，困難な目標は現状とのギャップを明らかにすることで多くの努力を引き出しうるとされています。さらに，達成への行動を引き出す効果は，①目標へのコミットメント，②自己効力感，③フィードバックによって増幅されます。つまり，目標を自分のものとして受け入れ，効果的な行動がとれるという信念があり，達成度に関する情報が手に入る場合，目標達成に向けた行動はより発揮されます。逆に，目標コミットメントが低い場合，目標の難易度が上がるほど達成度は低下することが知られています。目標設定理論に従えば，メンバーの目標を設定する際，メンバーが受け入れ可能でかつ達成が容易ではない目標水準にする必要があります。

4 モティベーションを生み出すマネジメント

4.1 職務充実—動機付け要因がモティベーションをもたらす—

　ここまでは，代表的なモティベーション理論について実体理論とプロセス理論に分けて紹介してきました。本節では，こうしたモティベーション理論を踏まえ，組織で働く人々のやる気を向上させるマネジメントについて，代表的な理論をみることにしましょう。

　ハーズバーグ（Herzberg, F.）は，インタビュー調査を通じ，人々が仕事上で満足感を得る要因と不満足を感じる要因とが異なる可能性を示しました。彼によれば，満足感を得る要因は，仕事の達成，仕事や努力を認めてもらうこと，仕事そのものの面白さ，責任ある仕事を任されること，昇進することでした。これらは，動機付け要因と呼ばれています。一方，不満足を感じる要因としては，会社の政策や管理の方法，監督技術，給与，対人関係，そして作業条件でした。これらは，衛生要因と呼ばれています。

　この発見事実から，ハーズバーグは動機付け要因は人に満足感を与え，やる気を高めるが，それが欠如しているからといって不満足をもたらすものではないこと，一方，衛生要因の欠如は不満足をもたらすが，それらが充実していても高い満足感をもたらすものではないと主張しました。彼のこの主張は，**動機付け・衛生理論**あるいは二要因理論と呼ばれています。

　なぜ不満足を感じる要因を改善しても，高いやる気や満足感を生み出さないのでしょうか。ハーズバーグによれば，不満足を感じる要因の改善は，人が不快なことを回避したいという欲求を満たすことはできても，成長したいという欲求を満たすことにつながらないからであると述べています。一方の動機付け要因は，仕事を通じた個人の成長欲求を満たす要因であると考えられています。

　ハーズバーグはこの理論に基づき，人々のモティベーションを高めるには，衛生要因の改善に加え**職務充実**が必要であると述べています。職務充実とは，

個人の仕事の権限や責任を増やしたり，これまでよりも難易度の高い仕事を与えることです。具体的には，次の7項目があげられています。

①責任はそのままにして統制をある程度弱める。
②仕事に対する責任を増やす。
③仕事のごく一部ではなく，個人に完結した自然な仕事単位を与える。
④仕事をする際の権限を増やす。
⑤定期報告を本人に直接届ける。
⑥今まで扱ったことのない新しい，より困難な仕事を与える。
⑦特殊化された仕事を割り当て，特殊技能者になることを可能にする。

不満足を感じる要因を改善しても，高いモティベーションは生まれません。このような職務充実を通じて，人々の成長欲求が刺激され，仕事達成に向けて高いモティベーションが発揮されることが期待できるのです。

4.2 職務特性理論—やる気を生み出す仕事デザイン—

上述の職務充実や内発的動機付けの議論のように，報酬だけでなく仕事そのものも人々のやる気に影響します。ハックマン＝オールダム（Hackman, J. R. & G. R. Oldham）は，**職務特性理論**を提唱し，内発的動機付けを高める仕事デザインについて次のようなモデルを提唱しています（**図表5-3**）。

図表5-3のⒶ技能の多様性とは，仕事が人間の多様な技能や才能の使用を求める程度です。Ⓑタスクの一貫性とは，個人が仕事を最初から最後まで「目に見える」状態で実行できる程度です。Ⓒタスクの有意味性とは，仕事が他の人々に影響を与える程度を表しています。これらⒶⒷⒸは，個人が感じる仕事の有意義感に影響します。

また，Ⓓ自律性とは，仕事の進め方について自分で決定できる程度を表します。これは，仕事の結果に対する責任感に影響します。最後のⒺフィードバックは，仕事を行うなかでその仕事の出来がわかる程度です。これは，仕事の結果についての知識をもたらします。これら有意味感，責任感，結果に

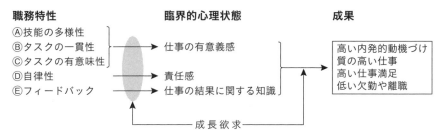

出所：Hackman & Oldham [1975], p.161 をもとに筆者作成。

ついての知識は，臨界的心理状態と呼ばれ，高い内発的動機付け，質の高い仕事，仕事に対する高い満足，そして欠勤や離職の低下をもたらすとされています。

Column　帰属理論

　物事の原因を何に求めるかを，原因帰属と言います。ワイナー（Weiner, B.）は，原因帰属のあり方とモティベーションの間に関係があると述べています。彼によれば，私たちは成功や失敗の原因として，図表にある能力，努力，運，課題の困難度の4つの方向に求める傾向があります。

　図表の中の統制の位置とは，自分の内面にあってコントロール可能な原因か，外部にあってコントロール困難な原因なのかを表します。安定性とは，時間の経過とともに変化しにくい原因か，変化する不安定な原因なのかを表しています。ここで，失敗の原因を外的統制の原因に求める人は，自尊感情を損なわずにすむでしょう。さらに，失敗の原因を能力に求める人は，次に成功するとはあまり考えないでしょう。一方，失敗の原因を努力に求める人は，次は努力することで成功すると期待する可能性があります。このように，帰属の方向性を努力に向けることで，失敗にも負けないモティベーションのマネジメントが可能になるといえるのです。

図表 5 − 4 ▶▶▶原因のタイプ

		統制の位置	
		内部	外部
安定性	安定	能力	運
	不安定	努力	課題の困難度

以上のメカニズムからわかるように，ある職務が人々を動機づける潜在力（MPS：Motivating Potential Score）は，次の式で表されます。

$$\text{MPS} = \frac{Ⓐ + Ⓑ + Ⓒ}{3} \times Ⓓ \times Ⓔ$$

ただし，MPSが高い仕事を担当すれば，誰でもモティベーションが向上するわけではありません。**図表5－3**からわかるように，高い成長欲求を持つ人にとって，MPSの高い仕事は臨界的心理状態および高い内発的動機付けをもたらします。しかし，成長欲求が低い人にとっては，MPSの高い仕事は困難でプレッシャーの大きなつらいものに映ることでしょう。

Working　　　　　　　　　　　　　　　　　調べてみよう

　企業やスポーツチームでは，モティベーション・マネジメントはとても大事です。実際の企業やチームでどのようにモティベーションを向上させる工夫を行っているのか，調べてみましょう。

Discussion　　　　　　　　　　　　　　　　議論しよう

　自分が最も「やる気」を発揮した出来事について話し合ってみてください。どんな要因が影響していたのでしょうか。その要因に共通点はあるでしょうか。整理してみましょう。

▶▶▶さらに学びたい人のために

- 上淵寿 [2012]『キーワード 動機付け心理学』金子書房。
- 金井壽宏 [2006]『働くみんなのモティベーション論』NTT 出版。

参考文献

- 多田瑞世 [2008]「職場における目標の共有が仕事の動機づけに及ぼす影響」『経営行動科学』第 20 巻第 3 号：345-353 頁。
- Adams, J. S. [1965] "Injustice in Social Exchange," in L. Berkowitz (ed.), *Advances in Experimental Social Psychology*, Vol.2, New York: Academic Press.
- Alderfer, C. P. [1972] *Existence, Relatedness, and Growth: Human Needs in Organizational Settings*, New York: Free Press.
- Deci, E. L. [1975] *Intrinsic Motivation*, New York: Plenum Press. (安藤延男・石田梅男訳 [1980]『内発的動機付け 実験社会心理学的アプローチ』誠信書房)
- Hackman, J. R. & G. R. Oldham [1975] "Development of The Job Diagnostic Survey," *Journal of Applied Psychology*, Vol.60, pp.159-170.
- Herzberg, F. [1968] "One More Time: How Do You Motivate Employees?," *Harvard Business Review*, Vol.46 No.1, pp.53-62.
- Lawler III, E. E. [1971] *Pay and Organizational Effectiveness: A Psychological View*, New York: McGraw-Hill. (安藤瑞夫訳 [1972]『給与と組織効率』ダイヤモンド社)
- Locke, E. A. & G. P. Latham [1984] *Goal Setting: A Motivational Technique That Works*, Englewood Cliffs, N. J.: Prentice-Hall. (松井賚夫・角山剛訳 [1984]『目標が人を動かす―効果的な意欲付けの技法』ダイヤモンド社)
- Maslow, A. H. [1954] *Motivation and Personality*, New York: Harper and Row. (小口忠彦監訳 [1971]『人間性の心理学』産業能率短期大学出版部)
- Vroom, V. H. [1964] *Work and Motivation*, New York: John Wiley & Sons. (坂下昭宣・榊原清則・小松陽一・城戸康彰訳 [1982]『ヴルーム・仕事とモティベーション』千倉書房)
- Weiner, B. [1972] *Theories of Motivation: From Mechanism to Cognition*, Chicago: Rand McNally.

第6章 リーダーシップ論

> **Learning Points**
> - ▶ リーダーシップという言葉はよく聞きますが,そもそもどのような意味があるのでしょうか。どうすればリーダーシップを発揮できるのでしょうか。
> - ▶ リーダーシップの研究は,リーダーのどのような点に着目して展開してきたのでしょうか。
> - ▶ 組織におけるトップやミドルにとっての,リーダーシップにまつわる具体的な課題にはどのようなものがあるでしょうか。

> **Key Words**
>
> 資質論　行動論　コンティンジェンシー理論
> サーバント・リーダーシップ　リーダーシップ開発論
> シェアード・リーダーシップ

1　リーダーシップの基礎

1.1　リーダーシップの定義

　リーダーシップは,年代ごとにその定義が大きく変容してきた概念の1つです。古典的には,一般に「リーダーが(組織や集団の)他のメンバーに対し,目標達成のために努力するよう影響を与えること」などと定義されます。近年は,その定義に新たにいくつかの要因を内包させるように研究が展開されています。それらの1つとして,リーダーはもちろん,それについていく人(フォロワーといいます)が,ただいわれることをするだけではなく,自分たちに何をすることが求められているのかを理解し,それらをなぜ行わなければならないかを考えるようにならないと,組織や集団はうまく機能しな

い，ということがあげられます。もう1点は，リーダーシップは必ずしも地位や立場としてのリーダーのみが発揮するものではなく，それが適切に機能するのであれば，組織や集団のどのメンバーからどのメンバーに対しても行使されうる，という考え方です。

これらの展開を受けて，定評あるハンドブック（その分野の先行研究の概要を整理しまとめたもの）の著者バス（Bass, B. M.）はリーダーシップを「集団における状況やメンバーの知覚や期待を秩序だて（structure）たり，秩序だて直したりすることをしばしば伴う，2人以上のメンバーの相互作用」であると定義しています。

それではなぜ，このような定義の展開がみられたのでしょうか。本章では，このようなリーダーシップの定義の変遷を念頭に，諸議論を学説史的に展望していきます。まず，前半では，**資質論**から**行動論**，また**コンティンジェンシー理論**にいたる，主として古典的な定義にもとづくリーダーシップ研究を紹介します。また後半では，新しい定義に対応する組織内リーダー（トップおよびミドル）の実務的な問題に関連する研究と，近年におけるリーダーシップ研究のさらなる展開にもふれていくことにしましょう。

1.2 資質論と行動論

20世紀前半までのリーダーシップ研究は，リーダーの持って生まれた特性（資質）に着目する資質論研究が主流でした。これは，リーダーとして偉大な人物に共通する資質的特性をさぐる偉人研究を1つの源流としています。

スタッジル（Stodgill, R. M.）による先行研究のまとめによれば，独創性，人気，社交的であること，判断力，積極性，よりよくなりたいと思う気質，ユーモア，協力的であること，快活さ，運動能力といったものが，おおむねリーダーシップと関係があるとされました。その後，決定力，忍耐力，自信，自我の強さがリーダーシップにつながるとされ，成功したリーダーは，活動的で，話す頻度が高く，自発的で，支配・上昇志向が強く，感情的なバランス，ストレス耐性，自己管理，熱狂性，外向性にすぐれるとされました。

20世紀中盤以降は，すぐれたリーダーは何をしているかに着目した行動論の研究が盛んになりました。その理由は，第1に偉人研究に代表される，すぐれたリーダーは共通した何らかの資質を有しているのではないか，という考え方が行き詰まりをみせたことです。第2に，持って生まれた特徴はなかなか変えることができませんが，行動は見て学ぶことができるので，研究成果をリーダーの育成に活かすことが可能であることです。

　時代は経済の発展と企業組織の大規模化のさなかにあり，中間管理職を中心に多数のリーダー養成が求められました。行動論の考え方はこのような経済社会の要請にもこたえるものであったといえます。

1.3　ミシガン研究とオハイオ研究

　20世紀後半の代表的なリーダーシップ行動論の研究（群）として，ここではミシガン研究とオハイオ研究を取り上げます。これらはともに研究の中心となった大学の名を冠し，すぐれたリーダーの行動に着目する研究アプローチとして，また質問紙調査という手法で行われたという面でも共通するものですが，対照的な側面もあります。

　ミシガン研究では，業績の高い集団と低い集団とではリーダーの行動が異なるはずであり，その違いがどのようなものであるかが探求されました。その結果，高業績の集団では，従業員を中心として，全般的な監督を行い，部下を支援し部下の自由も尊重しつつ自分は監督に専念するリーダー行動が顕著であったのに対して，低業績の集団では，やるべき仕事を中心として，細かな指示に終始した監督を行い，部下のミスや失敗に厳しく接するリーダー行動が目立っていました。

　高業績集団では，リーダーが部下に対して仕事の達成のための圧力をかけても，部下はそれを不当と感じない状況であるのに対し，低業績集団では部下がそのような圧力を不当と感じ，部下がリーダーのいうことを聞かなくなっている状況であることがわかりました。これらの発見事実は，**図表6－1**のようにまとめられます。

図表6－1 ▶▶▶ ミシガン研究での発見事実

高業績のグループ	低業績のグループ
従業員中心監督 ・目標や要求は明示するが，仕事は自由にさせる全般的な監督方式 ・部下への失敗に対して処罰せず，支援的に接する	仕事中心監督 ・こまかいことにまで口を出す監督方式 ・部下への失敗に対して批判し処罰する
従業員が仕事遂行の圧力を不当と感じない	従業員が仕事遂行の圧力を不当と感じる

出所：Likert, R.［1961］*New Patterns of Management*, McGraw-Hill.（三隅二不二訳［1964］『経営の行動科学―新しいマネジメントの探求』ダイヤモンド社）邦訳書12-20頁をもとに筆者作成。

図表6－2 ▶▶▶ LBDQ ⅩⅡの行動記述例

構造づくり（initiating of structure）	配慮（consideration）
・集団成員に，自分たちに何が期待されているのかを知らせる ・一定の手続きをとるよう仕向ける ・自分の態度を集団に対して明確に示す ・何がどのようになされるべきかを決める ・集団成員に特定の課題を割り当てる	・好意的で気さくである ・（部下が）集団の一員でいることが喜ばしく感じられるようなちょっとしたことをする ・集団で提案されたことを実行に移す ・変更をあらかじめ知らせる ・集団成員の個人的な幸福を考える

出所：Fisher College of Business（オハイオ州立大学）Leader Behavior Description Questionnaire (LBDQ) http://fisher.osu.edu/research/lbdq での公開文書をもとに筆者作成。

　オハイオ研究では，まず，集団業績にかかわらず，リーダーの行動を丹念に観察記録し，リストにしていくという手法がとられました。そのうえでリーダー行動の尺度を作成し，集団業績との関連の強い行動パターンが探求されました。観察記録された1,700以上の行動から，1963年には12次元からなるリーダー行動を記述する質問紙（LBDQ ⅩⅡ）が作成されました。

　最終的に，集団業績に強く影響するリーダー行動は，**構造づくり**と**配慮**という2つの次元に絞られました。これらの行動記述例は，**図表6－2**のとおりです。構造づくりの行動は，集団のメンバーが何をすべきか，どのようにすべきか，誰が何をするかなどの仕組みを作り，それが動くように働きかける行動であり，一方で，配慮の行動は，メンバーに気さくに接し，心配りをかかさず，提案も尊重するような行動であるとまとめられます。

　両研究群の考え方で最も大きな相違として指摘される点は次のとおりです。ミシガン研究では，従業員中心の監督と職務中心の監督は対極的に捉えられ

ており、両立しうるという考え方はありません。他方でオハイオ研究では、構造づくりと配慮がそれぞれ独立して集団業績に影響を与えているので、最も望ましいリーダーは、集団での仕事の仕組みづくりもきちんとやって、かつメンバーを尊重しこまやかなコミュニケーションもしっかりとる人である、ということになります。このような、2つの軸をともに高いレベルで達成することがリーダーシップの最善解である、という考え方は「Hi-Hi パラダイム」と呼ばれ、20世紀後半のリーダーシップ行動論の考え方の基礎の1つとなりました。

2 リーダーシップのコンティンジェンシー理論

2.1 コンティンジェンシー理論の考え方

Hi-Hi パラダイムとは対照的に、コンティンジェンシー理論の考え方は、最善のやり方は1つではなく、状況に応じて異なる、というものです。その考え方は1960年代以降、経営管理のさまざまなレベルのトピックに適用されました。組織の構造についてのコンティンジェンシー理論については、本書の第9章で詳述されています。リーダーシップの研究においても、どのような状況要因が、どのようなリーダーシップ資質や行動の成否を左右するのか、という問題が実証的に検討されました。リーダーシップのコンティンジェンシー理論に属すると考えられる研究はいくつかありますが、ここでは**フィードラー・モデル**と **SL**（situational leadership）**理論**を紹介します。

2.2 フィードラー・モデル

フィードラー（Fiedler, F. E.）は、リーダーシップにコンティンジェンシー理論の考え方を導入した最も初期の研究者として知られています。フィードラーのモデルでは、まず **LPC**（least preferred coworker）**尺度**と

図表6−3 ▶▶▶ LPC尺度質問票

回答欄

好感の持てる	8	7	6	5	4	3	2	1	いやな	
愛想のよい	8	7	6	5	4	3	2	1	愛想の悪い	
拒む	1	2	3	4	5	6	7	8	受けいれてくれる	
張り詰めた	1	2	3	4	5	6	7	8	リラックスした	
遠く感じる	1	2	3	4	5	6	7	8	近く感じる	
冷たい	1	2	3	4	5	6	7	8	暖かい	
味方となる	8	7	6	5	4	3	2	1	敵意のある	
退屈な	1	2	3	4	5	6	7	8	興味が持てる	
けんかになる	1	2	3	4	5	6	7	8	折り合いのよい	
憂鬱な	1	2	3	4	5	6	7	8	楽しくさせる	
オープンな	8	7	6	5	4	3	2	1	用心深い	
陰口をいう	1	2	3	4	5	6	7	8	義理堅い	
信用ならない	1	2	3	4	5	6	7	8	信用できる	
思いやりのある	8	7	6	5	4	3	2	1	思いやりのない	
意地悪な	1	2	3	4	5	6	7	8	親切な	
感じのよい	8	7	6	5	4	3	2	1	感じの悪い	
不誠実な	1	2	3	4	5	6	7	8	誠実な	
やさしい	8	7	6	5	4	3	2	1	思いやりのない	
									合計	

注：これまでいっしょに働いた人のうち，最も好ましくない人を具体的に思い浮かべ，対極的な形容の間の数字のうち当てはまるものを記録していく。合計スコア73以上が高LPCタイプ，72〜65の範囲が中LPCタイプ，64以下が低LPCタイプと分類される。

出所：Fiedler, F. E. & Chemers, M. M. [1984] *Improving Leadership Effectiveness: The Leader Match Concept*. (2nd Ed.) Wiley Press, pp. 17-22をもとに筆者作成。

いう独自の質問票（**図表6−3**）を用いて，回答者のリーダーシップスタイルを**タスク志向（課題動機）型，人間関係志向（関係動機）型**に二分します。LPC得点の高い回答者は好ましくない同僚ともいっしょに仕事をすることに寛容で，リーダーシップのスタイルは人間関係志向型に，LPC得点の低い回答者は好ましくない同僚と一緒に仕事をすることに非寛容であり，リーダーシップスタイルはタスク志向型に分類されます。なお，この質問紙はリーダーとしての具体的な行動を問うものではなく，資質論的な考え方にもとづく分類であるといえます。

そのうえで，双方のリーダーシップスタイルの有効性を左右する状況要因として，①リーダーとメンバーの関係が良好であるかどうか（良い−悪い），②やるべきことがどの程度決まっているか（タスク構造化の程度が定型的−

図表6-4 ▶▶▶状況統制度によるリーダーシップスタイルと業績との関係のモデル

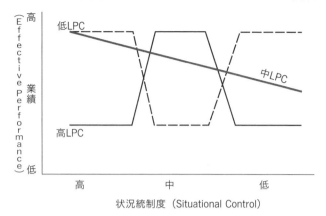

出所：Fiedler & Chemers [1984] 前掲書，p.168.

非定型的)，③メンバーがリーダーのいうことをきくかどうか（リーダーの地位勢力が強い−弱い）という3つがあげられ，それぞれの状況での双方のリーダーシップスタイルの有効性が調査されました。

その結果は，**図表6-4**のようにまとめられました。リーダーとメンバーとの関係がよく，やるべきことが定型化されていて，リーダーのいうことをメンバーが素直にきく状況は，リーダーにとって最もやりやすい（状況統制度が高い）といえます。逆に，リーダーとメンバーとの関係が悪く，やるべきことのかたちが不明確で，メンバーがリーダーのいうことをきかない状況は，リーダーにとって最もやりにくい（状況統制度が低い）といえます。

フィードラーらによる調査では，これらの両極端とそれらに近い状況では，低LPCすなわちタスク志向のリーダーシップが有効であることが明らかになりました。他方で，そのどちらでもないような，中間的な状況では，高LPCすなわち人間関係志向のリーダーシップが有効であるとされました。

フィードラー・モデルにはその後さまざまな問題点が指摘されました。その代表的なものは，LPC尺度がその人のリーダーシップスタイルを測るために妥当なものであるのかどうか不明確であるという指摘です。また，3つ

の状況要因がさまざまに変化する（3要因をそれぞれ2分しても$2^3 = 8$とおりある）諸状況を図表6－4の状況統制度の軸に集約するにあたり，恣意的な並べ方になっていないか，という問題も指摘されます。それでもなお，有効なリーダーシップが状況に左右されることを最初に指摘した研究として，フィードラー・モデルは古典的な研究成果の1つに位置づけられます。

2.3 SL理論

フィードラー・モデルは，ミシガン研究と同様に，リーダーシップのかたちを両極端の1次元として考え，タスク志向と人間関係志向は両立しがたいという前提に立っています。これに対して，オハイオ州立研究と同様に，2つの軸を独立させて，状況による有効性を検討しようというのが，ハーシィ（Hersey, P.），ブランチャード（Blanchard, K. H.）らによるSL理論です。

SL理論では，リーダー行動が**指示的行動**（ガイダンスを与える）と**協労的行動**（支援的な行動を示す）の独立2次元として，図表6－5に示すように，高指示・低協労の教示的スタイル，高指示・高協労の説得的スタイル，低指示・高協労の参加的スタイル，低指示・低協労の委任的スタイルに四分されます。

状況要因としては部下の**成熟度**（**レディネス**）があげられています。成熟度は，部下の能力と意欲によって四分されます。第1に能力が低く意欲も弱

図表6－5 ▶▶▶ SL理論における4つのリーダーシップスタイル

	協労的行動			
（高）	③参加的リーダーシップ 権限付与・励まし 高能力－低意欲の部下に適合	←（部下の能力が増す）	②説得的リーダーシップ 双方向の対話と説明 低能力－高意欲の部下に適合	
	（部下の意欲が増す）↓		↑（部下の意欲が増す）	
（低）	④委任的リーダーシップ 委任・ゆるやかな監督 高能力－高意欲の部下に適合		①教示的リーダーシップ 具体的指示・細かな監督 低能力－低意欲の部下に適合	
	（低）	指示的行動	（高）	

出所：Hersey, Blanchard & Johnson [1996]，邦訳書，第8章をもとに筆者作成。

い状況，第2に能力は低いが意欲が高い状況，第3に能力は高いが意欲が低い状況，第4に能力が高く意欲も強い状況であるとされます。部下が第1から第4の状況に成熟度を高めていくに従って，適合的なリーダーシップが教示的→説得的→参加的→委任的スタイルへと変化していく，というのがSL理論の考え方です。

3 トップとミドルのリーダーシップ

3.1 トップ・リーダーシップの構成要素

これまで述べてきたリーダーシップについての資質や行動に関するさまざまな要素や枠組みは，その対象を組織のトップであるか，ミドルであるかについて，明確な区分を行っていません。それに加えて，伝統的な研究におけるリーダーシップの組織観は，各グループが与えられた課題を遂行し，目標を達成するという考え方にもとづくものです。

経営管理の現場では，組織のトップに特有の問題として，どのようなものが考えられるでしょうか。例えば，ある民間のシンクタンクが最近実施した調査では，「これからの経営トップに求められる資質」として，「先見性」，「環境変化対応」，「戦略的思考」などという回答が上位を占めたようです。変化の激しい現在では，状況をどう捉えるか，組織がこれから何をなすべきかという問題は所与ではなく，将来を見据えつつ，トップリーダーが率先して提示していくべきであることがうかがえます。

近年のトップ・リーダーシップに関する研究も，その構成要素として，将来の企業や事業のあるべき姿としてのビジョンや，そこへの道筋も含めた戦略の設計提示などを非常に重視します。なぜなら，それらが本章冒頭においてリーダーシップの定義の新たな側面としてふれた，自分たちに何をすることが求められているのか，それらをなぜ行わなければならないか，を理解したり考えたりするよう働きかける有効な手段であるからです。

ベニス＝ナナス（Benis, W. & B. Nanus）は1980年代，90人のトップリーダーとのインタビュー調査を行い，ビジョンの設計と実現をリーダーの最も重要な行動要件としました。そのうえで，すぐれたリーダーのとる方略を，①人をひきつけるビジョンを描くこと，②あらゆる方法で「意味」を伝えること，③ポジショニングで信頼を勝ち取ること，④自己を創造的に活かすこと，の4点にまとめました。

　いくらよいビジョンでも，それが組織のメンバーの心に響き，かつこれから何をどうすればよいのか，わかりやすい指針とならなければなりません。そのため，そのビジョンがどういうものか，なぜそういうものなのか，という意味の伝達が必要です。ポジショニングとはリーダーの首尾一貫した行動のまとまりや存在感のようなもので，これらを確立することでメンバーの信頼を得やすくなります。最後に，リーダーはつねに前向きで，失敗すらも今後に活かすための学習機会とするような姿勢が求められます。

　ビジョンや戦略，さまざまな目標は明示するとして，そこへの道筋をつけ実行していくことにトップがどこまで関与するか，という問題の解はさまざまであり得ます。近年はトップが積極的に旗振りするのではなく，その部分を徹底してメンバーに任せ，トップはそれを助ける存在でいる，という考え方も存在します。グリーンリーフ（Greenleaf, R. K.）を主唱者とする**サーバント・リーダーシップ**において，リーダーはビジョンや目標を提示しつつも，それを達成するために部下に指示を出したり鼓舞するのではなく，部下の支援を行いその行動に奉仕する存在として位置づけられます。

　図表6－6にあげられたサーバント・リーダーシップの10の特性をみると，サーバント・リーダーは傾聴や共感，納得といったコミュニケーションのあり方を基礎としつつ，気づき，概念化，先見力など，メンバーとともに新しいものの見方や考え方の形成をうながす存在であることがわかります。また，人々の成長への関与はメンバーの育成に直接つながり，癒し，執事役，コミュニティづくりといった特性は，リーダーの存在や職場のあり方にも関与していくものであるといえます。

図表 6 − 6 ▶▶▶ サーバント・リーダーシップの 10 の特性

傾聴	相手が望んでいることを聞き出すために，まずは話をしっかり聞き，どうすれば役に立てるかを考える。また自分の内なる声に対しても耳を傾ける。
共感	相手の立場に立って相手の気持ちを理解する。人は不完全であることを前提に立ち相手をどんな時も受け入れる。
癒し	相手の心を無傷の状態にして，本来の力を取り戻させる。 組織や集団においては，欠けている力を補い合えるようにする。
気づき	鋭敏な知覚により，物事をありのままに見る。自分に対しても相手に対しても気づきを得ることができる。相手に気づきを与えることができる。
納得	相手とコンセンサスを得ながら納得を促すことができる。 権限に依らず，服従を強要しない。
概念化	大きな夢やビジョナリーなコンセプトを持ち，それを相手に伝えることができる。
先見力	現在の出来事を過去の出来事と照らし合わせ，そこから直感的に将来の出来事を予想できる。
執事役	自分が利益を得ることよりも，相手に利益を与えることに喜びを感じる。 一歩引くことを心得ている。
人々の成長への関与	仲間の成長を促すことに深くコミットしている。1 人ひとりが秘めている力や価値に気づいている。
コミュニティづくり	愛情と癒しで満ちていて，人々が大きく成長できるコミュニティを創り出す。

出所：池田守男・金井壽宏［2007］『サーバントリーダーシップ入門』かんき出版，76-77 頁。

3.2 ミドル・リーダーシップの構成要素

　ミドル・マネジメントのリーダーについてはどうでしょうか。前項とは別の民間の調査会社が行った，ミドル・マネジャーに対する調査結果の1つによると，成果につながるミドルの重要な活動として回答のうち最も高いものは，業務の指示管理といった，これまでみてきたリーダーシップ理論でもおなじみのものでした。他方で障害の調整や問題解決，さらには，業務改善，新しい価値の創造，メンバーの意欲向上，メンバーの育成などがあげられており，ミドルには幅広い役割が求められていることがうかがえます。

　組織論的には，ミドルは以下のような状況に置かれがちだと考えられます。第1に，ミドルは組織の横（専門性など）にも縦（職位など）にも中間的な立場にいるので，さまざまなコンフリクト（葛藤）などの問題に対処するこ

とが多くなりがちだということです。第2に，ミドルはその立場から，組織全体をひっくり返すような変革を行うことはめったになくても，業務の改善や問題発見などへの継続的な取り組みをまとめていかなければならず，現実的ではあるが創造性も持つ問題解決を遂行していく必要がある，ということです。第3に，これらの集団活動をまとめるにあたり，メンバーの意欲を高め，またメンバーにもノウハウを蓄積させ育てていくような手法でミドル・マネジャーが取り組むことができれば，それはなおのぞましいということです。

ミドル・リーダーシップを考えるための出発点の1つになるのは，その直面する問題や障害が，われわれが想像するよりも雑多なもので，それらに慎重に対処し，自分の身も守りながら，粘り強くこつこつと解決していく必要がある場面が，衆目を集めるような劇的な機会よりもはるかに多い，という点です。

バダラッコ（Badaracco, J. L., Jr.）はこのような「静かなリーダーシップ」に焦点を当て，その行動を，①現実を過度に単純化せず，直視すること，②人々のさまざまな行動の動機や利己性を知ること，③意思決定までの時間を稼ぐこと，④自分の影響力を有効活用すること，⑤具体的に考えること，⑥ルールのグレーな部分に着目し，しばしばそれを利用して拡大解釈すること，⑦状況を探りながら，徐々に行動範囲を広げること，⑧妥協策を考えること，と特徴づけました。またこのような行動の基礎として，静かなリーダーには自制，謙遜，粘り強さが求められるとされました。このようなリーダーは，ヒーロー（英雄）的に目立つことはほとんどないけれども，組織の数多い問題を解決していくのに不可欠であるとバダラッコは指摘したのです。

他方で，ミドル・リーダーにも職場の活性化や価値創造など革新的役割を求められています。日本を代表するリーダーシップ論研究者の金井壽宏は変革型ミドルの管理者としての行動を**図表6－7**のようにまとめました。伝統的なリーダーシップ研究と比較して新しく提示されたのが，自分自身の中間的な立場を活かして社内外に協力的関係を作り出し，それを戦略的な課題の実施や革新的試行のために活用するといった対外的活動の視点です。この

図表 6 − 7 ▶▶▶ 変革型ミドルの管理者行動

管理者行動の次元	行動の内容の記述
配慮	人間としての部下の気持ち・考え方を理解し尊重し，人間関係を保つ。
信頼蓄積	言動の一貫性，成功・失敗への因果帰属の機微，現場重視の姿勢によって，リーダーとしての信頼性を日頃から蓄積する。
育成	部下のスキル・知識の長短を人材ポートフォリオとして描き，仕事の委任のしかたによって，各人の経験の幅を広げさせ，人的資源として部下を育成・学習促進する。
達成圧力	決められた目標を期限どおりに最後まで能率よく達成するように要求する。
緊張醸成	自己超越的な極限追求，社内外からの競争，現状に対する危機意識から目標それじたいを高めながら，積極的に挑戦する緊張感を醸成する。
戦略的課題の提示	会社の戦略と結びつけながら，長期ビジョンや少数の重点的課題を打ち出し，漸進的に部門レベルの戦略を練り上げ提示する。
モデリング促進	自らの経験やノウハウ，部門内外での成功例をモデル（示範事例）として部下に伝え，めざすべき行動や行動のルールを学習させる。
方針伝達	会社で公式に決められた経営方針，仕事の方針や会社の動向をきちんと伝える。
連動性創出	上司，経営トップ，他部門，社外の人びととの協力的関係を創り出す。
連動性活用	社内外に創出した協力的対人関係を戦略的課題の実施，革新的試行の実現のために活用する。
革新的試行	新たなアイデア提案を実験ないし試行（トライアル）として積極的に実施に移していく。

出所：金井［1991］，283-284 頁。

視点の導入により，ミドルは中間的な立場として板ばさみにもなりがちだけれども，内外との関係づくりもしやすい立場であり，それを活用し行動することで，組織の変革の渦の中心ともなり得ることが示されています。

4 リーダーシップ研究の新展開

近年のリーダーシップ研究は，関連する他の専門領域を巻き込む形で展開していることに特徴があります。ここでは，その代表的な2つのものとして，リーダーシップとキャリア論との接点で展開する**リーダーシップ開発論**と，リーダーシップとチームマネジメント論との接点で展開する**シェアード・**

リーダーシップについてふれます。

4.1 リーダーシップ開発論

　リーダーの資質に注目するにせよ，行動に注目するにせよ，それが一面的であることは避けられず，リーダーとしての存在感や力の全体像の把握にはどうしてもギャップが生じます。そのような問題意識から出発し，組織のトップやそれに近い経営幹部までの成長過程は，一朝一夕にではなくそのキャリアを長期的に追って分析することで明らかになるのではないかという考え方に立つのが，マッコール（McCall, M.）に代表されるリーダーシップ開発論のアプローチです。マッコールによれば，調査にもとづきリーダーとしての成長をうながす経験群が，図表6－8のように，「課題」，「他の人とのつながり」，「修羅場」，「その他」の4つに分類されています。

図表6－8 ▶▶▶リーダーとしての成長をうながす経験

課題
初期の仕事経験：初期の非管理業務
最初の管理経験：初めて人を管理する
ゼロからのスタート：何もないところから何かを築き上げる
立て直し：破綻している事業を立て直す／安定させる
プロジェクト／タスクフォース：独立したプロジェクトと課題を単独であるいはチームで実施する
視野の変化：管理する人数，予算，職域が増える
ラインからスタッフへの異動：現場のラインから会社のスタッフ職への異動

他の人とのつながり
ロールモデル：良きにつけ悪しきにつけ並はずれた資質を持つ上司からの影響
価値観：個人や会社の価値を示す行動の「スナップショット」

修羅場
事業の失敗とミス：失敗したアイデアや取引
降格／昇格を逃す／惨めな仕事：切望した仕事に就けない，あるいは左遷
部下の業績の問題：パフォーマンスに重大な問題を抱える部下に直面する
既定路線からの逸脱：現在の仕事への不満に応じて，新しいキャリアに挑戦する
個人的なトラウマ：離婚，病気，死などの個人的な危機やトラウマ

その他
コースワーク：公式の研修プログラム
個人的な問題：仕事以外の経験

出所：McCall, M. W., Jr. [1998] *High flyers*, Harvard Business School Press.（金井壽宏監訳，リクルート・ワークス研究所訳 [2002]『ハイ・フライヤー』プレジデント社）邦訳書，110頁。

このように分類される経験群は，漫然とやり過ごされるのではなく，それらを通じて経験者が何を学んだかが次に重要となります。例えば，事業の立て直しというイベントによって，当事者間の信頼関係を築く方法を学ぶ一方で，断固とした態度で決定を下すようにもなれなければ，リーダーとして顕著なものを学び，身につけたとはいえないでしょう。このように，さまざまなイベントによって，現在重要な立場にある（成功した）リーダーが何を学んだかを抽出し，体系化していくことで，よりよいリーダーをめざす個人のキャリア形成の指針としていくことが，リーダーシップ開発論の実践的含意であるといえるでしょう。

4.2　シェアード・リーダーシップ

　本章の最後では，リーダーシップの定義変遷の背景としてあげた，リーダーシップは必ずしも地位や立場としての「リーダー」のみが発揮するものではなく，それが適切に機能するのであれば，組織や集団のどのメンバーからどのメンバーに対しても行使されうる，という考え方を反映させた研究についてふれておきましょう。

　このような考え方は，**シェアード・リーダーシップ**と呼ばれています。シェアード・リーダーシップは一般に「チーム・メンバー間でリーダーシップが配分されているチーム状態」と定義されています。これは，チームではリーダーシップが機能はしているが，それをポジションとしてのリーダー1人が負うのではなく，必要で有効なリーダーシップを，それにふさわしいメンバー1人ひとりが発揮できる状態にある，ということを意味します。

　ブラッドフォード＝コーエン（Bradford, D. L. & A. R. Cohen）は，シェアード・リーダーシップの考え方は，サーバント・リーダーシップや静かなリーダシップと同様に，従来のヒーロー型リーダーシップに対峙するものであることを指摘しています。シェアード・リーダーシップはベンチャー企業のトップ・マネジメント・チームや製造業の研究開発チームにおいて，有効に機能すれば成果につながることが実証研究を通じて明らかにされつつあり

ます。今後もこのような研究が蓄積されることで，シェアード・リーダーシップをどうすれば構築し機能させられるか，それをどのような成果に結びつけられるかが明らかになることが期待されます。

| Working | 調べてみよう |

1. 具体的なリーダーをイメージしながら，そのリーダーシップを(1)持って生まれた資質だと考えられるもの，(2)具体的な行動として観察されるもの，(3)何らかの経験で学んだことにもとづくと考えられる見方や能力，に分類してみましょう。
2. サーバント・リーダーシップやシェアード・リーダーシップがうまく機能するためにはどのような条件がありそうか，それぞれ考えてみましょう。

▶▶▶さらに学びたい人のために
- 金井壽宏［2005］『リーダーシップ入門』日本経済新聞社。
- Hersey, P. & K. H. Blanchard [1977] *Management of Organizational Behavior* (*3rd ed.*), Englewood Cliffs, N. J.: Prentice-Hall.（山本成二・水野基・成田攻訳［1978］『行動科学の展開』生産性出版）

参考文献
- 金井壽宏［1991］『変革型ミドルの探求』白桃書房。
- Badaracco, J. L. [2002] *Leading Quietly: An Unorthodox Guide to Doing the Right Thing*, Boston: Harvard Business School Press.（高木晴夫監修，渡辺有貴解説，夏里尚子訳［2002］『静かなリーダーシップ』翔泳社）
- Bennis, W. G. & B. Nanus [2007] *Leaders: Strategies for Taking Charge* (*2nd ed.*), New York HarperCollins.（伊藤奈美子訳［2011］『本物のリーダーとは何か』海と月社）
- Bradford, D. L. & A. R. Cohen [1998] *Power up: Transforming Organizations through Shared Leadership*, New York: Wiley.（高嶋成豪・高嶋薫訳［2010］『POWER UP──責任共有のリーダーシップ』税務経理協会）
- Greenleaf, R. K. [1977] *Servant Leadership: A Journey into the Nature of Legitimate Power and Greatness*, New York: Paulist Press.（金井壽宏監修，金井真弓訳［2008］『サーバント・リーダーシップ』英治出版）

第7章 組織構造のマネジメント

Learning Points

▶ 事業活動を行うためには組織を作らないといけません。どのような組織を作ればよいのでしょうか。また組織を作るとはそもそもどのようなことなのでしょうか。

▶ 組織構造とはそもそも何でしょうか。代表的な組織構造にはどのようなものがあるでしょうか。それはどのような特徴を持っているのでしょうか。

▶ 組織はその形を変えることがあります。組織はどのように変わっていくのでしょうか。またなぜ変化していくのでしょうか。

Key Words

組織構造　組織形態　官僚制組織　職能別組織　事業部制組織
マトリックス組織

1 組織構造とは何か

1.1 分業と調整のメカニズム

　第5章，第6章では組織の中の個人に注目し，どうすればやる気を出して働いてくれるのか，どのようなリーダーシップが好ましいのかという問題を考えました。ここでは個人から組織に目を移し，組織の枠組みについて議論します。どのような組織の形を作ればいいのか，どのような組織構造がいいのかという問題です。では組織の形を作る，あるいは**組織構造**を決めるとはどういうことでしょうか。

　組織とは協働のシステムです。組織において協働を進めるためには，分業が必要です。事業活動が大きくなるに従って，分業の程度も高まってきます。

小さな商店では，商品の仕入れから販売，利益の計算まで，すべてを店主が1人で行いますが，少し事業を拡大すると，店員を雇い，配達を担当させたり，お金の計算を任せたりして分業が起こってきます。

分業は生産性を向上させるといわれますが，分業だけでは不十分です。生産性を向上させるためには，分業した仕事を調整して1つにまとめていくことも必要です。分業しただけで調整が行われなければ，無駄な仕事が行われたり，場合によっては組織としての協働そのものが成り立たないことにもなりかねません。分業は調整とセットで考えられなければならないのです。

このような分業と調整を組織の中でどのように進めていくかを決めることを「組織構造を設計する」，あるいは「組織をデザインする」といいます。組織構造とは，「組織における分業と調整の基本的枠組み」を示したものといえます。では具体的に企業内では，どのように分業と調整が行われるのでしょうか。組織構造の基本変数をみてみましょう。

Column　分業による生産性の向上

アダム・スミス（Adam Smith）はピン製造の例を挙げて，分業のメリットを説明しています。技能を身につけていない人が，1人でピンを製造しようとすると，1日に1本のピンを作ることさえ難しいが，ピンの製造過程を針金を引き延ばす作業，真っ直ぐにする作業，切断する作業，先をとがらせる作業，頭を付ける作業，というように細分化し，それぞれの作業を分担して行えば，10人の小さな製造所でも，1日に48,000本ものピンを製造することができると述べています。1人当たり1日4,800本も作れるというのです。

なぜこのような生産性の向上がみられたのでしょうか。大きな仕事をいくつかの作業に分割し，それぞれの作業を別の作業者が担当すると，①作業を変更する際の時間のロスや手間がなくなる，②特定の作業に専念することにより作業の習熟度が高まる，③特定の作業専用に単純化された労働用具の開発・改善が促進される，という効果が得られます。それによって，生産性が飛躍的に向上するのです。

1.2 組織構造の基本変数

日本を代表する経営学者の伊丹敬之と加護野忠男は『ゼミナール経営学入門』の中で，組織構造を設計するためには，次の5つの変数を考える必要があると述べています。すなわち①分業関係，②権限関係，③部門化，④伝達と協議の関係，⑤公式化の程度，の5つです。

1.2.1 分業関係の決定

企業が目的を達成するためには，さまざまな仕事を遂行する必要があります。材料を調達し，製品を製造し，それを販売する等の仕事です。これらの仕事のことを**職能**と呼びます。企業における職能は大きく分けて**基本的職能（第1次職能）**と**補助的職能（間接的職能）**の2つに分けることができます。

基本的職能とはメーカーならば製造，販売，研究開発といった，企業の経営目的の達成に直接貢献する職能です。一方の補助的職能は，人事，財務，総務，広報等，基本的職能の効果的な遂行を補助することにより，間接的に経営目的に貢献する職能です。

これらの仕事はさらに分割することが可能です。企業の中で細分化された仕事の分担を誰が行うかを決めることが分業関係の決定です。細分化を進めるほど単純化，専門化が進み，分業のメリットを得ることができますが，細分化が行き過ぎると，仕事が単調になりすぎて疎外感を生み出したり，専門化による組織内の対立が起こるというデメリットも生まれます。

1.2.2 権限関係の決定

先の分業関係の決定は組織における水平的な分業関係の決定といえます。一方，組織における垂直的な分業関係の決定も考えなくてはなりません。それが権限関係の決定です。ここでいう権限とは意思決定を下す権限を指しています。人間の情報処理能力には限界があるため，すべてを上司が決めることはできません。ある程度部下に任せることが必要です。上司がどのような権限を持ち，部下にどのような権限を与えるかということが権限関係の決定

です。上司に権限を集中させた組織を**集権的**な組織といいます。逆に部下に多くの権限を委譲した組織を**分権的**な組織といいます。

集権的な組織では統一的な意思決定が可能となりますが，現場からの情報伝達に時間がかかり，意思決定そのものに時間がかかります。また上層部で現場の情報が不足すると意思決定の質も悪くなります。一方，分権的な組織では現場においてスピーディーな意思決定が可能ですが，統一のとれた意思決定を行うことが難しくなります。

それぞれ長所と短所があるため，どの程度集権化，あるいは分権化するかは，企業の戦略，仕事の内容，組織の状態などを総合的に判断して決めていく必要があります。

1.2.3 部門化の決定

分業関係を決定した後は，それらの仕事をどのようにまとめるかという問題が出てきます。それが部門化の決定です。部門化とはいくつかに分割された仕事を1つにまとめてグループ化するということです。各グループにはそのグループの仕事をまとめる管理者（部門長）が置かれ，その人がグループ内部の管理・調整を行います。

1人の管理者が直接的に指揮・監督できる部下の数には限界があります。これを**管理の幅**（span of control）といいます。実際に何人まで管理できるかは，仕事の内容によっても変わってきますが，限界があるということは理解しておく必要があります。管理の幅が存在するために，組織の規模が大きくなるに従い，複数の部門が作られます。いくつかの部門が大きな部門にまとめられ，それを管理する管理者が置かれます。階層構造の出現です。階層構造を作ることにより，1人の人間の管理の限界を超えて，多くの人間の仕事を調整することができるようになるのです。

ここで問題となるのが，各部門の規模をどの程度にするかということです。管理の幅を広く取り，1つの部門の規模を大きくするとフラットな組織ができますし，管理の幅を小さくし，それぞれの部門の規模を小さくすると，部門の数が増えます。それを管理するための中間管理層が増え，縦長の階層構

造を持った組織が生まれます。フラットな組織はトップまでの伝達経路が短いので，意思決定が迅速になりますが，きっちりと管理ができない可能性があります。一方で，縦長の組織にするとそれぞれの部門はきっちりと管理ができますが，管理者が増え，意思決定のスピードが遅くなる，伝達に誤りが起こる，あるいは調整コストが増えるなどの問題が出てきます。

もう1つの部門化の問題が，何を基準として部門をまとめるかという，部門化の方式の問題です。同一の職能ごとにまとめた場合は**職能別組織**になり，製品あるいは顧客，地域ごとにまとめた場合は一般的に**事業部制組織**と呼ばれる組織になります。これらについては後で詳しく述べます。

1.2.4 伝達と協議の関係の決定

組織構造の設計のための4つ目の基本変数は伝達と協議の関係の決定です。これは部門間のコミュニケーションのあり方をどうするかについての決定です。階層構造を持った組織における中間管理者は，部下をまとめる管理者であると同時に，上位の管理者の部下でもあります。この中間管理者は現場と上位の管理者を結び，情報を伝達する結節点の役割を持っています。情報はこの結節点を通り上下に伝達されますが，結節点が多いと情報が歪められたり伝達が遅くなったりします。そのような場合には，通常の情報伝達の経路ではなく，部門横断的なヨコの情報の伝達が必要になってきます。

部門横断的な情報伝達の具体的な方法としては，部門代表者の委員会や部門横断的な連絡係を置くという方法がありますが，従来のタテの命令系統・権限関係との調整には十分注意を払う必要があります。この組織横断的な情報伝達，ならびに仕事の調整を公式的に行う組織が**マトリックス組織**といわれるものです。これはタテとヨコの権限がほぼ対等の組織構造ですが，これについても後で詳しく述べます。

1.2.5 公式化の程度の決定

組織構造決定のための最後の基本変数は公式化の程度です。組織における仕事の進め方について，どの程度ルールや手続きを定めておくか，またそれ

をどの程度文書化しておくかという問題です。ルールを明確に定めておくと，調整の負担が少なくなり，仕事がスムーズに進みます。しかしながら，予想外のことには対応できません。

そこで通常の業務にはルールを定めておき，予想外のことが起こった場合にのみ，上司に報告し，判断を仰ぐという方法がとられます。いわゆる**例外管理（例外による管理の原則）**という方法です。この方法によって予想外のことに対応しながら，効率的に仕事を進めることができるようになります。

この公式化は，組織構成員の頭の中だけに存在する場合もありますが，文書化されることで，より明確になります。しかしながらどこまで公式化を進め，何を文書化するかは難しい問題です。なぜなら，公式化・文書化を進めて厳格に運用すると，規則の遵守それ自体が目的となってしまい，本来の組織の目的を忘れてしまい，柔軟な配慮ができなくなってしまうからです。「官僚制の逆機能」と呼ばれる問題です。これについては次の，官僚制組織の節で詳しく説明します。

2 官僚制組織

2.1 組織構造の理念型

ドイツの社会学者ウェーバー（Weber, M.）は組織の秩序形成のプロセスを説明するために，次の3つの支配類型を示しました。①伝統的支配（traditionale Herrschaft），②カリスマ的支配（charismatische Herrschaft），③合法的支配（legale Herrschaft）の3つです。

伝統的支配とは，古くからの伝統が神聖化され，それによって権威を与えられた主人に人々が服従する支配形態です。この伝統的支配形態の最も純粋な型が家父長制的支配です。カリスマ的支配とは人々が宗教的預言者や軍事的英雄などの超人的な力を信じ，それを崇拝して命令に従う支配形態です。合法的支配とは形式的に正しい手続きを経て定められた規則による支配です。

この合法的支配の最も純粋な型が**官僚制組織**（bureaucracy）です。ウェーバーはこの官僚制組織を大規模組織が持つ，最も合理的で効率的な，組織の**理念型**としています。

この官僚制組織はあくまで理念型として考えられていることに注意しなければなりません。理念型とは複雑多様な現象の中から本質的な特徴だけを取り出して，現実を説明するための理論上のモデル，いわば理想型です。現実に完全な官僚制組織が存在するわけではなく，組織の形は多様ですが，官公庁や大規模組織は官僚制組織の特徴を強く持った組織といえます。

2.2 官僚制組織の特徴

合法的支配を基礎とした官僚制組織は次のような特徴を持った組織です。
①職務は規則によって明確に規定されている。
②上位のものが下位のものに命令するという階層構造が存在する。
③職務の遂行は文書によって行われ，文書によって記録される。
④職務活動を遂行するために専門的な訓練が行われる。
⑤フルタイムでの職務遂行が求められる（兼業の禁止）。
⑥一般的な規則に従って職務が遂行される。

以上の特徴をもった官僚制組織構造は技術的に卓越した組織構造であり，機械による生産方法が，非機械的な生産方法よりも優れているように，官僚制組織は他の組織構造に対して正確さ，スピード，明確さ，書類についての知識，一貫性，慎重さ，統一性などの点において，圧倒的に優れているといわれています。

ウェーバーは，官僚制組織こそ最も優れた組織構造だと考えましたが，その後の研究で，官僚制は予期しなかった問題点を持つことが明らかになってきました。今日では，官僚制という言葉にはお役所仕事のような，非効率で非人間的なイメージがありますが，そのようなイメージが出てきたのは次に示す「**官僚制の逆機能**」によるものです。

2.3　官僚制の逆機能

　官僚制は非常に合理的な組織ですが，官僚制が持っている合理的な特徴ゆえに，組織が合理的に機能しないことがあります。

　例えば職務は規則によって規定されているので，規則を守ることは大事ですが，規則を重視するあまり，規則そのものが目的となり，組織の本来の目的を見失ってしまうことがあります。明確な職務規定があるため，自分の担当以外の仕事をしようとはしなくなり，担当部門の利益を優先するというセクショナリズムも起こってきます。

　また階層構造が存在することにより，トップから現場までのコミュニケーションの経路が長くなり，情報伝達に時間がかかったり，伝達される情報が歪められることもあります。文書化，公式化が過度に進むと繁文縟礼（はんぶんじょくれい）の問題も出てきます。専門的な訓練により，予測可能なことにはうまく対応できますが，予測外のことを回避するようになり，臨機応変な対応ができなくなっ

Column　映画にみる官僚制組織

　1952年（昭和27年）公開の黒澤明監督作品の「生きる」という映画があります。志村喬が演じる市役所市民課の課長の物語です。課長は毎日，書類の山を相手に黙々と判子を押すだけの日々を送っていました。その市民課に住民たちが下水整備の陳情に訪れますが，市役所では土木課，公園課，保健所，衛生課，環境衛生係……と次々にたらい回しにされ，挙句の果てに市民課に戻されます。住民たちはとうとう怒り出してしまいますが，それに対して係の役人は書類による申請を求めます。まさに，部門化，文書化が進んだ官僚制の逆機能を示す象徴的な場面です。

　ある日，主人公の課長は体調不良のため休暇を取り，病院で診察を受け，自分が胃癌にかかっていることを知ります。死への不安から夜遊びをして仕事を欠勤しますが，その後，仕事に復帰し，住民の要望実現のために奔走し，公園を完成させ，癌で亡くなります。課長の通夜で同僚たちが彼の功績を話し合い，自分たちの仕事の進め方を反省しますが，その後の役所での彼らの仕事ぶりは……。この映画をみると人生についてはもちろん，組織論の観点からは，官僚制の逆機能だけでなく，高度に発達した官僚制組織における組織改革の難しさについても考えさせられます。

てしまうこともあります。

このような官僚制の欠点が認識され，官僚制に代わる最適な組織が模索されていますが，これに代わる唯一最善の組織は存在せず，環境に応じて組織構造を変えていく必要性が議論されるようになってきました。これについては第9章で改めて論じます。

3 組織形態

現実に存在する組織を，その外見的な特徴から判断し，類型化を行ったものを**組織形態**と呼びます。官僚制のところで組織の理念型（理想型）について説明しましたが，現実の組織は集権化，公式化，複雑性などの点でさまざまなパターンをとります。さまざまな値をとる概念を変数といいます。組織形態とは，現実の組織にみられるような，組織構造変数の特定の値の組み合わせといえます。

具体的な組織形態には職能別組織や事業部制組織と呼ばれるものがあります。例えば職能別組織は集権化という変数において高い値をとるのに対し，事業部制組織は集権化という変数で低い値をとる組織といえます。ここでは組織形態の基本的な概念モデルである**ライン組織，職能的組織（ファンクショナル組織），ライン・アンド・スタッフ組織**をみた後に，現実の企業の組織形態として代表的な**職能別組織，事業部制組織，マトリックス組織**をみていきましょう。

3.1 組織形態の基本型

現実の企業組織は部門や各職位の間のコミュニケーションの種類によって，3つの組織形態に類型化することができます（**図表7－1**）。これはコミュニケーションの経路に着目し，命令と権限の違いにより組織形態を分類した，組織形態の基本的な概念モデルであり，管理の基本原理です。

3.1.1 ライン組織（軍隊式組織）

最も基本的で単純な組織の形態として，**ライン組織**と呼ばれるものがあります（図表7−1 Ⓐ）。ライン組織はライン職能，あるいはライン部門から形成されますが，ライン職能，あるいはライン部門とは，企業目的の達成に直接的な責任を負う職能，あるいは部門を指します。ライン組織はライン職能，ライン部門間の指揮命令関係を示した最も基本的な組織の原型です。

この組織の特徴は，上司から部下へ命令が一元的に流れるように設計されていることです。上司と部下が1本のラインで結ばれているため，ライン組織，あるいは直線組織，直系組織といわれます。

軍隊や小学校などは実際にこのような組織形態を採用していますし，後で述べる現実の企業の組織形態である職能別組織や事業部制組織も最も根本的にはこの組織形態の基本原理を利用しています。比較的職務内容の幅が狭い場合は，このような基本型に近い組織形態が適合的になります。

3.1.2 職能的組織（ファンクショナル組織）

一方，水平方向の分業を重視し，職能別に部門化された組織の基本型が**職能的組織**です（図表7−1 Ⓑ）。これは第3章でも説明されているように，管理者が一定の管理職能に専門化するようにテイラーにより考え出された職能的職長制度が具体的な形態です。これは後に述べる現代の現実の企業組織の代表的形態である職能別組織とは違い，職能管理者の専門化を重視して分業ならびに部門化が行われている組織の指揮命令関係を示した基本概念モデルです。職能管理者は専門的職能に特化し，その職能に関しては各作業現場に対して指揮命令を行う権限を持っています。結果として，専門化の原則のほうを重視し，ファヨールの示した**命令の一元性の原則**には従っていません（第1章 Column 参照）。それゆえ，各職能管理者間の命令が矛盾した場合，組織に混乱が起き，組織の能率は低下します。

図表7-1 ▶▶▶組織形態の基本的な概念モデル

Ⓐライン組織

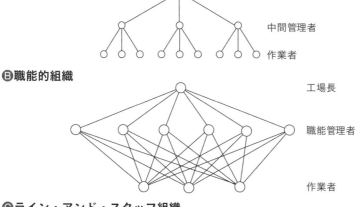

Ⓑ職能的組織

Ⓒライン・アンド・スタッフ組織

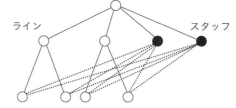

注：直線はコミュニケーションの経路を，波線は助言とサービスの経路を表している。

3.1.3　ライン・アンド・スタッフ組織

　ライン組織を基本として職能的組織のメリットを追求しようとした組織形態が**ライン・アンド・スタッフ組織**と呼ばれる組織形態です。**図表7-1Ⓒ**に示すように基本的にはライン組織の形をとりながら，職能的組織にみられた職能管理者の専門性を活かすために，いくつかの職能管理者がラインから外れたスタッフ部門として配置されています。

　スタッフ部門はライン部門と異なり各部門に対して指揮命令権限を持たず，助言とサービスの提供を行う権限だけを持っています。職能別組織や事業部制組織などを採用している現実の企業組織のほとんどが，部門化の方法は異なりますが，基本的にはこの組織形態の基本原理を採用しているといっていいでしょう。

3.2 現実の企業組織

3.2.1 職能別組織

部門化の方式として，職能別の部門化を採用し，コミュニケーションの経路としてライン・アンド・スタッフの形態をとっている組織が**職能別組織**です。図に表すと**図表7－2**のように表されます。

この職能別組織の基本的な設計思想は分業の利益，専門化の利益の追求です。組織の規模の拡大に伴い，職能的な専門分化が進み，購買担当，研究開発担当，生産担当，販売担当といった部門化が行われます。これらの職能間の調整を行うのがゼネラル・マネジャーとしての社長とその補佐役であるスタッフの仕事です。その調整の責任と権限が中央に集中しているので，権限関係の決定についていえば，集権的な組織といえます。

この職能別組織には専門化した部門編成によって専門化の利益，分業化の利益を実現することができる，また集権的であるために全体として統制がとりやすい，規模の経済が実現されやすい，一括購入，生産の集中による大量生産が可能である，というような長所があります。

一方，専門化に伴う部門間の対立（**セクショナリズム**）が起こる，業績に対する各部門の責任が不明確である，情報がトップに集中するためトップの情報処理負荷が大きくなり，意思決定が遅くなったり，重要な戦略的意思決定が後回しにされるなどの短所があります。

このような短所がありながらも，企業が単一の事業を行っている間は職能

図表7－2 ▶▶▶職能別組織

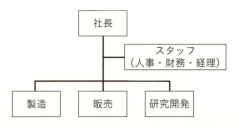

別組織は効率的な組織構造として機能します。しかしながら，企業が多角化を進め事業活動が多様になったり，地理的に拡大すると，職能別組織では不都合な部分が多くなり，次に示す事業部制組織がとられるようになります。

3.2.2 事業部制組織

事業部制組織は多角化した企業が，事業構造の多様性に対応するために，製品別や地域別に部門化を行った組織形態です。事業構造が多様化すると，職能別組織では１つの生産部門で多様な製品を生産したり，１つの販売部門が多様な製品を扱うことになり，その多様性に十分対応できなくなります。

そこで事業の特徴ごとに製品別，あるいは地域別に部門化を行い，その多様性に対応しようと組織を変えていくことがあります。図表７－３のように，職能別組織の水平的展開として事業部制組織が出現してきました。

事業部制組織には次のような特徴があります。各事業部は職能別組織が持つ各職能を備えた自立的組織単位から構成される分権的な組織構造となっています。事業部の責任者は事業部長と呼ばれ，一定の製品あるいは市場に関する日常業務の意思決定権限が与えられています。

事業部長は複数の職能を統括するゼネラル・マネジャーであり，あたかも小さな企業の社長のような存在ですが，本社機構の存在により，企業として統一のとれた行動が可能となります。人材の採用や教育，福利厚生，財務管理，予算管理などは本社が集中的に行い，効率性や業務の質を高めています。

このような事業部制組織にもやはり長所と短所があります。長所としては，事業部長に業務的な意思決定権限を委譲するために，トップの情報処理負荷

図表７－３ ▶▶▶事業部制組織

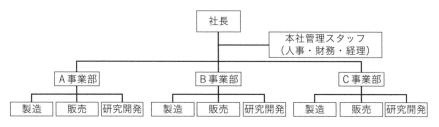

が軽減され、社長は戦略的意思決定に専念できるということがあげられます。また製品別に組織が分かれているので、その製品、事業独特の問題に対応することができます。自立的組織単位なので、他の事業部と独立して意思決定ができ、日常業務に関する決定が迅速になり、仕事の革新がしやすくなります。また、業績が客観的に示されるので競争が促される、事業部の業績評価によって適切な資源配分が可能であるなどの長所もあります。

しかしながら、専門化、分業化の利益を犠牲にしているため無駄が多く、事業部間に壁ができ、事業部間で技術や情報の交流が難しくなるという短所もあります。客観的な評価ができる反面、短期業績志向に陥りやすいという問題や事業部の利益を優先するという問題も起こってきます。

3.2.3 マトリックス組織

事業部制組織は分権的な管理に基づく優れた組織形態ですが、生産設備への二重投資などの無駄も多い組織です。そこで事業部制組織の長所を活かしながら、事業部制の短所を克服し、職能別組織に存在した長所を取り入れる試みが行われました。それが**マトリックス組織**と呼ばれる組織形態です。

マトリックス組織は事業部制組織の部門化の編成原理である製品軸、あるいは地域軸と職能別組織の部門化の編成原理である職能軸の2つの部門化の編成原理を使った組織形態です（図表7－4）。マトリックスとは行列を意味する言葉です。マトリックス組織は職能別組織が持っていた専門化の利益、規模の経済性などの長所と、製品ごと、あるいは地域ごとの問題に柔軟に対応できるという分権管理の長所を両立させようとしたものです。

例えばA事業部の販売部員はA事業部長の管轄下にあると同時に、販売部長の管轄下にもあります。これにより、販売部門の資源や知識を有効活用できるとともに、A事業部の目的遂行に柔軟に対応できるようになります。

A事業の製品市場の問題への柔軟な対応と各職能部門による調整という2つのことが同時に要求されるような外的圧力がある場合、マトリックス組織が生まれます。この構造は不確実性が高く高度の情報処理能力が必要な場合や、各職能の専門的能力や事業部の情報を結集する必要があるとき、また規

図表7－4 ▶▶▶ マトリックス組織

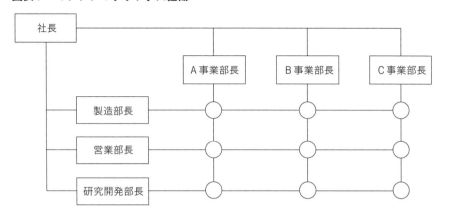

模の経済を達成するため資源の共有が求められるような場合に有効です。製品・地域と職能に関する調整を同時に行えることや，多元的命令・報告経路を持つために迅速・柔軟な情報伝達ができるという長所もあります。

一方，非常に複雑な構造を持つため，実際の運営は難しいといわれています。**図表7－4**をみてもわかるように，各部門のメンバーは2人のボスを持つために，命令の一元性の原則に反するという構造上の本質的な問題を持っています。よほどうまく調整が行われないと効果を発揮しません。

このように企業はさまざまな組織上の工夫をしながら環境変化に対応しようとしているのです。

4 組織構造の発展

これまでに職能別組織と事業部制組織の概要を述べてきました。それぞれの組織には長所と短所があります。なぜそのような組織形態が採用され，それぞれの組織の長所はどのようなときに活かされるのでしょうか。

アメリカでは19世紀末から20世紀初頭にかけて，鉄道業がその規模を拡大していきました。鉄道業では列車の運行や保安等を行う業務部門と社長を

補佐する本社スタッフ部門を分離し，各部門が業務に専念できる仕組みが作られました。それが職能別組織です。単一の事業を管理する大規模企業にとっては効率のいい合理的な組織でした。

しかしながら1920年代には新たな組織構造が採用されるようになります。多くの自動車会社が統合して誕生したGM（General Motors）という自動車会社は，多様な製品ラインを管理するために，統合本部を持った事業部制組織を採用しました。同じ頃，火薬会社であったデュポンは，第1次世界大戦の終結による需要の減少に対応するため，さまざまな事業領域に進出した結果，総合化学会社へと変わっていきましたが，その過程で多様な事業を管理するために職能別組織から事業部制組織へと組織改編が行われました。GMとデュポンでは組織改革の方向は違いますが，同じような事業部制組織が採用されるようになったのは興味深いところです。

チャンドラー（Chandler, A. D., Jr.）はこれらアメリカの大企業の分析から，企業の組織構造はその企業が採用する戦略によって規定される，という命題を提示しました。それが有名な**「組織は戦略に従う」**という命題です。

日本でも1933年に松下電器産業（現・パナソニック）の創業者である松下幸之助によって事業部制組織は独自に作られたといわれています。松下電器産業もソケットから出発し，アイロンやラジオなど多様な製品を扱うようになり，事業部制を採用したのです。「組織は戦略に従う」というチャンドラーの命題は国を越えて普遍的に成り立つ命題といえます。

Working　　　　　　　　　　　　　　　　　　　　　　調べてみよう

皆さんは組織図というものをみたことがありますか。組織図とは組織のありかたをわかりやすく示したものです。組織にはどのような形があるのでしょうか。それはこのテキストで学んだ組織形態のどれに最も近いでしょうか。企業の公式ホームページ等で調べてみましょう。

Discussion　　　　　　　　　　　　　　　　　　　　　　議論しよう

自分の身の回りの組織の組織構造がどのようなものかを調べたうえで，どのような組織構造，組織形態が望ましいか，議論してみましょう。

▶▶▶さらに学びたい人のために

- 坂下昭宣［2007］『経営学への招待（第3版）』白桃書房。
- 柴田悟一・中橋國藏編著［2003］『経営管理の理論と実際（新版）』東京経済情報出版。
- Chandler, A. D., Jr. [1962] *Strategy and Structure: Chapters in the History of the Industrial Enterprise*, Cambridge, Mass.：M. I. T. Press（三菱経済研究所訳［1967］『経営戦略と組織』実業之日本社；有賀裕子訳［2004］『組織は戦略に従う』ダイヤモンド社）

参考文献

- 伊丹敬之・加護野忠男［2003］『ゼミナール経営学入門（第3版）』日本経済新聞社。
- 占部都美著，加護野忠男補訂［1997］『経営学入門』中央経済社。
- 加護野忠男［1980］『経営組織の環境適応』白桃書房。
- 岸田民樹・田中政光［2009］『経営学説史』有斐閣。
- 佐久間信夫・犬塚正智編著［2009］『現代経営管理要論』創成社。
- 柴田悟一編著［2009］『組織マネジメントの基礎』東京経済情報出版。
- 髙橋正泰・山口善昭・磯山優・文智彦［1998］『経営組織論の基礎』中央経済社。
- Chandler, A. D., Jr. [1962] *Strategy and Structure: Chapters in the History of the Industrial Enterprise*, Cambridge, Mass.：M. I. T. Press（三菱経済研究所訳［1967］『経営戦略と組織』実業之日本社；有賀裕子訳［2004］『組織は戦略に従う』ダイヤモンド社）
- Smith, A. [1791] *An Inquiry into the Nature and Causes of the Wealth of Nations*, the sixth edition, London, printed for A. Strahan; and T. Cadell, in the Strand, MDCCXCI.（山岡洋一訳［2007］『国富論―国の豊かさの本質と原因についての研究』日本経済新聞出版社）
- Swedberg, R. [1998] *Max Weber and Idea of Economic Sociology*, Princeton, NJ: Princeton University Press.（島田渡・栁沢幸治訳［2004］『マックス・ウェーバー――経済と社会』文化書房博文社）

第 8 章 組織文化のマネジメント

Learning Points

▶ 組織が違うと，仕事の進め方には大きな違いがあることがあります。第三者からみれば，「なぜこんなやり方をしているのだろう」と疑問に思うこともありますが，中のメンバーは当然のように思っています。なぜこのようなことが起こるのでしょうか。

▶ 組織文化はどのように作られるのでしょうか。リーダーは望ましい文化の形成にどのように関わっているのでしょうか。

▶ 自分たちにとって，「当たり前」の考え方や振る舞い方を変えるためには，どうすればいいでしょうか。

Key Words

組織文化　下位文化　強い文化　「当たり前」　文化の変革

1 組織文化とは何か

1.1 組織文化の定義─4つの要素─

　組織では，目に見えるさまざまな仕組みや行動，シンボルの背後に人々に共有された物の見方や価値観が存在します。これらは**組織文化**と呼ばれ，その組織における正しい考え方や振る舞い方を伝え，組織の意思決定や戦略，業績にまで大きな影響を与えるといわれています。

　組織文化の定義はさまざまですが，ここでは「組織のメンバーに共有された信念，価値観，行動規範，意味の総体」と定義しましょう。信念とは，「人間とは，組織とは，社会とは何か」といったことに対する，基本的な考え方を指しています。価値観とは，信念よりも具体的なレベルで，「戦略と

はこうあるべきだ，よいリーダーとはこう振る舞うべきだ，成功するためにはこうするのがいい方法だ」といった，物事の判断基準や評価基準を表しています。行動規範とは，「対立はできるだけ回避せよ」，「どんな顧客にも嫌な顔をみせるな」など，具体的な場面においてどのように行動すべきかを表すルールです。意味とは，戦略，リーダー，顧客など，組織の中で交わされる言葉のカテゴリーを表しています。

例えば，顧客満足度の向上が企業業績を高め，結局は従業員の幸福や生活の安定につながると考えている企業があったとしましょう。この企業の信念は，「顧客の持つ情報が最も役に立つ」，「顧客に支持されない企業は生き残れない」などになるでしょう。この企業の価値観は，「顧客満足を上げる行動をすべき」，「顧客第一」，「顧客の声を反映したサービスや製品開発を重視する」といったことになるでしょう。

また，この企業の行動規範は，「顧客満足のためなら，通常の手続きは飛ばしても良い」，「顧客を喜ばせるためなら，上司の許しを得ずに行動しても良い」といったものになるでしょう。最後に，この企業の意味は，「顧客とは誰のことか」を表す範囲となるでしょう。企業によっては，中心となる顧客セグメントが異なる場合があります。若者が中心の企業もあれば，特定の地域に住む人々が顧客である場合もあるでしょう。

1.2 組織文化の構造—「当たり前」を生み出す関連性—

前述の組織文化を構成する要素はお互いに関連し合っています。信念は，価値観や行動規範が正しいものであるとする根拠となります。一方，価値観と行動規範は，信念をより具体的なものとして表すことで，信念をメンバーに伝え，組織内で維持する機能を果たしています。また，価値観は行動規範の根拠となり，行動規範は価値観を具体的に表現し，伝達する役割を持っています。最後に，意味はカテゴリーを表すことで，こうした信念，価値観，行動規範が適用される範囲を表しています（**図表8−1**）。

このように，組織文化の各要素はお互い関連し合っているため，メンバー

図表 8 − 1 ▶ ▶ ▶ 組織文化の構成要素

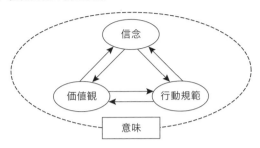

には疑問を挟む余地のない正しいものとして伝えられていきます。さらに，メンバーは組織文化にあった事実のみを重要視し，その他の出来事を軽視あるいは無視するようになっていきます。例えば，前述の「顧客重視」の組織文化の下では，顧客ニーズに適合して成功したエピソードが繰り返し語られる一方，たとえ技術革新やコストダウンの成功があったとしても，「利益に貢献していない些末な成功」や，「例外的な出来事」と考えられてしまいがちです。

その結果，組織文化はメンバーにとっては当然で当たり前のものになってしまい，疑問視することができなくなってしまいます。このように，外部の人間が見れば奇妙に見える行動でも，組織内の人々にとっては当然の行動となっているということがしばしば起こるのです。

1.3 　**組織文化の強さ**—エクセレント・カンパニーの強み—

組織文化が組織の中でどの程度共有されているかは，組織によってさまざまです。例えば，病院では，医師や看護師がそれぞれの専門家集団ごとの独特の価値観や信念を持っている場合があります。このように，1つの組織の中に形成される複数の独特の文化は，**下位文化**と呼ばれています。

一方，ピーターズ＝ウォーターマン（Peters, T. J. & R. H. Waterman）は，共有度が高い組織文化を**「強い文化」**と呼び，高業績企業の特徴であると主張しました。彼らは，アメリカの高業績企業では，いずれも少数の価値

観が信奉され，それらを末端のメンバーまでが共有していると述べ，こうした企業を**エクセレント・カンパニー**と呼びました。

彼らによれば，価値観を共有したメンバーからは，並外れた貢献を引き出すことが可能になります。このようにして，エクセレント・カンパニーは，高い成果を上げることが可能になるのです。

2 組織文化の機能と逆機能

2.1 組織文化の機能―4つの効用―

それでは，なぜ「強い文化」は高業績をもたらすといわれているのでしょうか。それは，「強い文化」がもたらす，次のようなさまざまなメリットがあると考えられているからです。

①判断と行動の基準を与える
②柔軟なコントロールができる
③モティベーションの源泉となる
④コミュニケーションの基盤となる

まず，組織文化を共有しているメンバーにとっては，どのような行動がこの組織において適切なのかを判断する基準となります。その基準から逸脱した行動をとると，「ふさわしくない行動」として他のメンバーから非難される可能性があります。

これは，人々の行動を監督し，報酬や罰則を通じて適切な行動をとらせる仕組みに比べ，いくつか利点があります。1つ目の利点は，メンバーが適切な行動をとっているかどうか，常に監視する必要がなくなる点です。メンバーを監視するのにかかるコストを**モニタリング・コスト**と呼びますが，組織文化が共有されることで，このモニタリング・コストの削減が可能となるのです。

2つ目の利点として,メンバーの心理的抵抗感が小さくなる点があげられます。報酬や罰則による管理は,メンバーに「常に監視されている」,「自由度が小さい」という思いを抱かせ,仕事意欲,特に**内発的動機付け**を低下させる危険があります。一方,組織文化はメンバー自身が適切な行動を自発的に生み出す効果があります。

次に,不確実性が高い状況において柔軟なコントロールが可能になる点です。環境の不確実性が高い状況では,マニュアルでは対応できない状況が頻発します。明確な判断基準が共有されていない場合,このような状況に対する判断は通常は上の階層に委ねられていきます。その結果対応が遅くなり,深刻な事態を招く場合もあります。組織文化は,マニュアルよりも多くの意味の自由度を持っています。その結果,メンバーに状況に応じた解釈の余地を与え,臨機応変な対応を可能にします。

組織文化は,メンバーのやる気の源になることがあります。なぜなら,共有された信念や価値観が,仕事に意味や誇りを与えてくれることがあるからです。また,組織文化は「どのような行動が称賛されるのか」,「どのような行動をしてはいけないのか」を伝えることで,組織にとって望ましい行動を強化する働きもあります。さらに,そうした行動をとった人の物語が語られ,儀式を通じて称賛されることで,ますますそのような行動をとることを動機づけていきます。

組織にとって望ましい行動への動機付けは,公式の**業績評価制度**によっても可能です。しかし,業績評価制度がうまく機能するためには,個々人の成果の正確で公平な評価が必要です。もし個々人の貢献の評価が難しい場合,組織文化による動機付けは,特に効果的です。

また,給与や昇進を通じた動機付けは,すべてのメンバーに与えることは通常できません。もし,動機付けの方法をこれらに依存している場合,得ることができなかったメンバーのモティベーションは低下する危険があります。一方,組織文化が仕事に意味や誇りを与える効果は,組織文化を共有しているメンバーの多くが享受できます。

このように,組織文化は公式の業績評価制度や外発的な報酬では難しい動

機づけ機能を持っているということができます。

第4の機能として,コミュニケーションの基盤になることがあげられます。組織文化が共有されることで,メンバー間に暗黙の了解,すなわち「言わずともわかる」という状況を形成します。そのため,細かな指示がなくても各自が理解し合え,協働することが可能になります。

2.2 組織文化の逆機能— 3つの問題点—

しかし,ピーターズ＝ウォーターマンが取り上げた「強い文化」を持つ高業績企業のうち3分の1は,彼らの本が出版されたのち数年で低業績に陥ってしまったことが,1984年にアメリカの経済雑誌 Business Week で報告されています。組織文化は万能ではなく,次のような逆機能があると指摘されています。

①思考の均質化
②メンバーの操作（リーダーへの盲従）
③効果が長続きしない可能性

逆機能の第1として,思考の均質化があげられます。組織文化が共有されるほど,その組織文化に合わない考え方は,組織の中では非難されたり無視されたりするようになります。そうなれば,メンバーが新しいことを学ぶ機会は少なくなり,結果として組織の環境適応力は低下する危険が大きくなります。

しかも,組織文化がメンバーにとって「当たり前」と思われている場合,それを疑い,変えていくことは困難です。組織文化と矛盾するような出来事があったとしても,「自社には合わない」,「偶然起こっただけ」とみなされ,自社の組織文化を見直す機会にはなりにくいのです。

第2として,リーダーへの盲従をもたらす危険があります。ミッチェル（Mitchell, T. R.）は,「強い文化」を持つ企業は必ずしも働きやすい組織ではないと述べています。リーダーは,メンバーに価値観を信奉させることで彼への盲従を引き出し,メンバーを思うまま操ることも可能になります。

それが，必ずしもメンバーのためになるとは限りません。リーダーに盲従した結果，メンバー自身の判断力は弱められ，組織やリーダーを批判的にみることができなくなります。その結果，ますますリーダーの暴走を許すことにつながります。

第3は，組織文化がメンバーを導く効果の持続性の問題です。価値観がメンバーを熱狂的にするのは一時的であり，長続きするものではない可能性があります。同じように，クンダ（Kunda, G.）もメンバーを価値観によってコントロールすることの逆機能について述べています。公式の規則や数値目標と違い，価値観はどこまで順守すればいいのかについて制限がありません。例えば，「売上〇〇円」という目標は，たとえ困難であっても達成度合いがわかります。しかし，「顧客第一」という価値観は，どこまでやれば達成したことになるかがわかりません。

メンバーは熱心に働いても，なかなか達成感が得られず，突然無力感に襲われる危険があります。あるいは，価値観が求める際限ない要求に対し，冷笑的な態度をとるようになるかもしれません。このような逆機能は，組織がメンバーに価値観を押しつけようとすればするほど，深刻化していくでしょう。

Column 「強い文化」への批判

ピーターズ＝ウォーターマンが発表した「強い文化」論は，本文で触れた以外にもさまざまな批判にさらされています。例えば，低業績企業を調べていないため，比較ができていない点や，技術や市場での優位性など組織文化以外の優れた点を考えていない点を指摘する研究者がいます（Carrol, D. T.）。また，高業績企業の抽出方法にも疑問を提示している研究者もいます（Aupperle, K. E. ら）。彼らは，1978年から82年の間に大幅に業績を落としているエクセレント・カンパニーが，いくつも存在すると報告しています。

また，「強い文化」を持つ企業が実際に高い業績をあげているかどうか検証した研究を見ると，残念ながらそれを支持する研究は見当たらないことがわかります。強い文化は，業績とごく弱い関係しかないか，ごく数年の短期業績としか関係がないことが，これまで報告されています（Kotter, J. P. & J. L. Heskett や Denison, D. R. ら）。

3 組織文化の形成と変革

3.1 組織文化の形成―リーダーの役割―

　新しい組織において，組織文化を形成するうえで大きな役割を果たすのは，リーダーの持っている個人的な信念や価値観です。これがメンバーに浸透し，組織の成功体験を通じて共有されるようになります。ここで重要なのは，リーダーの話すことよりも，その振る舞いのほうにメンバーは注意を払っているということです。シャイン（Schein, E. H.）は，リーダーが組織文化を形成し定着させる手段として，**図表8－2**のようなメカニズムをあげています。

　図表8－2の「**主要な定着メカニズム**」は，リーダーが自らの信念や価値観をメンバーに伝達する最も重要な手段です。このリストからわかるように，リーダーの普段ならびに緊急時における行動が重要となります。リーダーは，これらの行動の中に自らの信念や価値観を反映させ，それがメンバーに伝わっていきます。

　「**二次的明文化および強化のメカニズム**」は，上述のリーダーの振る舞いと一貫性があると認められた場合，リーダーの価値観や信念を伝えるうえで重要な役割を果たします。これらの二次的メカニズムは，もしリーダーが組織を去ることになっても，新たなメンバーに組織文化を伝える役割を果たします。しかし，二次的メカニズムがリーダーの行動と矛盾する場合，これらは機能せず，形骸化してしまいます。

　こうした組織文化の創造は，企業が創業されるときだけ行われるのではありません。例えば，組織の中で新たなプロジェクト・チームが作られるときや，事業継承のタイミングでこのような文化創造が行われる場合があります。このような場面で，リーダーは自らの振る舞いを注意深くマネジメントすることで，望ましい組織文化創造をもたらしうるのです。

図表8-2 ▶▶▶ リーダーが組織文化を定着させるメカニズム

I　主要な定着メカニズム
・リーダーが定期的に注意を払い，測定し，管理していること ・重大な事態や組織存亡の危機にリーダーがどのように反応するか ・入念な役割モデル，指導，コーチ ・リーダーが報酬，地位を与える基準 ・リーダーが組織のメンバーを募集，採用，昇進，退職，解雇する基準
II　二次的明文化および強化のメカニズム
・組織の設計，構造（例：事業領域，製品系列，職能責任など） ・組織のシステム，手順（例：反復的な業務の進め方） ・物理的空間，外観，建物の設計 ・出来事に関する話題，語り草および逸話 ・組織の哲学，価値観，信条に関する公式の声明

出所：Schein［1999］をもとに筆者作成。

3.2　組織文化の認識 ―「当たり前」を意識化する―

　前述のように，組織文化は多くの場合，メンバーにとって「当たり前」の存在であり，疑うことが困難です。それが思考の均質化や，メンバーの判断力を狭めたりする危険をもたらします。したがって，メンバーはときに自社の組織文化を意識化することが必要となります。

　意識化する簡便な方法として，質問票を通じて自社の文化タイプを分析するという方法があります。しかし，この方法にはいくつかの問題点もあります。

　1つ目は，質問票では「当たり前」と思っているレベルまでは調査しにくいことがあげられます。「当たり前」を事前に質問項目に反映することは，相当難しいと考えられます。2つ目は，組織文化を過度に単純化する危険性です。組織文化の中には，多くのメンバーに共有された価値観や信念もあれば，ごく一部のメンバーに共有されたものもあります。また，「当たり前」に思っている程度もさまざまです。このような組織文化の複雑性を，質問票で明らかにするのは困難です。

　シャインは，メンバー間でお互いに話し合うことで，組織の「当たり前」となった信念や価値観を探る方法を提示しています。まず，組織内にあるできるだけ多くの**文物**，すなわち目に見える特徴を明らかにしていきます。

図表 8 − 3 ▶ ▶ ▶ 組織におけるさまざまな文物

- 身なり
- 権限を持つ人との関係の堅苦しさ
- 勤務時間
- 会合(頻度,進め方,タイミング)
- 決定の下し方
- コミュニケーション:関心事をどのように手に入れるか
- 懇親行事
- 仲間内の言葉,制服,社員章
- 儀礼,慣習
- 意見の相違および対立:どのように対処するか
- 仕事と家庭のバランス

出所:Schein[1999]をもとに筆者作成。

シャインは,図表8−3のようなリストをあげ,さまざまな文物に注意を払うよう促しています。

次に,組織が信奉している価値観を明らかにしていきます。それらは経営理念やビジョンに掲げられていたり,社内報,パンフレットなどに書かれていることも多いです。次に,先ほどあげた文物と価値観との関係を探ります。例えば,「顧客志向」という価値観を掲げている場合,それを支持するような文物があるかどうかです。

ここで注目するのは,文物と価値観の間にズレがあるかどうかです。例えば,「顧客志向」を掲げながら,文物では顧客をないがしろにするような言葉が使われていたり,顧客からのクレーム対処を後回しにするような慣習があるかどうかなどに着目し,議論します。

もし矛盾がある場合,「当たり前」のレベルでは「顧客志向」の価値観は重要視されておらず,「顧客よりも組織や自分の都合を優先する」という信念や,「御身大事」という価値観が信奉されていると推測できます。

3.3 組織文化の変革—成長段階で異なるメカニズム—

組織文化が望ましい方向に組織を導いていないと判断された場合,経営者は組織文化を変革する必要があります。シャインは,組織の成長段階に応じて組織文化の機能や問題点が異なるため,その変革メカニズムも変わってく

ると述べています（図表8－4）。

　まず，組織が誕生間もない頃は，創業者も健在で彼（彼女）の価値観や信念がメンバーに浸透していきます。このとき，文化はメンバー同士を結びつけ，彼らのアイデンティティの源泉となります。

　この段階における文化変革は，組織の成長に合わせて自然かつ漸進的に行われる場合があります。もし，自然な変化が望ましい方向に向かっていない場合，組織文化をメンバーが自力で評価し，修正できるよう援助する方法や，「当たり前」となっている価値観と異なる考えを持つメンバーを，重要な仕事につけることで他のメンバーに気づきをもたらすという方法もあります。

　組織の中年期では，オーナー家族以外の経営者にバトンタッチされ，さらに多角化や新製品の開発，地理的な拡大により，組織内に多くの多様な下位文化が存在しています。中年期では，創業の頃の強力で一枚岩の組織文化ではなく，多様な環境に適応するために組織文化のバリエーションが必要となります。

　この段階では，組織文化の多様性を維持するために，下位文化に所属する人物を昇進させ，元の組織文化の中に据えるという方法がとられたりします。下位文化同士の衝突を和らげ，結びつけるために**組織開発**という方法がとられることもあります。

図表8－4 ▶▶▶組織の成長段階と変革メカニズム

成長段階	組織文化の機能・問題点	変革メカニズム
誕生・初期成長段階	●メンバーを結びつける ●メンバーのアイデンティティの源泉となる	1　自然で漸進的な変化 2　文化の評価や修正の援助 3　異なる考えを持つメンバーを重要な地位につける
中年期	●さまざまな下位文化が出現する ●中心となる価値観や信念が喪失される	4　下位文化からの昇進 5　下位文化をつなぐ組織開発 6　新技術の導入
成熟期	●革新への障害となる ●過去の栄光，自尊心や自己防衛の源泉となる ●文化変革が不可避となる	7　外部者による変革 8　スキャンダルと神話の崩壊 9　方向転換 10　強制的な説得 11　破壊と再生

出所：Schein［1992］をもとに筆者作成。

多角化や地理的拡大は，組織内のコミュニケーション・システムに技術的変化をもたらすことがあります。例えば，メモからメールへの転換や，メンバー全員がモバイルを使うようになるなどです。このような新技術の導入が，これまでの情報伝達の慣習を変化させ，「何が伝えるべき情報なのか」という「当たり前」の信念を変化させることもあります。

　最後に，組織の成熟期です。この段階では，市場が飽和状態になり，製品が陳腐化するなどして，組織がもはや成長できなくなっています。さらに，年齢を重ねた組織では，過去の長期にわたる成功体験によって，自社の組織文化を疑い，変革することが非常に困難です。なぜなら，これまでの組織文化によってもたらされた過去の栄光が，メンバーにとって自尊心や自己防衛の源になっているからです。

　しかし，このような組織こそ，**文化変革**が不可避です。この段階では，M&A などで新しい経営者が就任することがあります。彼（彼女）がこれまでにない新しい組織文化のもととなる価値観や信念を組織に持ち込み，浸透させることで文化が変化することがあります。

　また，この段階では，組織で信奉されている価値観と，実際に人々を動かしている価値観の間にズレが発生していることも珍しくありません。この矛

Column　組織開発とは

　組織開発とは，組織の効果性や健全性を高めるために，主に組織内のプロセスに対して働きかける計画的な実践です。組織開発の取り組みの始まりは 1950 年代であり，70 年以前までは組織内の人間関係，コミュニケーション，モティベーションなどのプロセスに働きかけていました。しかし，現在ではその対象は技術，人事制度，戦略など広範囲に広がっています。

　組織開発には，大きく分けて 2 つのアプローチがあります。1 つは「診断型」と呼ばれるアプローチであり，これはデータの収集→問題点の診断→介入の計画と実施というプロセスをとります。もう 1 つは，「対話型」であり，メンバー間の対話を通じて組織の現実を再構築し，新たな可能性を探る方法です。後者の例として，アプリシエイティブ・インクワイリーやフューチャー・サーチなどの方法があげられます。

盾が暴露されたとき，メンバーは自分たちが信じてきた神話が崩壊したことを認め，新しい考え方を受け入れるようになっていきます。

　組織の方向転換も，文化変革のきっかけとなります。この場合，これまで説明してきたさまざまなメカニズムのすべてが利用可能です。強制的な説得とは，メンバーにもはや古い組織文化が通用しないことを伝え，新しい方向に向かっている動きがあれば，一貫してそれを支持し，報酬を与えることです。

　最後の破壊と再生とは，古い組織文化を共有している集団を解散させ，新しい集団を編成することで新たな文化創造を行う方法です。ただし，この方法はメンバーに激しい苦痛を強いるため，よほどの危機の場合のみ使用されるとシャインは述べています。

　このように，さまざまな組織文化変革の方法があります。リーダーは，自社の直面する組織文化の問題を把握し，適切な変革方法を用いる必要があるでしょう。ただし，シャインは，どの方法においても重要なのはメンバーに**心理的な安全**を与えることであると述べています。つまり，変革に伴う不安感を軽減し，新しい考え方を受け入れることに対する抵抗を減らすことが必要です。

　そのために，メンバーに古い組織文化が通用しないこと，および新しい考え方を受け入れる以外の選択肢がないことを説得し，さらに，新しい組織文化の受け入れを称賛することなどが求められます。

Working　　　　　　　　　　　　　　　　　　　調べてみよう

　組織変革に成功した事例を探し，どのようにして組織変革に成功したのか，調べてみましょう。

Discussion　　　　　　　　　　　　　　　　　　議論しよう

　文中の組織文化を知る手掛かりを使って，自分の大学やゼミの組織文化を分析してみましょう。どんな「当たり前」が発見できるでしょうか。

▶▶▶さらに学びたい人のために

- Peters, T. J. & R. H. Waterman, Jr. [1982] *In Search of Excellence: Lessons from America's Best-Run Companies*, New York: Harper & Row.（大前研一訳［1983（2003）］『エクセレント・カンパニー――超優良企業の条件』講談社；英治出版）
- Schein, E. H. [2010] *Organizational Culture and Leadership*, 4th Edition, San Francisco: Jossey-Bass.（梅津祐良・横山哲夫訳［2012］『組織文化とリーダーシップ』白桃書房）

参考文献

- 北居明［2014］『学習を促す組織文化――マルチレベル・アプローチによる実証研究』有斐閣。
- 中村和彦［2011］「組織開発」経営行動科学学会編『経営行動科学ハンドブック』中央経済社，184-190頁。
- Aupperle, K. E., W. Acer & D. E. Booth [1986] "An Empirical Critique of In Search of Excellence: How Excellent are The Excellent Companies?," *Journal of Management*, Vol.12 No.4, pp.499-512.
- Business Week [1984] "Who's Excellent Now?," *Business Week*, November No.5, pp.76-88.
- Carroll, D. T. [1983] "A Disappointing Search for Excellence," *Harvard Business Review*, Vol.61 No.6, pp.78-88.
- Denison, D. R. [1990] *Corporate Culture and Organizational Effectiveness*, New York: Wiley.
- Kotter, J. P. & J. L. Heskett [1992] *Corporate Culture and Performance*, New York: The Free Press.（梅津祐良訳［1994］『企業文化が高業績を生む――競争を勝ち抜く「先見のリーダーシップ」207社の実証研究』ダイヤモンド社）
- Kunda, G. [1992] *Engineering Culture: Control and Commitment in A High-Tech Corporation*, Philadelphia: Temple University Press.（樫村志保訳［2005］『洗脳するマネジメント――組織文化を操作せよ』日経BP出版センター）
- Mitchell, T. R. [1985] "In Search of Excellence versus The 100 Best Companies to Work for in America: A Question of Perspective and Values," *The Academy of Management Review* Vol.10 No.2, pp.350-355.
- Pascale, R. T. & A. G. Athos [1981] *The Art of Japanese Management*, New York: Simon & Schuster.（深田祐介訳［1981］『ジャパニーズ・マネジメント』講談社）
- Schwartz, H. M. & S. M. Davis [1981] "Matching Corporate Culture and Business Strategy," *Organizational Dynamics*, Vol.10 No.1, pp.30-48.

- Schein, E. H. [1985] *Organizational Culture and Leadership*, San Francisco Jossey-Bass. (清水紀彦・浜田幸雄訳 [1989]『組織文化とリーダーシップ』ダイヤモンド社)
- Schein, E. H. [1992] *Organizational Culture and Leadership*, San Francisco 2nd Edition, Jossey-Bass.
- Schein, E. H. [1999] *The Corporate Culture Survival Guide*, San Francisco Jossey-Bass. (金井壽宏監訳, 尾川丈一・片山佳代子訳 [2004]『企業文化―生き残りの指針』白桃書房)

第III部

外部環境のマネジメント

第9章
経営組織の環境適応

第10章
企業戦略のマネジメント

第11章
競争戦略のマネジメント

第12章
イノベーションのマネジメント

第9章 経営組織の環境適応

Learning Points

- ▶これまで勉強してきた古典的な経営管理論には、どのような限界があるのでしょうか。
- ▶企業経営にとって、最適な経営方法や最適な組織形態はどのようなものでしょうか。そもそも、そのような最適な組織は存在するのでしょうか。
- ▶企業はどのような経営環境のもとで、経営を行っているのでしょうか。どのようにその環境に対応していかなければならないのでしょうか。

Key Words

経営環境　オープン・システム　社会一技術システム論　機械的組織
有機的組織　分化と統合　コンティンジェンシー理論
情報プロセッシング・パラダイム

1　環境適応の必要性

1.1　クローズド・システムとオープン・システム

　第Ⅰ部では伝統的管理論を学びました。テイラーの科学的管理法では一流の作業員の作業方法を手本として、唯一最善の作業方法と最適な組織の探索が試みられました。そこでは企業の経営環境については特に関心が払われていませんでした。工場、あるいは作業現場での能率向上が大きな課題だったのです。

　しかしながら、企業はさまざまな経営環境に直面しています。業種が違えば作業内容も異なりますし、時代が変わると作業方法も変化します。特に現代は技術革新をはじめとして、環境変化のスピードが速くなっています。さ

まざまな環境のもとで経営を行うすべての企業に，共通に利用できるような最善の管理方法，組織は存在するのでしょうか。

第4章で，組織をシステムと捉える考え方を学びました。このシステムには2種類のものがあります。**クローズド・システム（閉鎖体系）**と**オープン・システム（開放体系）**です。クローズド・システムとは物理学の実験やビーカーの中の化学反応など，外部から遮断され，環境との間に情報やエネルギーの交換がない，内部だけで反応が完結するシステムのことです。科学的管理法などの古典的管理論では，組織をクローズド・システムとして扱ってきました。作業現場内の閉じた世界での能率向上が主要な課題だったのです。

それに対してオープン・システムとは，生物などの有機体を説明する概念で，システムと環境との間にエネルギーや情報の交換などの相互作用を想定しています。伝統的な管理論が組織をクローズド・システムと捉えていたのに対して，バーナードの近代管理論や現代の管理論では，基本的には組織をオープン・システムと捉えています。

生物は環境から食物を取り入れ，消化し，排泄物を環境に返していきます。環境が変化すれば，体内器官が自律調整機能を発揮して，生き残りを図ります。企業などの組織も，外部環境から原材料や労働力などの経営資源をインプットとして取り入れ，組織内部での技術変換過程を経て，外部市場に価値のある製品やサービスをアウトプットとして産出しています。企業組織も自律調整機能により，外部環境の変化に対応して存続していきます。企業は外部環境と相互作用を持つオープン・システムと捉えられるのです。

1.2 社会－技術システム論

このようなオープン・システム観はバーナードやサイモンの組織論にもみられましたが，バーナードやサイモンの理論では，人間行動からなる社会的システムが中心に考えられていました。それに対して，1960年代のイギリスにおいて，組織を単に人間行動からなる社会的システムと捉えるのではな

く，技術や市場などからなる複合的な社会的システムと捉える考え方が出てきました。それが**社会－技術システム論**です。

社会－技術システム論は，イギリスのタビストック研究所で誕生し，その後，アメリカやフランスの管理論にも影響を与えました。社会－技術システム論は近代管理論と同様に，企業をオープン・システムと捉えます。先ほど述べたように，生物が自律的な調整機能を持っているように，企業も自律的調整機能を持っています。例えば技術的な生産システムを柔軟に変化させることにより，環境の変化に対応し，存続を図っていきます。さらにこの技術システムの変化を可能とするような組織を作っていくことも必要です。

この社会－技術システム論の影響を受けた研究者が，組織についての実証研究を行い，「技術システムが異なれば有効な組織は異なる」という**コンティンジェンシー理論（環境適応理論）**につながっていきました。

社会－技術システム論の登場によって，管理論は従来のクローズド・システムを前提とした管理論から，オープン・システムを前提とした管理論へと大きく発展しました。しかしながら，社会－技術システム論は議論が抽象的で，あまり実践的ではありませんでした。それに対して，コンティンジェンシー理論は実証研究を行うことによって，より実践的な示唆を提供することに成功したのです。

2　コンティンジェンシー理論の誕生

ここで紹介するコンティンジェンシー理論は，はじめから明確な**パラダイム**を持った理論ではありませんでした（Column 参照）。既存理論の仮説を検証しようとした実証研究の積み重ねにより，理論が構築されてきました。この点は，人間関係論が古典的管理論と同じ前提に立って行われたホーソン実験により構築されていったのと似ています。ここでは，その実証研究のいくつかを紹介し，コンティンジェンシー理論の全体像を示しましょう。

2.1 環境の変化と組織構造

バーンズ＝ストーカー（Burns, T. & G. M. Stalker）は英国の 20 のエレクトロニクス企業の事業組織についての詳細な参加観察や面接調査を行いました。その結果，現実の企業組織は**機械的組織**（mechanistic organization）と**有機的組織**（organic organization）の 2 つの理念型（理想型）を両

Column　パラダイム変革

科学者が前提とする過去の業績における基本的な考え方をパラダイムといいます。科学史家のトーマス・クーンはパラダイムを「一般に認められた科学的業績で，一時期の間，専門家に対して問い方や答え方のモデルを与えるもの」と定義しています。パズルを解くときの前提となるルールのようなものです。このルールの下でパズル解きが行われるように，科学も一定のパラダイムを前提として発展していきます。

しかしながら，これまでのパラダイムを前提としていたのでは，どうしても説明できないような現象がみつかる場合があります。ルールどおりに解いていたのでは全く解けないようなパズルに出会ったようなものです。そのようなとき，そもそもルールが違うのではないかという疑問が出てきます。場合によっては，これまでとは違ったルールでパズルを解くと，パズルが解ける場合があります。新しいルールの誕生，前提の変化です。

科学の世界でも，これまでの科学的前提であるパラダイムを否定することによって，合理的な説明ができるような場合，これまでのパラダイムが否定され，新しいパラダイムが確立します。これがパラダイム変革と呼ばれるものです。クーンは古いパラダイムが新しいパラダイムに置き換えられる現象を「科学革命」と呼びました。天文学の領域で天動説が地動説に置き換えられて天文学が発展していったことなどがその例としてあげられます。

一定のパラダイムの下での科学の進歩も必要ですが，時には既存のパラダイムを疑うことも必要で，それによって科学は大きく発展するのです。

このような考え方は経営学にも応用されています。企業経営における基本的なものの考え方，経営の前提をパラダイムと捉え，パラダイム転換のマネジメントが議論されるようになりました。企業経営においては一定のパラダイムのもとでの効率的な事業運営が必要です。しかしながら大きな環境の変化が起こった場合などは，既存のパラダイムを前提としていたのでは対応できない場合があります。そのような場合には既存のパラダイムを疑い，柔軟に環境変化に対応していくことが求められます。科学の発展と同様に，企業の長期的発展のためにもパラダイム変革が必要なのです。

図表 9 − 1 ▶▶▶ 機械的組織と有機的組織の比較

機械的組織	比較の基準	有機的組織
職務・職能の高度な分化	職務の分化	知識・経験の分化
職位に基づくパワー	権限・パワーの基盤	専門知識に基づくパワー
職務権限の明確性・公式性	権限の構造	職務権限の柔軟性・非公式性
上層部へ集中	情報の分布状態	組織内で均等に分布
垂直方向	情報伝達の方向	水平方向
命令・指示	情報伝達の内容	サービス情報・助言
ピラミッド型	情報伝達のパターン	ネットワーク型
組織や上司	忠誠の対象	仕事や技術
組織固有の知識	重視される知識	専門家集団に通用する知識

出所：坂下 [2007]，99頁，表 3 − 1 をもとに筆者作成。

極とする連続線上に位置づけられると結論づけました。

　機械的組織とは職務が高度に細分化され，権限や責任が明確で，垂直的な指揮命令系統と階層的支配関係によって特徴づけられるような組織です。典型的には組織構造のところで学んだ**官僚制組織**がこれに当てはまります。

　一方の有機的組織は職務の分化の程度が低く，職務間の境界があいまいで，水平的で人間的な相互作用，専門的な知識が重視されます。この2つの組織の特徴をまとめたのが図表 9 − 1 です。

　これらはあくまで**理念型（理想型）**です。理念型あるいは理想型というのは，官僚制組織のところで説明したように（第 7 章），本質的な特徴だけを取り出して現実を説明するための理論上のモデルです。機械的組織の特徴を多く持った組織，逆に有機的組織の特徴を強く持った組織，また両者の中間的な組織が現実には存在するということで，理念型あるいは理想型に近づくのが望ましいということではありません。

　彼らは調査の結果，これらはどちらか一方が優れているわけではなく，その有効性は，市場環境や技術環境の変化率に依存するということを発見しました。レーヨン工場など変化のスピードが比較的遅く，安定的な環境のもとでは機械的組織が採用される傾向があり，一方，エレクトロニクス産業のように市場環境や技術環境の変化のスピードが速い環境のもとでは，有機的組

織が採用される傾向がありました。また，安定的な環境の業種から，エレクトロニクス産業に進出することに成功した企業は，機械的組織から有機的組織への転換に成功した企業でした。

ここから，唯一最善の組織が存在するのではなく，環境（ここでは市場環境や技術環境の変化率）に依存して，最適な組織は異なるということが議論されるようになってきました。

ただこの関係は管理のシステムと組織の成果との関係を示したものであり，ある環境に最適な組織が，従業員にとっても最適であるという保証はありません。不安定な環境に適合的な有機的組織のもとでは，従業員が不安定感やストレスを感じていたという報告もなされています。最適な組織はどのようなものなのか，というのは実はなかなか難しい問題なのです。

2.2 技術の複雑性と組織構造

バーンズ＝ストーカーが技術の変化率に注目したのに対し，技術の複雑性と組織との関係を議論したのがウッドワード（Woodward, J.）です。彼女は1950年代にサウス・イースト・エセックス工科大学で，サウス・エセックス地方の製造業企業100社についての詳細なサーベイ調査と，そのうちの23社についての詳細な事例研究を行いました。

この研究は当初，これまでの古典的な経営学の理論が本当に企業によって応用されているか，応用されているとすれば，応用している企業が実際に業績を伸ばしているのかどうか，ということを調べるために行われました。その結果は驚いたことに，古典的な経営学の理論を使っている企業が高い業績を上げているとは必ずしもいえないというものでした。

しかしながら新たな発見もありました。調査対象となった企業の製造工程や製造方法などの技術を調べてみると，技術と管理構造の間に一定の関係が見つかりました。対象となった企業の技術はいくつかのカテゴリーに分類でき，その技術カテゴリーと管理構造の間に，一定の関係がみられたのです。

彼女の研究では，技術は次の3つのカテゴリーに分類されました。①個別

図表 9－2 ▶▶▶ 技術の複雑性と構造特性の比例関係

構造特性	単品・小ロット生産	大ロット・大量生産	装置生産
命令系統の長さ，権限階層（中位数）	3	4	6
最高経営責任者の統制範囲（中位数）	4人	7人	10人
大学卒の監督者の割合	少数	まれ	多数
中間管理層の統制範囲	最高	－	最低
労務関連コスト（平均）	35%	32%	15%
管理者の割合（平均）	1：23	1：16	1：8
管理スタッフ1人当たりの直接作業労働者数（平均）	8人	5.5人	2人

出所：岸田・田中 [2009]，175 頁をもとに筆者作成。

受注生産および小口ロット生産（注文服など），②大口ロット生産および大量生産（自動車の組み立てなど），③装置産業（石油化学プラントなど）の3つです。

　ロットというのは取引単位のことで，1口の注文量の大きさです。ロット・サイズには生産ロット，販売ロット，購買ロットがありますが，小ロット生産というのは一度に生産する量が少ない製品です。オーダーメイドの洋服などがその典型です。一方，自動車生産などが大ロット生産の代表とされています。もっとも，現代では自動車生産は，少品種大量生産から多品種少量生産へと，その生産システムを変化させていますが，ウッドワードが調査を行った時代では大量生産の代表例でした。

　ウッドワードはこれらのカテゴリーの技術の複雑性を次のように捉えました。彼女の研究では①個別受注生産および小口ロット生産→②大口ロット生産および大量生産→③装置産業，の順に技術の複雑性が高まるとされています。この技術の複雑性と組織の構造や運営方法の間には，次の2種類の関係が存在することがわかりました。1つは技術の複雑性が高まるに従って，比例的に高くなっていくような要因です。もう1つが技術の複雑性の両極端で類似性が存在するような要因です。

　例えば命令系統の長さや権限階層数，最高経営者の統制範囲，大学卒の監督者の割合などの値は，技術が複雑になるに従って高くなります。技術の複

図表9－3 ▶▶▶ 技術尺度の両極において類似する構造特性

構造特性	単品・小ロット生産	大ロット・大量生産	装置生産
第一線監督者の統制範囲（平均）	23	48	13
熟練労働者の割合	高い	低い	高い
組織体制	有機的	機械的	有機的
専門スタッフ	少ない	多い	少ない
生産統制	少ない	精密	少ない
コミュニケーション	口頭	文書	口頭

出所：岸田・田中［2009］，176頁をもとに筆者作成。

雑性とこれらの値の間には単純な比例関係がみられました。逆に中間管理層の統制範囲，労務関連コスト，総従業員に対する管理者の割合，管理スタッフに対する直接作業労働者の割合などは，技術が複雑になるほど低くなりました。技術の複雑性とこれらの値の間には負の比例関係がみられました。これをまとめたのが**図表9－2**です。

　一方，技術の複雑性の両端の類似性がみられた要因としては，次のようなものがありました。第一線の監督者の統制範囲は，技術の複雑性の両端（小ロット生産と装置生産）では狭く，中間（大ロット生産）では広くなっていました。また熟練労働者の割合は，技術の複雑性の両端で高く，中間では低い値を示していました。また組織体制に関しては，個別受注生産や装置産業のなど技術の複雑性の両端では，権限委譲が進んだ有機的組織が一般的であり，中間である大ロット生産では，トップに権限が集中した機械的な組織が多くみられました。これらをまとめたのが，**図表9－3**です。

　さらにそのような技術と組織の対応関係が業績に大きな影響を与えていることもわかりました。業績の良い企業はいずれも，その組織特性において，その企業が持っている技術の複雑性の企業群の平均的な値に近い値を示していました。一方，業績の悪い企業は，その企業が属している技術の複雑性の平均的な組織特性の値から離れた値を示していたのです。

　つまり，その企業が持っている技術特性と，その企業の組織特性とが適合的であるかどうかが，企業業績を決めていると考えられたのです。ウッド

ワードは「技術が組織構造を規定する」ということだけでなく，「技術と組織構造との適合関係が業績を規定する」ことも示したのです。このような考え方を技術決定論といいます。

　このウッドワードの研究は，組織の実態をよく解明していました。しかしながら，彼女の理論は保守的であるという批判もあります。彼女の理論では，企業の属する技術環境は所与のものであり，企業が変えることはできません。企業は与えられた環境のもとで，その環境にあった組織を選択しなければならない，受動的な存在として捉えられるのです。

2.3　組織内部の分化と統合

　バーンズ＝ストーカーやウッドワードの研究は，外部環境に合わせて，企業が最適な組織構造を作らなければならないというものでした。この場合の環境とは，組織の目標達成に関係のある市場環境や技術環境といった環境で，**タスク環境**といわれるものです。企業はこのタスク環境の不確実性と複雑性に対応していかなければなりません。環境の不確実性とは環境要素の不安定性と予測可能性の程度であり，複雑性とは組織活動が関わる要素の数や異質性の程度です。バーンズ＝ストーカーが対象としたのは環境の変化率，つまり不確実性であり，ウッドワードが研究の対象としたのは技術環境の複雑性でした。

　それに対して，ここで紹介する研究は，企業がこれらのタスク環境の複雑性と不確実性に対して，その組織を部門化させることによって対応していることを明らかにした研究です。企業は製造部門，販売部門，研究開発部門といった部門を作り，同時にそれらの業務を取りまとめて調整することによって対応しています。この部門化と調整によるタスク環境への対応活動をローレンス＝ローシュ（Lawrence, P. R. & J. W. Lorsch）は**分化**（differenciation）と**統合**（integration）という概念でまとめました。

　組織内の各職能部門は，それぞれの仕事によって異なったタスク環境に直面しています。製造部門は技術－経済環境，販売部門は市場環境，研究

図表9－4 ▶▶▶組織内部門間の分化

部門	環境不確実性の程度	目標志向	時間志向	対人志向	部門組織構造の公式化の程度
製造	低	技術・経済的目標	短期	仕事中心型	高（機械的組織）
販売	中	市場目標	中期	人間関係中心型	中
研究開発	高	科学的目標と技術・経済的目標	長期	仕事中心型	低（有機的組織）

出所：柴田・中橋［2003］，284頁。

開発部門は科学環境に対応しなければなりません。その結果，その環境や仕事に応じた組織構造を作り，それぞれの仕事に応じた認識の仕方や思考様式を持つようになります。これが組織における「分化」です。ここでいう分化とは単なる部門の分割ではなく，態度や思考の違いを表しています。この分化の程度は次の4つの次元で測定できます。

第1が「特定の目標に対する志向（どのような目標を志向しているか）」です。例えば製造部門ではコスト削減という目標が重要ですが，販売部門では売上高の増大が重要な目標になります。

第2が「時間志向（問題をどの程度の時間幅で捉えるか）」です。例えば研究開発部門では長期的な問題を扱いますが，製造部門は毎日の短期的な問題を扱っています。

第3が「対人志向（対人関係を仕事中心に考えるか人間関係を中心に考えるか）」です。製造部門では仕事中心になるでしょうし，販売部門では人間関係が中心になります。

第4が「構造の公式性」です。製造部門では管理階層が多く，業績評価の基準も詳細です。それに対して研究開発部門では管理階層の数は少なく，業績評価基準もあいまいです。以上をまとめたものが，**図表9－4**です。

以上のように，各部門はその直面する環境に対応して部門組織の特性を合わせるように組織を分化させていきます。さらに環境の変化の程度によって分化の程度も変わってきます。変化が激しく不確実性の高い環境の下で事業活動を行っている企業では，環境の要求に合わせるために分化の程度を高く

する必要があります。実際に、不確実な環境にあるプラスチック産業で、高い業績を実現している企業の分化の程度が高いことが示されています。

しかしながら、分化の程度を高くするだけでは、組織の目的は達成できません。組織目的の達成のためには、さまざまな部門間の仕事を組織目的の達成に向けて調整する必要があります。例えば新製品開発のためには販売部門の情報を研究開発部門に伝えることが必要ですし、コスト削減のためには研究開発部門と製造部門が連携し、設計段階からコスト削減を見直していく必要があります。このような部門間の協力が「統合」です。

統合とは「環境の要求によって、活動の統一を求められる諸部門の間に存在する協働状態の質」と定義されます。複雑な環境が分化の程度を高めますが、その分化した活動を統一するために、部門間の協力関係がどの程度達成されるかが組織の業績を決めると考えられています。統合はその状態を達成するプロセスと、それを達成するための組織的手段も同時に表しています。

統合は自動的・機械的に達成されるものではありません。分化が進んだ組織では、その思考様式や組織構造の違いから、多くの部門間コンフリクトが発生します。このコンフリクトを解消し、統合を進めていくために、次のような統合メカニズムが必要になります。

単純な統合メカニズムから高度な統合メカニズムの順に並べると、①規則と手続き、②階層、③計画、④直接的折衝、⑤連絡担当職、⑥タスク・フォース、⑦チームによる解決、⑧統合担当職、⑨統合担当部門、となります。企業が直面する環境の不確実性の程度が低く、分化の程度も低い場合には簡単なメカニズムで対応できますが、環境の不確実性が高まり、分化の程度も高まると、より高度な手段が必要となります。

彼らが調査したプラスチック産業、食品産業、容器産業の分化の程度と主要な統合手段を整理したのが**図表9－5**です。これらの産業の高業績企業は、分化の程度に応じた統合手段を実現しています。分化の程度が低い容器産業では、規則や手続きを示した文書制度や管理階層、直接的折衝が主要な統合手段であるのに対して、分化の程度が高いプラスチック産業では、統合担当部門が置かれ、統合が図られていました。

図表9−5 ▶▶▶ 3つの産業の高業績企業における統合手段

	プラスチック産業	食品産業	容器産業
分化の程度	10.7	8.0	5.7
主要な統合手段	①統合担当部門 ②3つの管理層における常設の部門間チーム ③管理者の直接的折衝 ④管理階層 ⑤文書制度	①統合担当者 ②臨時的な部門間チーム ③管理者の直接的折衝 ④管理階層 ⑤文書制度	①管理者の直接的折衝 ②管理階層 ③文書制度

出所：山田・佐藤［2014］，168頁。

　また，コンフリクトが発生した場合の解消メカニズムとしては，回避（smoothing），強権（forcing），徹底討議（confrontation）があげられています。回避とは，当事者がともに自己主張を行わないようにしてコンフリクトの発生を防ぐ方法です。強権とは当事者の一方が他方に自己の主張を一方的に受け入れさせることによって，コンフリクトを解決する方法です。徹底討議は，お互いに自己主張を行うとともに，対立者にも協力的な態度で接し，組織目的の達成にとってより良い解決策を発見し，コンフリクトを解消する方法です。

　彼らが行ったプラスチック産業，食品産業，容器産業を対象とした調査では，どの産業でも，高業績企業では回避や強権ではなく，徹底討議がコンフリクト解決の手段として採用されていることが明らかにされました。

　徹底討議の普遍的な有効性が示されたのですが，注意しなければならないことは，彼らは議論が可能な組織風土が必要なことも同時に示しているということです。単に議論をすればいいというものではなく，それを許容する組織風土，組織文化の構築が必要なのです（第8章参照）。

　以上のように，ローレンス＝ローシュは，タスク環境の不確実性に応じてその組織の分化の程度が決まり，それに応じて統合のメカニズムが決まること，また組織の分化と統合をタスク環境の不確実性に適合させている企業が高業績であること，コンフリクト解消のために徹底議論が必要なことを実証研究で示しました。環境と組織の適合関係が組織の業績を決めるというコンティンジェンシー理論の基本命題が示されたのです。

3 コンティンジェンシー理論の発展

　コンティンジェンシー理論は，実証研究の積み重ねによって構築されてきた理論です。多くの有益な知見を提供しましたが，なぜそうなるのかという理論的な検討は不十分でした。その理論的な根拠を提供したのがトンプソンやペロー，ガルブレイス，加護野忠男といった研究者です。

　トンプソン（Thompson, J. D.）は環境と組織の適合問題を説明するために，不確実性への対応問題を技術の側面から議論しました。トンプソンは，組織を技術的に合理的な存在と捉えます。しかしながら企業はオープン・システムであるために，さまざまな不確実な要因の影響を受け，完全な技術的合理性を実現することはできません。期待する成果を実現するためには，技術的な合理性を妨げる不確実な要因にいかに対応するかが重要な問題となります。

　トンプソンは組織の中核的な技術を**テクニカル・コア**と表現し，このテクニカル・コアが環境の不確実性によって影響を受けないように，組織と環境との間に境界を設定し，環境の不確実性からテクニカル・コアを切り離し，技術の合理的な活動を確保したときに安定した成果が得られると考えました。

　環境の不確実性からテクニカル・コアを切り離す方法が，緩衝（buffering），取引の平準化（leveling）あるいは円滑化（smoothing），予測（forecasting），優先割当（rationing）です。

　緩衝とは原材料の安定的確保や機械の保守点検，在庫維持などによって環境変動を吸収する方法です。これによって生産プロセスの安定性が保たれます。平準化あるいは円滑化はインプットやアウトプットの変動を抑えることです。例えばホテルや航空会社は繁忙期と閑散期で価格を変えています。電力の深夜料金が安いのもこの例です。予測は環境変動のパターンを予測することで，対応しようとすることです。これらの方法が利用できないときには，活動の優先順位を決めておきます。これが優先割当です。優先順位を決めることで活動がランダムになることを防ぎます。例えば病院が重症患者のため

にベッドを空けておくような場合です。このような対応により，技術は不確実性と切り離され，組織は発展するのです。

一方，技術の違いに注目して，技術と組織の適合関係を理論的に説明しようとしたのがペロー（Perrow, C.）です。ペローによると，技術は原料などのインプットを望ましいアウトプットに変換する行為と定義されています。それに対して組織構造は，個人と個人の相互作用と捉えられます。組織は多様な問題に対応するために，構造化，官僚制化を進めますが，この官僚制の程度は組織が遂行している仕事のルーチン化の程度によって決まります。

ルーチンとは決まりきった手続きのことですが，ここでは特に技術が確立されている程度のことを指します。仕事において例外的なことが起こる頻度が少なく，仕事の技術が確立している場合をルーチン化が進んでいるといい，その場合には官僚制の程度が進みます。仕事がルーチン化されていない場合は官僚制は進みません。そのような場合には，バーンズ＝ストーカーが示した有機的組織で対応しなければならないのです。

トンプソンやペローの研究をさらに発展させたのが，ガルブレイス（Galbraith, J.）や加護野忠男の研究です。彼らは組織を情報処理システムと捉え，環境の不確実性によって生まれる情報処理の負荷と組織の情報処理能力の適合関係によって組織の有効性は決まると考えました。

環境と組織特性の適合関係は，環境から課せられる情報処理の負荷と，それに対処するための方法にかかるコストとそれによって得られる便益によって説明でき，それらをうまく組み合わせて行った組織が高い成果を実現します。この考え方を**情報プロセッシング・パラダイム**と呼びます。この考え方に従い，組織の設計は企業組織の直面する環境条件を考慮に入れて行わなけ

図表9－6 ▶▶▶情報プロセッシング・パラダイムの枠組み

出所：加護野［1980］，97頁，図2－7；柴田・中橋［2003］，287頁，図10－3をもとに筆者作成。

ればならない，という実践的な提言が導かれました（図表9－6）。

4　コンティンジェンシー理論の意義と限界

　1960年代に登場したコンティンジェンシー理論は，これまで経営管理論が追求してきた唯一最善の管理方法や組織化の方法の存在を否定し，環境に応じて最適な管理方法や組織は異なる，という新たなパラダイムを提示しました。環境の変化がますます早くなり，その環境の変化に対応していかなければならない企業組織にとって，この考え方は非常に重要な考え方です。またこのような考え方の基礎となっている組織のオープン・システム観を定着させたという点でも評価できます。

　またこれらの研究が，多くの企業のデータを使った実証研究で行われたという点も重要です。理論的な考察だけでなく，現実の企業組織の問題を定量的に検証したことにより，より実践的な提言が可能となってきました。

　しかしながら，このようなコンティンジェンシー理論も限界を持っています。その1つが，コンティンジェンシー理論が環境・技術決定論的な性格を持っているということです。ウッドワードのところでも述べたように，企業組織の運営はある程度環境によって，あるいは企業が保有する技術特性によって規定されるため，経営者の戦略的意思決定の自由度が過小評価，あるいは無視されています。技術が組織を規定するという技術決定論は，企業の積極的，能動的な活動を想定していない，受動的な企業の管理論といっていいでしょう。

　現実の企業組織は経営者の意思決定により，大きくその方向性を変える可能性を持った存在です。経営者の意思決定により，新規事業開発を行い，新しい産業に進出することにより，その属する環境も大きく変化します。場合によっては新しい環境を創造することがあるかもしれません。

　例えば日本企業のソニーが作った「ウォークマン」によって，携帯音楽プレーヤー市場という新しい市場環境が創造されました。また，大口の商業貨

物の環境変化に適応できなかった大和運輸(現・ヤマト運輸)という企業は,小口貨物の特急宅配サービスの「宅急便」という新しい事業によって,宅配便市場を創造しました。

　もちろん,企業が創造した新しい市場は,その市場特有の技術特性を持っており,それに適した組織を作らなければならない,というコンティンジェンシー理論の知見は,その重要性を失ってはいません。しかしながら,企業が長期的に存続・発展していくためには,より能動的,積極的な企業行動を説明する新たな理論的枠組みが必要になってきます。それが次の章で示される経営戦略という枠組みです。そこでは,よりダイナミックな企業の姿が明らかになってきます。経営管理理論の発展はまだまだ続きます。

Working　　　　　　　　　　　　　　　　　　　　調べてみよう

皆さんが属する組織や関心のある企業を例にとり,環境と組織がどのような関係になっているか調べてみましょう。

Discussion　　　　　　　　　　　　　　　　　　　議論しよう

コンティンジェンシー理論,ならびに情報プロセッシング・パラダイムの意義と限界を整理し,今後の経営管理理論の発展の方向性を議論してみましょう。

▶▶▶さらに学びたい人のために

- 加護野忠男［1980］『経営組織の環境適応』白桃書房。
- 高橋正泰・山口善昭・磯山優・文智彦［1998］『経営組織論の基礎』中央経済社。

参考文献

- 加護野忠男［1980］『経営組織の環境適応』白桃書房。
- 岸田民樹・田中政光［2009］『経営学説史』有斐閣。
- 岸田民樹編著［2012］『ウッドワード』（経営学史学会監修，経営学史叢書Ⅷ）文眞堂。
- 坂下昭宣［2007］『経営学への招待（第3版）』白桃書房。
- 柴田悟一編著［2009］『組織マネジメントの基礎』東京経済情報出版。
- 柴田悟一・中橋國藏編著［2003］『経営管理の理論と実際（新版）』東京経済情報出版。
- 高橋正泰・山口善昭・磯山優・文智彦［1998］『経営組織論の基礎』中央経済社。
- 山田耕嗣・佐藤秀典［2014］『コア・テキスト マクロ組織論（ライブラリ経営学コア・テキスト）』新世社。
- Burns, T. & G. M. Stalker［1961］*The Management of Innovation,* London: Tavistock.
- Galbraith, J.［1973］*Designing Complex Organizations. Reading,* MA: Addison-Wesley.（梅津祐良訳［1980］『横断組織の設計』ダイヤモンド社）
- Kuhn, T. S.［1962］*The Structure of Scientific Revolutions,* 1st. ed., Chicago: Univ. of Chicago Pr.（中山茂訳［1971］『科学革命の構造』みすず書房）
- Lawrence, P. R. & J. W. Lorsch［1967］*Organization and Environment: Managing Differentiation and Integration,* Boston: Harvard Busness School, Division of Research.（吉田博訳［1977］『組織の条件適応理論』産業能率短期大学出版部）
- Perrow, C.［1970］*Organizational Analysis: A Sociological View,* Belmont: Wadsworth.（岡田至雄訳［1973］『組織の社会学』ダイヤモンド社）
- Thompson, J. D.［1967］*Organization in Action,* New York: McGraw-Hill.（高宮晋監訳，鎌田伸一・新田義則・二宮豊志訳［1987］『オーガニゼーション・イン・アクション―管理理論の社会科学的基礎』同文舘出版）
- Woodward, J.［1970］*Industrial organization: Theory and Practice,* London: Oxford University Press.（矢島鈞次・中村寿雄訳［1970］『新しい企業組織―原点回帰の経営学』日本能率協会）

第10章 企業戦略のマネジメント

Learning Points

▶最近，経営学以外でも経営戦略という言葉が使われるようになってきました。「経営戦略って何?」と聞かれたときどう説明しますか。
▶企業が競争に勝ち抜き，成長を続けていくためには自社の事業領域の特定が必要です。では企業はどのように自社の事業領域を特定すればいいのでしょうか。
▶多くの大企業は複数の事業部門を持っていますが，なぜ企業は複数の事業部門を持つのでしょうか。

Key Words

部分的無知　マーケティング近視眼　シナジー　成長ベクトル　PPM

1 経営戦略とは何か

1.1 経営戦略の捉え方

本章では経営戦略論のなかでも企業戦略のマネジメントに関する各トピックを扱っていきます。まずは，経営戦略とは何か，なぜ経営戦略が必要なのかについて，経営戦略論を拓いた人々の議論から考えていきましょう。

軍事用語であった「戦略」という言葉を経営学で初めて用いたのは，経営史家のチャンドラー（Chandler, A. D., Jr.）でした。彼は経営戦略を「企業の基本的な長期目的を決定し，これらの諸目的を遂行するために必要な行為の道筋を採択し，諸資源を割り当てること」と捉えました。その後，経営戦略論の確立を本格的に進めたのはアンゾフ（Ansoff, H. I.）でした。彼は，（彼自身が「**部分的無知**」と呼ぶ）高度に不確実な状況に企業が置かれていると

したうえで、「(部分的無知の状況において) 企業が秩序をもって、収益を上げることができるように成長しようとすれば、目的を補完する決定ルールが必要である。そのような意思決定ルールあるいはガイドラインが、一般に戦略、あるいは事業についての設計思想と呼ばれる」と経営戦略を捉えています。では、なぜこのように捉えられる経営戦略が必要とされたのでしょうか。

1.2 経営戦略の必要性

経営戦略論が登場してきた1960年代は、前章の組織のコンティンジェンシー理論に関する議論が始まった時代でもありますが、この時代は、第2次世界大戦終結後に生じた環境の変化に企業が対処しようとした時代でした。

第2次大戦中に行われた軍事に関わる諸活動は、企業の研究開発を大きく進展させ、終結後に数々の技術革新をもたらしましたが、技術革新を成し遂げた新興企業が台頭し、既存企業との新たな競争を生み出すことになりました。これにより、1950年代から60年代は、これまでよりも激しい経営環境の変化を伴う、将来を見通しにくい時代となりました。

このような環境の中でも、企業は自社の存続や成長を実現しなければなりませんが、当時の経営者は、成長の道筋を描くために十分な道具立てを持っていませんでした。さらに、当時の経営者を悩ませたのは、**計画におけるグレシャムの法則**と呼ばれる現象でした。

「グレシャムの法則(＝悪貨は良貨を駆逐する)」というのは、金本位制時代に、質の悪い金貨に質の良い金貨が駆逐され、質の悪い金貨が流通することを表した法則です。「計画におけるグレシャムの法則」とは、これになぞらえて、「定型的な決定が優先され、(重要だけれども)非定型的な決定が排除されてしまうこと」を意味しています。

アンゾフは経営者が行う意思決定を、①業務の収益力最大化に関する**業務的意思決定**、②最大の業績を上げるための経営資源の組織化に関する**管理的意思決定**、そして、③企業と環境の関わり方に関する**戦略的意思決定**という3つのタイプに分類しました。

このうち，戦略的意思決定は他の2つの意思決定と異なり，部分的無知の状況において，企業が将来どのように成長するかに関する問題を決める非定型的かつ，非反復的な意思決定です。アンゾフの議論に従えば，経営者は日常的に定型的で反復的な業務的意思決定や管理的意思決定に忙殺され，戦略的意思決定が後回しにされるという状況に陥っていたのでした。

経営戦略という概念は，経営者が直面しているこれらの問題に対処するために提唱されました。つまり，経営戦略は，ともすれば他の定型的で反復的な意思決定に排除され，これまで経営者の経験と勘に頼って行われがちだった戦略的意思決定を改善するための手立てとして必要とされたといえます。

以下では，この経営戦略のうち企業戦略のマネジメントに関する基本的なトピックについて検討していきます。

2 ドメインの設定

2.1 ドメインとは

ドメイン（domain）とは，一般的には領土や範囲，領域などを意味する言葉ですが，経営学では「組織と環境との現在および予定された相互作用の程度」や，「企業の独自の生存領域」という意味で用いられています。ドメインの設定は，現在ならびに将来にわたって自社が活動していく領域を特定することを意味しますが，企業のアイデンティティ形成に関わる決定も含意されるため，自社の経営戦略を考えるうえでの基盤を提供する重要な決定だといえます。

2.2 ドメイン設定の意義

ドメインを設定する意義としては，以下の3点が考えられます。まず，ドメインを設定することで，企業の意思決定者の注意の焦点を絞り込むことが

できます。意思決定者にとって，ドメインは環境を認識するための枠組みです。ドメインを設定することで，ドメインを参照点とした自社にとって必要な情報と不要な情報の区別が可能となります。

また，ドメインを設定することで，1つの企業としての一体感が生み出されます。ドメインの設定は企業のアイデンティティ形成にも関わるため，ドメイン設定により，自社がどのような企業なのかが明確になることで，そこで働くメンバー間に企業の一員としての一体感が生み出されます。

さらに，ドメイン設定により，企業が蓄積すべき経営資源に関する指針が与えられます。企業の活動領域が決まると，成長の方向性や，現在から将来にわたる，顕在的な，あるいは潜在的な競争関係を考えることができます。そうなれば，自社の成長や競争のカギとなる経営資源が明確になり，効果的な資源蓄積が行えます。では，企業はドメインをどう設定すべきでしょうか。

2.3 ドメイン設定の方法

2.3.1 マーケティング近視眼

ドメイン設定の方法としてすぐに思いつくのは，自社の扱う製品やサービスに基づく設定です。事業の物理的定義といえます。これに対し，マーケティング学者のレビット（Levitt, T.）は，この方法ではドメインを狭く設定してしまい，重要な市場の変化を見落とす恐れがあると指摘しています。

例えば，アメリカでは，19世紀は鉄道が旅客や貨物の代表的な輸送手段でしたが，自動車やトラック，航空機の発達以降，すっかりこれらの代替的手段に取って代わられてしまいました。彼は，アメリカの鉄道業は，自らを文字通り鉄道業だと捉えることで，鉄道以外の輸送手段への需要について対処を怠り，結果として斜陽産業となったと考えたのでした。このような現象は**マーケティング近視眼**と呼ばれます。

これに対して，レビットは，鉄道業は自らを輸送業として定義すべきだったと考えています。輸送業として捉えると，自動車や航空機など他の輸送手

段も考慮に入ってくるはずです。そうなれば，代替的手段への対抗策を打つことができたかもしれません。レビットはドメインを顧客中心に，つまり顧客が自社の製品・サービスに求める機能に基づいて設定すべきだと述べています。事業の機能的定義といえるでしょう。

2.3.2 顧客層，顧客機能，技術

　レビットの指摘の後，エイベル（Abell, D.）は3つの次元によるドメイン設定の方法を提唱しました。彼は，ドメインの設定を行うための最も基本的な次元は「**顧客層**」，「**顧客機能**」，「**技術**」の3つであると述べました。

　具体的に，まず顧客層とは，企業が提供する製品・サービスのターゲットとなる顧客グループを意味しています。顧客は，地理，人口統計，ライフスタイル，パーソナリティ特性などの軸によってグループ化されます。

　次に，顧客機能とは，製品・サービスによって満たされる顧客のニーズを意味します。スポーツジムを運動不足解消のために利用する人とスイミングスクールなど子供の習い事として利用する人がいるように，同じ製品・サービスでも，顧客により求めるニーズが異なることがあります。

　最後に，技術とは，顧客ニーズを満たすための方法を意味しています。ここでの技術は，科学的な技術以外に，直営店・フランチャイズ方式といった店舗の展開方式のような仕組みも含まれます。エイベルによるドメインは，誰に（who：顧客層），何を（what：顧客機能），どのように（how：技術）提供するかを考えることによって決定されるということができます。

3　多角化

3.1　企業戦略と多角化

　既存の事業領域を越えて，新たな領域へ事業を拡大することを**多角化**（diversification）と呼びます。しかし，もちろん多角化が成長の唯一の方法と

図表 10 − 1 ▶▶▶成長ベクトルの構成要素

ニーズ＼製品	現在	新規
現在	市場浸透	製品開発
新規	市場開発	多角化

出所：Ansoff［1965］，邦訳［1969］，137頁をもとに筆者作成。

いうわけではありません。例えば，アンゾフが提唱した**成長ベクトル**では，図表10−1のように，現在の製品−市場分野との関連で，4つの成長の方向性が示されています。それぞれの方向性は以下のとおりです。

- **市場浸透**：市場のニーズも製品も変更することなく，現在の市場でのシェア拡大を通じた成長を狙う
- **市場開発**：新市場を開拓し，既存の製品で新しいニーズを探求する
- **製品開発**：現在のニーズに対し新しい製品を開発する
- **多角化**：新しい製品で新しいニーズに対応する

アンゾフは多角化以外の方向性を**拡大による成長**と位置づけ，多角化による成長とは区別しています。以下では，この多角化の動機や基準について考えていきます。

3.2 多角化の動機

まずは多角化の動機です。現在，多くの大企業は多様な事業分野を持つ多角化企業ですが，なぜ企業は多角化を行うのでしょうか。多角化の動機は，大きく分けて以下の3つが考えられます。

最初は，既存事業の成熟や衰退への対処です。企業は，技術革新や新興企業の台頭などで，既存の事業領域の成長・存続が難しくなったとき，さらなる成長や経営のリスクを避けるために新たな製品市場分野へ多角化を行うことがあります。

次は，新たな事業機会の獲得です。経営環境の変化により新たな事業機会

を見出すと，企業はその事業機会を活かし自社の成長に結びつけようとします。

最後は，**未利用資源**の有効活用という動機です。例えば，未使用の工場や設備など，既存事業が持つ遊休資源を有効利用するための多角化です。

3.3 多角化の基準

上記のように，多角化はさまざまな動機で行われますが，当然，好き勝手な領域に事業を拡大すれば良いわけではありません。そこで以下では，多角化すべき事業領域を決める際の重要な判断基準である，**範囲の経済**（economy of scope）と**シナジー**（synergy）について考えていきましょう。

まず，範囲の経済とは，複数の商品やサービスを一緒に取り扱う場合の費用が，それらの商品やサービスを単独で取り扱う場合の費用の合計に比べて小さくなることを意味しています。範囲の経済は，共通利用可能な資源や未利用資源の活用で生じます。例えば，ブランドや流通網などは，一度構築すれば複数の製品・サービスに共通して利用できるため，範囲の経済が生じやすいといえます。

次に，シナジーとは，新規事業分野と既存の分野との間に生じる相乗効果を意味します。アンゾフは，具体的なシナジーとして①既存製品と共通の流通チャネル，販売管理，倉庫，広告，販売促進，評判などが共通利用できることで生じる**販売シナジー**，②生産施設や製造間接部門の共通利用を通じた間接費の分散や材料の一括大量仕入れなどによって生じる**生産シナジー**，③複数の事業間で，工場や機械工具の共通利用や，部品や研究開発内容を共有できることで生じる**投資シナジー**，④経営者の能力や過去の経験が新事業の管理における諸問題に応用することで生じる**マネジメント・シナジー**に分けています。

このようにみてくると，シナジーと範囲の経済は同じ概念に感じるかもしれませんが，範囲の経済は，最終的に費用の低減を意味するのに対し，シナジーは費用削減以外の効果も含んでいる点でより広い概念だといえます。また，シナジーの効果については，旧製品市場の新製品市場への貢献と同時に，

新製品市場の旧製品市場への貢献も考慮する必要があります。そのため，多角化の際には現在保有する資源や能力の活用だけでなく，現在の企業に欠けている能力の補填という意味でのシナジーも，新製品市場を探索する基準となり得ます。

4 多角化企業の資源配分

4.1 資源配分と経営資源

多角化し複数の事業部門を持つと，経営資源の配分という新たな問題が生じてきます。企業全体の成長を考えたとき，各事業部門に自社の経営資源を継続的に投入する必要がありますが，もちろん経営資源は無限にあるわけではありません。そのため，経営者は個々の事業部門をどう評価し，経営資源を配分すべきか，という問題への対処を迫られることになります。

これに対し，ボストン・コンサルティング・グループ（Boston Consulting Group：BCG）は，**プロダクト・ポートフォリオ・マネジメント**（Product Portfolio Management：PPM）と呼ばれる，各事業部門が置かれた状況の違いを踏まえた評価と資源配分の考え方を提示しました。

PPM は，金銭的な経営資源について，事業部門ごとに資金の流入，流出の程度を勘案したうえで各事業部門を評価し，それに基づいた資源配分の指針を示す枠組みです。

4.2 プロダクト・ポートフォリオ・マネジメントの枠組み

4.2.1 PPM の基本的単位

PPM では，資金の出入りについて，**戦略的事業単位**（Strategic Business Unit：SBU）を分析単位として考えます。通常，1つ以上の事業部，または

1つの製品ラインや1つのブランドなどがSBUとなります。組織図上の事業部や各製品ごとではなく、戦略的に独立した一定のまとまりを用いて分析したほうが評価を適切に行えると考えられているため、SBUという単位が用いられています。

4.2.2 PPMの前提

PPMでは、各SBUへの資金の入出量について、**プロダクト・ライフサイクル**（Product Life Cycle：PLC）と**経験曲線**（experience curve）を前提としています。

PLCとは、あるプロダクト（製品やサービス）の売上高や利益額は、導入期・成長期・成熟期・衰退期といったライフサイクルのように推移するという考え方です。PLCの考え方は、特に各SBUの資金流出の程度に影響を与えています。つまり、導入期や成長期といったライフサイクルの前半では市場成長率が高く、市場シェアを上昇させようとすれば、研究開発や生産設備、マーケティングなどに多額の投資が必要となります。その後、成熟期や衰退期になると市場の成長率は低下しますが、市場シェアの維持に必要な資金の量も少なくなります。

もう1つ、PPMの前提となっているのは、BCGが発見した経験曲線の知見です。経験曲線とは、製品の累積生産量が増加するに従って、一定の割合で生産コストの減少をもたらすことを導いた経験則です。この経験曲線効果の存在によって、市場シェアは資金流入と関係を持つことになります。市場シェアの増大は累積生産量の増大を意味します。累積生産量の増大は経験曲線が示すように生産コストの低下を意味します。つまり、価格を一定とした場合、市場シェアが大きければ、それだけ資金流入量が大きくなります。

PPMでは以上の知見を前提とすることで、各SBUを資金の出入りから評価し、さらに定石となる資金配分について考えることができます。

4.2.3 PPMのマトリックス

BCGが提唱したPPMのマトリックスは、**図表10－2**のとおりです。

図表10-2 ▶▶▶ PPMマトリックス

市場成長率	高	花　形 (stars)	問題児 (problem children)
	低	金のなる木 (cash cows)	負け犬 (dogs)

　　　　　　　　　　　　　　　1.0
　　　　　　　　　　　　　相対市場シェア

出所：Henderson［1979］，p.165をもとに筆者作成。

　BCGのマトリックスでは，縦軸が市場成長率，横軸が自社事業の相対市場シェアとなります。ここで自社事業の相対市場シェアとは，市場シェア首位の企業のシェアに対する自社の市場シェアの割合（自社のシェアが首位の場合は2位の企業のシェアに対する割合）で導かれる数値です。

　例えば，ある企業（A社）の市場シェアが20％で業界2位，業界トップの企業のシェアが40％の場合，A社の相対市場シェアは20 ÷ 40 = 0.5となります。また，A社が業界首位で2位の企業のシェアが10％の場合，A社の相対市場シェアは20 ÷ 10 = 2となります。つまり，市場シェアは変わらなくても，首位の企業（首位の場合は2位の企業）の市場シェアによって相対市場シェアは変化します。特に，相対市場シェアが1.0を超えるか否かは，自社が市場シェア首位であるかどうかの分岐点となります。

　PPMを描く際には，**図表10-2**に示される4つのセルに，SBUを売上規模に応じた円でプロットします。その上で，各SBUが置かれた場所によって特徴が分析されます。4つのセルは特徴に合わせて名前がついています。

①金のなる木（cash cows）

　ここには，ライフサイクルの成熟期の後半から衰退期に入っているため市場成長率は低いものの，相対市場シェアは高いSBUがプロットされます。このセルのSBUは市場成長率が低いためあまり資金を必要としませんが，相対市場シェアは高く多額の資金が流入します。そのため，この部門からは，自部門への再投資額を大きく超える資金が生み出されます。

②花形（stars）

　ここにプロットされる SBU は，市場成長率はまだ高いため，シェア維持に相当の投資額を必要としますが，相対市場シェアも高いため資金流入量も大きくなります。そのため，花形部門から生み出される資金の差し引きは，通常少額のプラスもしくはマイナスとなります。しかし，この部門は，ライフサイクルが進み市場成長率が低下すると，金のなる木に移行するため，企業にとって重要な資金源の候補となります。

③問題児（problem children）

　このセルにプロットされる SBU は，ライフサイクルの導入期から成長期前半にあたるため，シェアの維持や拡大には多くの投資額を必要としますが，相対市場シェアが低く資金流入量は少額です。そのため，問題児部門は，自部門で消費する資金を賄いきれません。しかし，この部門は育成の仕方次第では大きく成長し，その後花形や金のなる木へと転換する可能性を持つ部門でもあります。

④負け犬（dogs）

　このセルにプロットされる SBU は，ライフサイクルの成熟期後半から衰退期にある成長率の低い市場で，トップのシェアを獲得できていない部門になります。負け犬に属する部門は相対市場シェアが低いため流入資金は多くありません。しかし，市場が成熟しているため，シェアを維持するだけであれば多くの投資を必要としない部門となります。

4.3　PPM が与える指針

　PPM のマトリックスの利用で，どのような資金配分指針が与えられるでしょうか。PPM は全社的な成長を目指すための枠組みであることを考えれば，各セルの特徴を踏まえて，SBU 間で行われる資金配分の調整について示される指針が最も重要なものとなるでしょう。

　結論からいえば，PPM が示す重要な指針は「将来的に花形や金のなる木となるような部門の育成」だといえます。企業は金のなる木となる部門を持

つことで，資金的な余剰が生まれます。また花形部門は，成長を支えるだけでなく，ライフサイクルが進むことで金のなる木部門にもなります。このような，将来的な花形部門をいかに育成するかが企業の長期的な成長において重要となってきます。

　この花形部門を育成するための方法は，問題児部門への投資で花形部門を育成するという方法です。問題児部門は，成長率が高いものの市場シェアは首位ではありません。そのため，問題児部門の市場シェアを拡大するために投資を行い，花形部門を育成します。この花形部門育成のための投資は，金のなる木部門で生じた余剰資金を用いて行われます。問題児部門が花形になれば，花形部門は時間の経過で金のなる木部門に移行します。そうなれば，この新しい金のなる木部門での余剰資金を，新しい問題児部門へ投資し，新たな花形部門の育成ができます。「金のなる木部門で獲得した余剰資金を問題児部門に投資し，将来の花形部門を育成する」ことが，PPMが示す資金配分を通じた長期的な成長の指針です。

　次に，セルごとの指針を確認します。まず，問題児部門で行うべきなのは，投資対象となるSBUの絞り込みです。問題児部門は，花形への成長可能性はありますが，すべての問題児部門が投資によって収益を得られるとは限らないため，シェアを拡大する部門と撤退させるべき部門を選別することになります。

　金のなる木部門への指針は，できるだけ多くの資金創出です。この部門は全社的な資金の供給源であるため，投資は現在の地位の維持に最低限必要な程度に抑え，売上よりも利益の拡大を重視する必要があります。

　花形部門への指針は，将来，金のなる木部門になることを目指した，現在のシェアの維持です。花形部門では，他社がシェア拡大の施策を講じてくる可能性があります。そのため研究開発やマーケティングなど，シェア維持のための投資に相当額を費やす必要があります。

　負け犬部門への指針は，撤退か資金の創出です。この部門は魅力の乏しい領域に位置しているため，新たな投資は行わず，現在利益が出ていなければ撤退し，利益が出ていれば問題児部門への投資に回します。

4.4　PPMの注意点と限界点

　ここまでみてきたPPMの枠組みは，現在の赤字部門の一部に対し，将来性のある「健全な赤字部門」という積極的な意味づけを与えた点で，事業の評価に対して有意義な視点を指摘しています。

　一方で，PPMを活用にはいくつかの注意が必要となります。まず，SBUの区分方法です。SBUには区分する明確な基準がないため，区分の仕方で結果が変わる可能性があります。また，市場成長率や市場シェアの測定方法について，市場の範囲の取り方や成長率やシェアの測り方次第で結果が変わる可能性も十分にあります。PPMの結果はこのような区分方法や測定方法に左右されやすいため，個々の分析者で吟味する必要があります。

Column　他社を通じた新領域への参入

　多角化や国際化など，新領域への進出を行う場合，進出方法の決定も重要な戦略的課題となります。以下では，他社を通じた新領域への参入方法の長所と短所について考えていきます。

　まず，M&A（mergers and acquisitions）の長所は他社が持つ経営資源や能力を獲得できるため，参入や進出を素早く実行できることにあります。一方で，M&Aの問題点は，特に実施後の調整の難しさです。企業間の思考・行動様式の差異はM&A後も簡単に埋らないため，調整に多大な注意を払う必要があります。

　次に，提携は，業務提携，資本提携，ジョイント・ベンチャーに大別できます。提携は，複数の企業が資源を出し合い，協働して活動することですが，通常の場合，ライセンシングなどで技術などのやりとりを行う場合は業務提携と呼び，資本関係のある提携を資本提携と呼びます。また，ジョイント・ベンチャーは，参加する企業の共同出資によって新たに作られる企業を意味します。提携の長所は，M&Aと同様に相手企業が蓄積した資源や能力を，組織の統合なしで利用できる点です。そのために，新領域への進出を素早く実行できます。さらに，提携を通じて相手企業の持つすぐれた資源や能力を学習する可能性も生まれます。一方で，提携の短所は，相手企業のコントロールが難しいことです。また，相手企業に自社独自の知識に関する情報が漏れる可能性もあります。

　進出を検討する際には，それぞれの方法の特徴を理解したうえで，自社が置かれている状況に対する最も良い方法を選択する必要があります。

以上の注意点に加えて，PPMには固有の限界点もあります。まず，PPMは金銭的資源の配分問題のみに注目しており，他の経営資源の分析を行うことはできません。また，PPMは既存事業への資金配分を考察の対象とするため，新規事業の開発や事業機会の探索などを目的とした活用には不向きです。

　さらに，PPMは製品ライフサイクルや経験曲線を前提としています。そのため，市場の脱成熟化のようなライフサイクルを逸脱する現象や，経験曲線の効果がほとんど表れない業界の存在などは，分析の際に考慮に入れることができません。

　PPMはこのような注意点や限界点を持っていますが，どのような分析手法にも，できることとできないことが必ずあります。そのため，分析手法を利用する際には，何ができて何ができないのか，また，どのような前提のもとで分析が可能となっているのかに関する理解は必要不可欠です。

Working　　　　　　　　　　　　　　　　　　　　　調べてみよう

1. 企業の戦略は，一般的に中期経営計画などを通じて利害関係者に伝えられます。中期経営計画としてどのようなことが述べられているのか，企業のホームページなどから調べてみましょう。
2. 企業を1社選び，その事業ドメインを，顧客層，顧客機能，技術の3点から考えてみましょう。

Discussion　　　　　　　　　　　　　　　　　　　　　議論しよう

1. 企業を1社選び，その企業が多角化をするとすれば，①どのようなシナジーもしくは範囲の経済を活かし，②どのような事業（製品－市場）領域へ進出する可能性があるか，考えてみましょう。
2. 企業を1社選び，その企業のプロダクト・ポートフォリオを作成して下さい（分析は事業部単位で行っても構いません）。また，作成されたマトリックスから，その企業の成長のシナリオを考えてみましょう。

▶▶▶さらに学びたい人のために

- 網倉久永・新宅純二郎［2011］『経営戦略入門』日本経済新聞出版社。
- 経営史学会監修，庭本佳和編著［2013］『アンソフ（経営学史叢書IX）』文眞堂。
- Barney, J. B. [2002] *Gaining and Sustaining Competitive Advantage*, Second Edition, Englewood Cliffs, N. J.: Prentice-Hall.（岡田正大訳［2003］『企業戦略論（下）全社戦略編—競争優位の構築と持続』ダイヤモンド社）

参考文献

- 吉原英樹・佐久間昭光・伊丹敬之・加護野忠男［1981］『日本企業の多角化戦略—経営資源アプローチ』日本経済新聞社。
- Ansoff, H. I. [1965] *Corporate Strategy*, New York: McGraw-Hill.（広田寿亮訳［1977］『企業戦略論』産業能率大学出版部）
- Chandler, A. D., Jr. [1962] *Strategy and Structure: Chapters in the History of the Industrial Enterprise*, Cambridge, Mass.: M. I. T. Press（三菱経済研究所訳［1967］『経営戦略と組織』実業之日本社；有賀裕子訳［2004］『組織は戦略に従う』ダイヤモンド社）
- Henderson, B. D. [1979] *Henderson on Corporate Strategy*, Cambridge, Mass.: Abt Books.（土岐坤訳［1981］『経営戦略の核心』ダイヤモンド社）
- Hofer, C. W. & D. Schendel [1978] *Strategy Formulation: Analytical Concepts*, St. Paul: West Publishing Company.（奥村昭博・榊原清則・野中郁次郎訳［1981］『戦略策定』千倉書房）

第11章 競争戦略のマネジメント

Learning Points

▶企業によって獲得する収益は大きく異なっていますが,なぜ,獲得する収益に差が生じるのでしょうか。

▶企業はどのようにして他社よりも多くの収益を獲得することができるのでしょうか。

Key Words

競争優位　業界構造分析　コンピタンス　ケイパビリティ　基本戦略

1 競争優位とは何か

1.1 競争戦略論の成り立ち

本章では,**競争戦略**(competitive strategy)と呼ばれる戦略のマネジメントについて考えていきます。競争戦略は**事業戦略**(business strategy)とも呼ばれます。この戦略は各事業がどのように競合他社と競争していくべきかに関する指針です。

現代の経営戦略論では競争戦略に関する議論が盛んに行われています。競争戦略に関する議論が求められてきたのは,企業戦略の発展が影響しています。経営戦略論が誕生したのは1960年代ですが,アンゾフなどパイオニアたちの努力もあり,アメリカ企業などでは,共通目標を設定し,その目標達成に向けた戦略を策定することが企業の好業績につながるという考え方が定着していきました。

このように,制度化された経営戦略策定への関心が高まると,経営戦略を

より精緻化させるために以下のような問いが重視されるようになってきました。

- 自社の業界，または参入予定の業界における競争の要因は何か
- 競争相手はどのようなアクションをとってくるか
- 競争相手のアクションに対するベストな対応策は何か
- 自社がいる業界は今後どのように動くのか
- どうすれば，長期的にベストな競争上の地位を確保できるか

これらの問いは，以前から経営者にとっての関心事でしたが，当時の戦略策定に関する議論では，これらの問いに答える議論は行われていませんでした。そこで，ポーター（Porter, M. E.）をはじめとした研究者が，上記の問いに対する体系的な検討を始め，それが競争戦略論と呼ばれる新たな学問分野の確立へとつながっていきました。

競争戦略論の内容をひと言でいえば，「競争優位の実現とその維持について考えていくこと」だといえます。この中で，**競争優位**（competitive advantage）という言葉が出てきますが，この言葉は競争戦略論で最も重要な概念の1つです。そこで，競争戦略に関する基本的な考え方に進む前に，この「競争優位」という概念とは何かについて考えてきましょう。

1.2 競争優位とその実現

競争優位とは，「他社との競争を有利に進め，標準を上回る経済的な利益を得ること」だといえます。したがって，これを上の競争戦略論の内容に関する文に当てはめると「どうすれば，企業が他社との競争を有利に進め，標準を上回る経済的な利益を獲得し，維持することができるのか」について考えることとなります。

競争戦略論では，**競争優位の源泉**と呼ばれる，競争優位実現のためのカギとなる要因の探求が盛んに行われてきました。以下では，競争優位の源泉の捉え方に関する基本的な考え方についてみていきます。

2 ポジショニング・アプローチ

2.1 ポジショニング・アプローチの考え方

まず考えていくのは，競争優位の源泉を企業の外部環境に求める考え方です。これは企業の競争優位が，産業の構造と産業内における自社のポジショニングによって決まるとする考え方で，この立場を**ポジショニング・アプローチ**と呼びます。では，なぜポジショニング・アプローチは競争優位の源泉を探る際に外部環境に注目したのでしょうか。このアプローチの着眼点は

図表11－1 ▶▶▶ 売上高経常利益率の推移（2009年～2013年）

(％)

	2009年	2010年	2011年	2012年	2013年
全産業	2.3	3.2	3.3	3.5	4.2
製造業	2.4	3.9	3.7	4.1	5.5
食料品	3.5	3.1	3.4	3.0	3.6
化学	7.0	7.9	8.9	8.4	8.9
石油・石炭	0.2	2.1	2.7	0.7	1.2
鉄鋼	-0.6	2.9	1.7	0.8	4.1
金属製品	1.5	3.0	3.2	3.6	4.2
汎用機械	2.0	4.0	4.7	5.8	6.5
生産用機械	-0.1	3.9	5.3	4.2	6.5
業務用機械	4.8	6.2	6.8	6.2	8.7
電気機械	1.7	4.3	3.7	3.2	4.6
情報通信機械	-0.5	2.7	1.0	1.9	4.1
輸送用機械	2.1	3.4	2.9	5.4	8.4
非製造業	2.3	2.8	3.1	3.3	3.7
建設業	1.3	1.6	1.6	2.4	2.8
卸売業・小売業	1.2	1.5	2.0	2.0	2.2
不動産業	7.5	9.1	9.3	9.5	10.9
物品賃貸業	3.4	5.6	6.9	6.2	6.8
情報通信業	6.9	7.5	7.7	8.5	7.5
運輸業・郵便業	2.2	3.4	3.4	3.9	4.4
電気業	4.4	5.4	-6.0	-6.7	-1.0
サービス業	2.9	3.6	4.7	4.9	5.8

注：全産業および非製造業には金融業，保険業は含まれていない。
出所：財務総合政策研究所「法人企業統計調査（平成25年度）」4頁をもとに筆者作成。

図表11-1から知ることができます。

この図表は，財務省が公表している「法人企業統計調査」で取り上げられた19業種における，業界平均の売上高経常利益率の推移です。図表の濃い網掛けは利益率の高い業種を，薄い網掛けは利益率の低い業種を示しています（各3業種）。この図表をみてわかることは，売上高経常利益率の高い業種は継続して高く，低い業種は継続して低くなっていることです。

例えば，化学業や不動産業，情報通信業は一貫して高い利益率を維持している一方で，石油・石炭業や，建設業，卸売業・小売業は高くても2％前後の利益率で推移しています。ここからわかることは，業界間で平均の利益率に差があるということ，さらにいえば，企業がどの業界で活動しているのかによって，その企業の利益率はある程度決まってくるということでした。

この利益率の業界間格差に着目し，収益性が高くなる魅力的な業界の条件を明らかにしようとしたのがポーターでした。

2.2 業界構造分析

ポーターは，経済学の一分野である産業組織論を応用することで，収益性の高い業界を明らかにするための分析手法を提唱しました。それが業界構造分析です。業界構造分析で判別されるのは，分析対象となる業界における競争の程度です。一般的に，競争が激しい業界であればあるほど，製品・サービスの価格は低下し，費用は増大するため，利益の低い，内部の企業にとっては魅力度の低い業界となります。逆に，競争があまりない業界は独占に近づくため，企業にとってはより高い利益をあげることのできる，魅力的な業界となります。また，この分析では，競争の程度の判別と同時に，対象業界における競争上の特徴の識別も行われます。

ポーターは，図表11-2にあるように，業界の競争の程度に影響を及ぼす要因（競争要因）として，①**既存業者間の敵対度**，②**新規参入の脅威**，③**供給業者（売り手）の交渉力**，④**買い手の交渉力**，⑤**代替品・サービスの脅威**という以下の5つの要因を想定しました。

図表11－2 ▶▶▶ 5つの競争要因

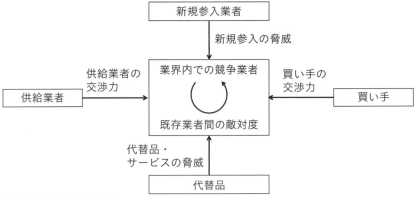

出所：Porter [1980]，邦訳18頁。

①**既存業者間の敵対度**：業界内における競争の激しさ

業界内の競争が激しさには多くの要因が影響を与えます。例えば，成長率が高い業界では各企業はシェアを奪い合う必要はありません。他社のシェアに目が行くようになるのは，成長率がある程度低下し，業界が拡大しなくなってからです。

また，**撤退障壁**の高さも競争の激しさに影響を与えます。撤退障壁とは撤退のしにくさです。その業界でのみ活用可能な大規模設備投資が必要な業界では，撤退することのリスクが大きく，撤退障壁が高くなります。そうなれば，企業は必死で業界内に残ろうとするため，競争は激しくなります。

②**新規参入の脅威**：業界に新しい企業が参入することでもたらされる脅威

新規参入の脅威の程度を決めるのは，その業界への参入の難しさです。これを**参入障壁**と呼びます。魅力的で参入障壁が低い業界へは多くの企業が参入するため競争が激化し，その業界の収益性は下がります。しかし，法規制などで参入制限がある業界や，規模の経済や経験効果が大きな効果を生む業界では参入障壁が高くなります。さらに，①で触れた参入の際に大規模な投資が必要となる業界も参入障壁の高い業界です。

③**供給業者（売り手）の交渉力**，④**買い手の交渉力**：供給業者や顧客が企業に対して持っている価格交渉力

供給業者や顧客との価格交渉力は，自社との相対的なパワー関係によって決まってきます。例えば，小さなメーカーに対する大型家電量販店や大規模な供給業者との場合のように，供給業者や顧客の規模が相対的に大きい場合は，供給業者や顧客の価格交渉力が強くなります。

⑤**代替品・サービスの脅威**：企業が提供する製品・サービスが，同じ機能を提供する他の業界の製品・サービスに取って替わられる危険性

前章でみたアメリカの鉄道企業に対する，自動車，トラックや航空機，また，記録媒体としてのカセットテープやビデオテープに対するCDやDVDなど，代替品の存在はその業界にとって大きな脅威となります。何が脅威を与える代替品となりうるかを特定することは難しいですが，製品やサービスが果たす機能への注目で分析することができます。

ここまで挙げた5つの競争要因からの影響が大きいほど，その業界は競争が激しく収益性が低いため，企業にとっては魅力的ではない業界となります。分析者は分析対象となる業界が競争要因からの影響をどの程度受けているかを総合的にみて，業界の魅力度を判断します。

業界構造分析では，魅力度の判断と同時に，業界の構造的特徴の把握も行われます。例えば，規制産業のように，法律のため参入障壁が極めて高い業界や，家庭用電気機器業界のように，家電量販店の統合が進み，売り手の交渉力が高くなっている業界などを業界の構造的特徴として考えることができるでしょう。これら，各要因が持つ業界への影響の強度の違いをみることで，その業界の構造的特徴を知ることができます。

3 経営資源アプローチ

3.1 経営資源アプローチの考え方

外部環境からの競争圧力に対処できるポジションの確保で競争優位が実現

されると考えたポジショニング・アプローチに対し，企業の内部，つまり企業の保有する経営資源に注目し，競争優位の実現を考える考え方も登場してきました。この考え方では，企業が競争優位を実現できるのは，他社が持っていない卓越した経営資源や能力を保有しているからだと考えます。このように，社内の能力や資源に注目することで競争優位の実現にアプローチした考え方を，**経営資源アプローチ**と呼びます。以下では，競争優位の源泉となる経営資源の識別，ならびに経営資源の活用について考えていきます。

3.2 経営資源と競争優位

まず考えるのは，競争優位の源泉となりうる経営資源とはどのような資源かということです。競争優位の実現を可能とするのは他社が保有していない卓越した資源ですが，より具体的な経営資源の条件を示したのが経営資源アプローチの代表的な研究者であるバーニー（Barney, J. B.）です。彼は，経営資源が企業にとって強みとなっているのかを判断する枠組みを提唱しました。

この経営資源の判断枠組みは，企業ごとの**経営資源の異質性**（resource heterogeneity），ならびに**経営資源の固着性**（resource immobility）を前提としています。まず，経営資源の異質性は，文字通り企業ごとに経営資源は異なっていることを意味しています。また，経営資源の固着性とは，経営資源の中には，複製コストが非常に大きいもののように，移転が困難なものがあることを意味しています。バーニーは，これらの前提を踏まえて，**VRIOフレームワーク**と呼ばれる分析枠組みを構築しました。

彼が示したのは，企業の経営資源を以下の4つの側面から評価し，その経営資源が企業にとって強みとなっているのか否かを判断する枠組みです。各項目の内容は以下のようになります。

①経済価値（value）

「企業の保有する経営資源が，外部環境の脅威や機会への適応を可能にしているか」について検討します。ここでは，経営資源が外部環境における脅

威の無力化や機会の捕捉を可能にするかといったことが問題となります。

②稀少性（rarity）

「その価値ある経営資源を現在保有している企業がどれくらい少数か」について検討します。

③模倣困難性（inimitability）

「現在その価値ある経営資源を保有していない企業は，複製や代替によるその資源の獲得がどれほど難しいか」について検討します。ここで，他社による模倣は，資源そのものを複製しようとする「直接的模倣」と，他の資源による代替を通じた「間接的模倣」の２つの方法が考えられます。経営資源の模倣困難性については，両方の可能性を検討する必要があります。

④組織（organization）

「企業が保有する，価値があり稀少で模倣コストの大きな経営資源を活用するために，組織的な方針や手続きが整っているか」を検討します。

この分析枠組みでは，経営資源を①から④の各側面について順番に検討していきます。そのため，各項目の検討結果と経営資源がもたらす企業の強み・弱みの関係は図表11－3のようになります。

3.3　資源の活用と組織能力

経営資源と企業の競争優位に関する議論が進むにつれて，競争優位を実現

図表11－3 ▶▶▶ VRIO フレームワークと企業の強み・弱みとの関係

その経営資源は

価値があるか	稀少か	模倣コストが大きいか	組織体制は適切か	強みか，弱みか
No	–	–	No	弱み
Yes	No	–	↑	強み
Yes	Yes	No	↕	強みであり，固有のコンピタンス
Yes	Yes	Yes	Yes	強みであり，持続可能な固有のコンピタンス

出所：Barney [2002]，邦訳272頁。

するには，異質な資源の保有だけではなく，経営資源の持つ力をうまく活用する組織的な能力が注目されるようになってきました。その中で，プラハラード＝ハメル（Prahalad, C. K. & G. Hamel）は，1980年代のアメリカ市場におけるアメリカ大企業と日本企業との比較分析を通じて，企業の競争優位の源泉として**コア・コンピタンス**という概念を提示しました。

1980年代は，それまで隆盛を誇っていたアメリカ企業が凋落し，それに対して日本企業が台頭してきた時代でした。彼らは，アメリカ企業は，資金力，ブランド力，技術力といった経営資源の面で日本企業よりも優れていたと考えていました。にもかかわらずアメリカ企業が低迷し，日本企業が急成長した要因として，日本企業では保有する経営資源の力が発揮できるよう，資源が巧みに組み合わせられていると指摘しました。この経営資源や能力の組み合わせをコア・コンピタンスと呼びました。

例えば，彼らは，複合機やレーザー・プリンター，カメラ，スキャナといった多様な事業領域で業績をあげているキヤノンには，精密光学と精密機械，マイクロ・エレクトロニクスに関するコア・コンピタンスがあると考えました。そのうえで，当時の日本企業は，自社のコア・コンピタンスを，事業領域を越えて全社的に活用していた一方で，アメリカ企業では，コア・コンピタンスを作り上げる機会があったにもかかわらず，アウトソーシングや事業の売却によってその機会を放棄してきたと指摘します。

コア・コンピタンスに関する研究を皮切りに，経営資源アプローチの議論は，卓越した資源の保有から，**コンピタンス**や**ケイパビリティ**と呼ばれる，経営資源や能力をうまく活用する方法の研究へと移っていきました。コンピタンスやケイパビリティは上記のような技術力に関するものだけを意味するのではなく，業務プロセスや事業の仕組みのようなものも含まれます。そのため，これらをひとまとめにして，**組織能力**とも呼ばれています。

その後，環境の変化により，それまで企業の強みになっていた組織能力が一転して企業の弱み，さらには新たな組織能力の開発の妨げとなりうることが指摘されます（**コア・リジディティ**）。ここでティース（Teece, D. J.）らによって提示されたのが，**ダイナミック・ケイパビリティ**と呼ばれる組織

能力です。この組織能力は環境の変化を知覚し，その変化した環境で競争力を発揮できるよう，自社の資源の組み合わせを再編成する能力を意味します。より具体的に，ダイナミック・ケイパビリティには，①機会や脅威を感知する能力（sensing），②機会を生かす能力（seizing），③企業の有形，無形の資産を向上させ，結合し，必要時には再構成することで競争力を維持する能力（reconfiguring）が含まれます。

Column 事業システム―アスクルの事例

　組織能力には，事業の仕組みなども含まれますが，それは自社内で完結したものではなく，通常は原材料から市場へ至る過程で複数の企業を横断する形で編成されています。この企業横断的に編成された協働の仕組みを**事業システム**と呼びます。事業システムをうまく構築することができれば，競合他社は容易に模倣できず，獲得した競争優位を長期間持続させることができます。事業システムを構築する際には，①自社が担当する領域の決定，②社内外のさまざまな取引相手との関係構築に関する決定，さらには，企業横断的な活動をシステムとして機能させるために，③企業間で行われている活動の調整や整合化を行う必要があります。

　例えば，文房具メーカーであるプラスの社内ベンチャーとして1993年に出発したアスクルは，文房具の通信販売事業として大きな成長を遂げました。当時の文具業界はコクヨが強力なリーダーとして小売店や卸など文房具の流通網を握っていました。これに対してアスクルは，当時営業上の空白となっていた，従業員30人以下の中小規模の事業所向けに，カタログを通じてプラスの商品を売る通信販売を開始します。

　アスクルに特徴的なのは，全国に点在する事業所に文房具を配送する仕組みでした。アスクルは，既存の文具小売店との両立を図るために，一般文具小売店を「エージェント」として，顧客開拓，与信管理，登録，代金回収を委託し，自社では発注やクレーム処理等を行うという分業体制を作りました。これにより，各事業所に対して最寄りの小売店から配送を行うことで，社名である「アスクル（明日来る）」のとおり，全国どこへでも翌日配送を可能にしました。急速に成長したアスクルは1997年に独立し，2013年度には2,534億円を売り上げる企業へと大きく成長しています。

4 競争優位のタイプ

4.1 基本戦略

ここまでは，競争優位の源泉をどのように考えるのかに関する議論についてみてきました。以下では，実現される競争優位のタイプについて考えていきます。競争優位とは「業界の標準を上回る利益を得ること」を意味しますが，この標準を上回る利益のあげ方には，定型的な論理が考えられます。この実現される競争優位のタイプとその基本的な実現方法を，ポーターは**基本戦略**という形でまとめました（図表11－4）。

まず，**コスト・リーダーシップ戦略**は，他社に比べて低いコストを実現することによって，競争優位の確立を目指す戦略です。この戦略は業界全体をターゲットとし，場合によっては関連業界に向けても行われることがあります。低コストを実現できると，たとえ競合他社が利益を度外視した低価格を設定してきたとしても，自社は利益を上げることができます。

次に，**差別化戦略**は，自社が業界の中でも特異な存在だと顧客に認めてもらえるような価値を提供することを通じて，競争優位の確立を目指す戦略で

図表11－4 ▶▶▶基本戦略

		戦略の優位性	
		顧客から認められる特異性	低コストポジション
戦略ターゲット	業界全体	差別化	コスト・リーダーシップ
	特定のセグメント	集	中

出所：Porter [1980]，邦訳61頁。

す。差別化戦略は，仮にコストが同じだとしても，顧客の**支払意思額**（Willingness to Pay：WTP），つまり，顧客が製品・サービスに対して支払ってもいいと考えている金額の上限を，他社よりも高くすることによって，より多くの利益の獲得を目指す戦略です。

最後にあげる**集中戦略**は，特定の製品カテゴリーや年齢層，地域といったセグメントを業界内で1つまたは少数選択し，そこへ企業の資源を集中させる戦略です。集中戦略では，特定のセグメントをターゲットとしますが，そこで実現が目指される競争優位のタイプは，コスト優位か差別化優位のいずれかになるため，集中戦略は，コスト優位を追求する**コスト集中**と，差別化優位を追求する**差別化集中**に分けられます。

これらの基本戦略は，実現するための方法がそれぞれ異なります。そのため，仮にこれらの戦略のどれか2つを同時に追求しようとした場合，その企業の競争戦略はどっちつかずとなってしまい，最終的な競争優位は1つの戦略を追求した場合に比べて劣ってしまう恐れがあります。このような状況をポーターは**スタック・イン・ザ・ミドル**と呼び，同時に複数の基本戦略を追求すべきではないと述べています。

4.2　コスト優位

ここからは，コスト優位と差別化優位という競争優位のタイプの実現方法や，それぞれの優位性を追求する際の留意点について考えていきます。

コスト優位とは，他社に比べて低いコストを実現することを意味します。コスト優位のポイントは，いかにコストを削減するかにあります。コスト削減を実現するための主要な方法としては，①「規模の経済（economies of scale）」，②「範囲の経済」，③「経験効果」のいずれかもしくはすべてを生かすことが考えられます。範囲の経済と経験効果については，第10章ですでに触れたので，ここでは規模の経済についてみていきます。

規模の経済とは，ある製品の生産や販売の規模を拡大することで，生産や販売に関わる平均費用が低減することを意味します。平均費用の低減は，い

くつかの要因によって発生します。

まず，考えられるのは，固定費の分散効果です。これは，生産・販売の規模が大きくなることで固定費の負担が相対的に低下することを意味しています。固定費は規模にかかわらず一定額が必要となるので，工場のような生産設備であれば，稼働率を上げ生産・販売量を増やすことで，固定費を分散することができます。生産設備への投資だけではなく，研究開発費や広告宣伝費も規模にかかわらず必要となるため，同様の効果が生まれます。

次に考えられるのは，生産性の向上です。生産・販売規模が拡大することで，組織の分業が進み，分業された各部門において専門化が進みます。そうなれば，各部門において熟練が形成され，生産・販売コストの低下が期待できます。また，規模が拡大することで，より大型の生産設備や物流施設への投資が可能となります。規模が小さな企業では導入できない大規模設備の導入により，生産性の向上を図ることも可能となります。

さらに，生産規模の拡大により，供給業者に対する価格交渉力の増大も発生します。生産・販売規模が拡大し，部品の仕入れ量が増加すると，大量購買によって仕入れ先の供給業者に対する価格交渉力が増大します。そうなると，自社の生産規模の拡大に比べて原材料費の増大分が小さくなる効果が期待できます。このように，コスト優位は「競合他社よりも低いコストの実現」を最優先課題としますが，製品・サービスの質を度外視するわけでないことは留意しておく必要があります。

4.3 差別化優位

差別化優位では，顧客が価値を認めると思われる特性に着目し，それを自社だけが実現していることを示す必要があります。顧客から価値を認められれば，相対的に高価格でも自社の製品は購買の対象となります。

差別化優位を実現するために重要なのは，いかにして顧客から自社の違いとその価値を認識してもらうかです。差別化を実現するためには，何らかのポイントにおいて他社と違いを出す必要があります。具体的な差別化項目と

しては，製品のデザインや製品特性，ブランド・イメージ，技術，アフターサービス，流通チャネルなどでの差別化があります。

例えば，花王が2003年に発売したヘルシア緑茶は，高濃度の茶カテキンを豊富に含み，緑茶飲料で初めてとなる「特定保健用食品」の指定を受けました。この点で，ヘルシア緑茶は製品特性の面での差別化を行った製品でしたが，花王はこれに加えて，ヘルシア緑茶の流通チャネルの面での差別化も試みました。同社は，ヘルシア緑茶をコンビニエンス・ストア限定で販売を開始しました。流通チャネルをコンビニエンス・ストアに限定したことで，コンビニエンス・ストアからの支援を受けて，店内の目立つスペースに陳列され，主なターゲットとなるビジネスマンが日常的に手に取ることのできるスペースを確保することとなりました。このように，複数項目での差別化が実現できれば，より強固な差別化優位を築くことができます。

Column　業界標準と競争の動態

　企業間の競争関係は，業界の状況によっても大きく変わります。その代表例が，業界標準をめぐる競争です。このタイプの競争には，家庭用VTRに関するVHS方式とベータ方式や，近年では第3世代光ディスクの規格でのブルーレイとHD DVDの競争などがあります。

　業界標準をめぐる競争では，業界標準が確立される前後で競争の様態が大きく異なります。業界標準が確立される前段階で行われる競争は，標準を争う規格間の競争です。例えば，第3世代光ディスク規格の競争では，東芝とNECがHD DVD規格を採用したのに対し，ソニー，パナソニック，日立製作所，フィリップスといった企業はブルーレイ規格を採用しました。この競争は，補完材にあたるハリウッドの映画企業も巻き込み，映画企業も両陣営に分かれて展開されました。ここで，同じ陣営の企業は競争相手よりもむしろ自社が採用する規格を普及させる協力者となります。

　ところが，業界標準が確立されると競争は変化します。業界標準確立後の競争は同じ規格を採用している企業間の競争となります。上記の場合でも，ブルーレイが**デ・ファクト・スタンダード**（de facto standard：**事実上の標準**）として成立すると，それまで協力者の関係であった各社は一転して競争相手となるのです。そのため，企業としては，自社の採用規格が業界標準を得ることをまず目指さなければなりませんが，同時に業界標準確立後の競争をうまく進めるための方針も考えていく必要があります。

| Working | 調べてみよう |

1. 業界を1つ選び，その業界における市場シェア上位5社の，売上高経常利益率を調べてみましょう。その業界は魅力的な業界でしょうか。その業界の業界構造分析を行ってみましょう。
2. **Column**で紹介したアスクルは，文房具の通信販売業という業種のパイオニアとなりましたが，その後，この業種に参入した企業とのその戦略について調べてみましょう。

| Discussion | 議論しよう |

1. 最近ヒットしている製品・サービスを考え，それがどのタイプの競争優位を実現しているかを考えてみましょう。その製品・サービスが差別化優位を実現している場合は，どの特性での差別化を実現しているかを考えましょう。
2. Working の 2. で調べた文房具の通信販売業での競争は，今後どのように変化していくか話し合ってみましょう。

▶▶▶ さらに学びたい人のために

- 内田和成編著［2015］『ゲーム・チェンジャーの競争戦略──ルール，相手，土俵を変える』日本経済新聞出版社。
- 加藤俊彦・青島矢一［2014］『競争戦略論』日本経済新聞出版社。

参考文献

- 加護野忠男［1999］『競争優位のシステム──事業戦略の静かな革命』PHP 研究所。
- Barney, J. B. [2002] *Gaining and Sustaining Competitive Advantage*, Second Edition. Englewood Cliffs, N. J.: Prentice-Hall.（岡田正大訳［2003］『企業戦略論──競争優位の構築と持続（上）』ダイヤモンド社）
- Porter, M. E. [1980] *Competitive Strategy: Techniques for Analyzing Industries And Competitors*, New York: The Free Press.（土岐坤・中辻萬治・服部照夫訳［1995］『新訂 競争戦略』ダイヤモンド社）
- Prahalad, C. K. & G. Hamel [1990] "The Core Competence of the Corporation," *Harvard Business Review*, 68(3), pp. 79-91.
- Teece, D. J., G. Pisano & A. Shuen [1997] "Dynamic Capabilities and Strategic Management," *Strategic Management Journal*, 18(7), pp. 509-533.

第12章 イノベーションのマネジメント

Learning Points
- ▶イノベーションとはそもそも何でしょうか。イノベーションはどうやって起こるのでしょうか。
- ▶何がヒントになってイノベーションは起きるのでしょうか。

Key Words

マクロ・イノベーションとミクロ・イノベーション　イノベーションの源泉
ビジネスモデル　コア・テクノロジー

1　イノベーションとは何か

1.1　イノベーションの定義

　イノベーションを理解することは，われわれの生活のなかで，新製品やサービスがどのようにして作り出されたかを理解することにつながります。イノベーションは，製品だけでなく，製造過程においても考えられ，それまでと異なった方法や組み合わせで物を作ることもイノベーションと呼ばれます。発明や発見，さらには改良，改善もイノベーションの1つとして捉えることができますが，変化や異質さの程度，達成の難しさなどから単純な改善はイノベーションとはいわないことがあります。

　イノベーションは技術革新と直訳されますが，必ずしも技術を伴う必要はなく，革新の中で，より大きなものをイノベーションということが多くなっています。例えば改善活動もそれが長期にわたって続くとイノベーションになります。日本企業は品質改善活動を続け，その結果，他の国の製品よりも

コストと品質で圧倒的な強さを獲得することができましたが，これなどは改善活動のイノベーションといえるでしょう。自動車，家電などはその成果です。

1.2 シュンペーターとドラッカーのイノベーション論

かつてシュンペーター（Schumpeter, J. A.）は，イノベーションとは，新しい組み合わせ，すなわち，「新結合」であると定義しました。そして，イノベーションのタイプとして，①新しい財貨の生産，②新しい生産方法の導入，③新しい販売先の開拓，④新しい仕入先の獲得，⑤新しい組織の実現（独占の形成やその打破）をあげています。

さらに進んで，多くの場面でさまざまな形のイノベーションが議論されています。その際，革新的なことをしたとしても，その結果が市場で評判を得て，収益に結びつくようにしなければならないという視点が強調されて，議論されています。

またドラッカー（Drucker, P. F.）はイノベーションの発生機会を，「7つのチャンス」として示しています。これは，産業の内部と外部に分けられます。

まず，産業の内部では，①予期せぬことを理解する，②ギャップの認識（現実との認識のギャップ），③ニーズの把握，④競争など産業構造変化が挙げられています。産業の外部では，⑤急激に進む人口の構造変化，⑥ものの見方，認識の変化があげられています。これは，例えばコップの半分の水をまだ半分あるとみるか，もう半分しかないとみるかで，対応策の方向は大きく異なり，その認識を変えることがイノベーションにつながることを意味しています。そして最後に⑦新しい知識の獲得をどのように進め，対応しているかということがあげられています。

例えば，ニーズの把握の例として，IBMの1930年代の計算機の販売の例をあげています。IBMは当初計算機を銀行に売ろうとしましたが，相手にされませんでした。そのとき，ニューヨークの公立図書館が職員の給与管理に計算機を使いたいというので，そこに新たな市場を見つけました。当時で

100台以上売ったとトーマス・ワトソン・シニアはいっています。

のちにコンピュータが開発されたとき，当時の先端企業であったユニバックは，高度な計算を必要とする企業にねらいを定め，給与計算などの簡単な計算処理には適切に対応しませんでした。

それに対してIBMは，それまでの経験から，コンピュータを給与計算にも利用できるように改良するとともに，後には事務計算や事務業務用のさまざまなソフトウェアも開発し，大きな市場を獲得しました。

産業の外部に関しては，例えば，人口問題が大きなテーマとなっています。それも変化は急速に起きています。中国が13億人，インドも10年前は約半分であったものが将来は16億人と世界最大の人口規模になります。アジアの国々は人口だけからみても巨大な市場です。この巨大な市場がイノベーションの発生機会を生み出すのです。

また，日本のロボット産業は，労働者の不足が明らかになってきたときに素早く対応してきました。その結果，日本はロボット先進国になることに成功したのです。このように産業の内部や外部では，常にイノベーションの発生の機会が生まれ続けているのです。

1.3 イノベーションの困難さ

科学から技術が生まれ，それが製品やサービスに結びつくのですが，それは直線的に起きるわけではなく，その途中には多くの関門が控えています。科学的発見から製品開発を目指した技術に展開するには，まず，「**魔の川**（River of Devil）」を超える難しさがあるといわれています。

そして，応用研究（人々に役立つ製品や技術が開発される）が行われ，製品化技術の開発（具体的な製品化に向けて開発が進み製品が完成する）が成功するには克服しなければならないさらに難しい課題が出てきます。これは「**死の谷**（Valley of Death）」といわれ，大半の技術はここで死滅するといわれています。

そしてその次に，製品が完成しても企業が収益のあがる事業として成功す

るにはさらに厳しい対応力が問われてきます。それは「**ダーウィンの海（Darwinian Sea）**」といわれ，この海を乗り切るには突然変異の確率での成功しかないといわれるほどです。

　一時期，世界のTVを制覇したトリニトロン技術を開発した，ソニーの中村末広氏の言葉は，多少オーバーな表現かもしれませんが，まさに，新技術が製品の成功にいたるまでの，苦難のプロセスを典型的に示しています。

　彼が言うには，トリニトロン技術の開発に向けられた努力を「1」とすると，安定したTV製品にするために工場で何遍も作り直し，価格との戦いを乗り越えるのに要した努力は「10」であったそうです。そしてTV事業として成功させるために，競争相手に打ち勝ち，ソニーにとっての大きな収益源に育て上げるまでの努力は「100」であったとしています。

　このように，1つの科学的発見や原理原則が製品として具現化し，事業として成功するまでには途方もない努力が必要なのです。

2　イノベーションの発生

　イノベーションは起きる場所もタイミングもさまざまです。前節で述べたように，その発生の原因やきっかけ（トリガーといいます）は多様な環境や条件のもとで生じています。

2.1　マクロ（ナショナル）・イノベーションとミクロ・イノベーション

　イノベーションは企業内，大学内，研究所，個人等いろいろな場所で起きています。電子機器のイノベーションのように，理科系の開発者の研究室から起きているとは限りません。飲食店やフードサービスなどのサービス産業や流通業においてもイノベーションは起きています。

　例えば現代のコンビニエンス・ストアには多くのイノベーションの成果が生かされています。在庫の管理方法から配達方法，品揃えの方法，商品開発

などで多くのイノベーションが実現されてきました。

　またイノベーションが各国の産業に与えるインパクトの大きさの違いも重要です。**マクロ・イノベーションシステム**，あるいは**ナショナル・イノベーションシステム**ともいわれ，それぞれの国々によって得意とするイノベーションが異なっているという考え方があります。欧州は産業革命後から化学産業が発達してきました。そのもとになったのは，石炭化学で，石炭から多くの化学物質を作り上げてきました。これがその後の石油化学につながっていきました。大手の化学企業，例えば英国のCIC，ドイツのヘキスト，バイエルなどがヨーロッパで生まれているのはこのためです。

　近年アメリカにおけるデジタル革命にどのように国，政府が関わってきたかを分析することで，新たな政府の役割が問われています。マクロ・イノベーションといわれる国や社会のレベルでイノベーションの仕掛けや種が作られていることが重要視されてきているのです。日本でも文部科学省が中心になって科学技術政策が立案されています。政府がどのような分野に科学技術予算を振り分けるかが5年，10年，さらには20年後の科学技術立国の骨格を作るともいわれています。

　このように政府や公共的な機関，さらには大学や研究機関がどのような研究をするかは，その後のイノベーションの発生に大きな影響を持っています。現在，マクロ・イノベーションシステム，あるいはナショナル・イノベーションシステムは，中国やインドといった新興国で重要な施策になっています。

　インドでは1990年頃から本格的に政府と企業が一体となって情報技術へ積極的な投資と人材の育成を行ってきました。その結果，現在では世界でもトップクラスの情報技術大国になっています。

　国立大学のIIT（インド情報大学）は現在16校で，将来はまだ大きくなる可能性を持っています。情報技術者が国を挙げて教育訓練されるとともに，情報技術の開発も民間と大学とがともに競い，新たなイノベーションを創造するべく競争をしている状況です。ソフトエンジニアの数は300万人を超え，日本の4倍の規模に達しようとしています。これらはナショナル・イノベーションの政策の結果です。

これらの動きが企業や個人が行う**ミクロ・イノベーション**につながってきます。その前提には大きな社会のイノベーション・メカニズムが機能していることが重要です。また近年，イノベーション・パイプラインといわれる効果，すなわち上記の国レベルや産業を超えた技術の応用や適用が進むことがあげられています。企業においても他の業界の企業に技術を活用してもらい，新たな需要を掘り起こし，異質な製品に他の分野の技術を活用することが重要になってきています。繊維技術がキッチン用品に使われたり，炭素繊維が航空機や自動車に使われたりしています。また業界を超えて技術の交流会が行われたりもしています。

2.2 多面的なイノベーションの場面

製品にはライフサイクルと呼ばれるものがあります。一度製品や技術が開発されると，それらは成長し，やがて成熟します。一般的なサイクル論では発明期，成長期，成熟期，飽和期，衰退期という順でサイクルを描き，やがては市場から消えていくことになります。

しかし，技術や製品は常に進化しており，衰退してなくなるというよりも，新たな技術や製品に進化して次の製品，技術に変化していくという見方も出てきます。

自動車の例では，ガソリンエンジン車からハイブリッド・カーや電気自動車への進化は，それぞれが，新しい発明として新しいサイクルを描き始めるというよりも，技術進化，部品の共通化，運行環境の自動化といった技術などが連動して，自動車という製品が進化していると考えるほうがわかりやすいでしょう。そこでは長期にわたる連続したさまざまなイノベーションが起こっていると考えられているのです。

2.3 製品イノベーションとプロセス・イノベーション

新技術や新製品の開発による**製品イノベーション**が起きると，次に少し遅

れて，製品の製造プロセスのイノベーションである**プロセス・イノベーション**が生じるといわれています。製品の仕様がほぼ確定し，製品が持つべき機能が決まることで，**ドミナント・デザイン**（**支配的な製品仕様**）が確定すると，次に大幅なコストダウン，品質の向上など，製造プロセスにイノベーションが起きてきます。アッターバック（Utterback, J. M.）とアバナシー（Abernathy, W. J.）はこの2つのイノベーションが生じなくなったときを技術が成熟したといっています。

製品イノベーションとプロセス・イノベーションに続いて，これらを達成した組織や人材に対する経営管理上のイノベーションが起こるといわれています。経営の革新にはさらに時間がかかると考えられています。経営管理の方法においてもイノベーションが行われなければ，経営がマンネリ化し，次のイノベーションが起きづらくなってしまうのです。イノベーションが起こらなくなった企業は，市場や顧客からも評価されず，組織も停滞します。

ソニーやキヤノンといった企業は常に新製品や新技術を開発する企業というイメージが形成されていますが，そうなると新たに入社する人は，何か新しいことをしようという意識を持つ人が多くなります。顧客からも難しい要望がくるようになり，一層革新への動きが活発になってきます。マーケットを巻き込んだイノベーションのメカニズムの形成が出来上がってきます。このようにイノベーションは連続した革新行動であることが理解できます。

3　イノベーションの全体像

ここでは，イノベーションの全体像を理解してみましょう。イノベーションの全体像は，**図表12－1**に示されるように，①イノベーションの源泉に関するもの，②イノベーションが事業として成功すること，③イノベーションの管理に関すること，の3つの領域に分けることができます。

図表12-1 ▶▶▶イノベーション・マップ（Inn, Map）

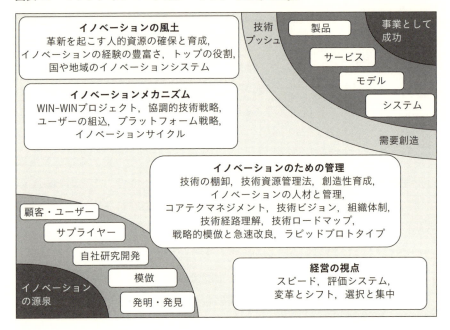

3.1 イノベーションの源泉について

　まず，イノベーションはどこから来るのでしょうか。イノベーションの源泉は大きくは6つに分けられます。

　第1は発明です。これは工学的な知識を駆使して新しい機能の製品を作り上げることです。そこでは個人の才能と努力が必要です。エジソンに代表される発明家がそうです。エジソンは電気を発明したわけではありませんが，電気の性質を理解して多くの家電製品を作り上げました。また電力システムという現代の電気の発電，送配電のシステムを完成させたのです。

　第2は発見です。科学の目的は自然界の原理原則を解明することですが，その結果は多くの製品づくりにヒントや可能性を与えてくれます。レントゲン博士は陰極線の研究のなかで，新しい光線を発見しましたが，それが何かわからないのでX線と名づけました。その謎の解明のなかで，人のたんぱ

く質は通過するが，カルシウムは通過しないことがわかり，その使い道を考えて，現在のレントゲン（X線撮影装置）が作られました。もしある医者がレントゲン博士に，人間の骨が写る技術の開発，ならびに撮影装置の開発を依頼したとしても，この発見は完成することはなかったといえるでしょう。

第3が顧客やユーザーです。彼らが発するニーズやウォンツが発端になる場合です。開発者は常に製品やサービスを改良・改善しようと努めていますが，自分たちの過去の経験や培ってきた技術にこだわってしまいます。他の製品の技術や機能を応用し，実際の使用では使われないような機能や，複雑な操作が必要な製品，過剰な品質の製品を作ることがあります。

それに対してユーザーからは，開発者では気がつかない視点からのサポートがあります。フォン・ヒッペル（von Hippel, E.）は，これからはこの部分でのイノベーションが多くなると指摘しています。

例えば，日本では主婦が使うトラクターの開発事例があります。トラクターは男性が使うものと思われていますが，実際に使われている場をよく観察すると，日本の兼業農家では主婦が使っていることがわかりました。そこで主婦の意見を取り入れ，車体の色，フード，冷暖房，日よけなど，男性にはあまり求められない改善点が追加され，大きな成果を生みました。

第4が模倣です。模倣は日本人にとって，あまりよいイメージはありませんが，イノベーションに関しては重要な方法であり，しっかりと模倣のシステムを構築することが必要です。すべての技術の進展は模倣から始まるといっても過言ではありません。

大和魂という言葉も，和魂漢才，和魂洋才の言葉にみられるように，当時の最先端の学問を理解し，それに日本人の心で解釈を加えること，新たな視点で見直すことを意味しています。徹底して先端的な技術を真似る，理解することで新しい機能の開発につなげることが大事なのです。

自動車，家電，化学繊維等，日本が現在世界を席巻している多くの製品は模倣から始まりました。また，世界で最初に製品を開発した企業が，その後もトップ企業であるとは限りません。むしろまれなことです。ジェット機は英国企業のComet Havilandが開発しましたが，現在の最大手はボーイング

(Boeing) です。

　その他にも PC は Xerox が開発し，IBM が事業として成功させましたし，ゲーム機は Atari が開発しましたが任天堂がトップになるなど，多くの例があります。また，近年の技術提携戦略の流行はこの動きに拍車をかけています。模倣から学ぶことが，最も効率がよいともいえます。

　第5として，自社の R&D 部門での自主研究から出てくるものがあります。これは発明，発見と同様の行為ですが，多く企業は自社部門から新技術や製品が出てくるものと思い込んでいます。しかし自社での開発はスピードが求められる開発においてはいくつかの問題があります。

　そのような問題の典型例として，**NIH 問題**があげられます。これは Not Invented Here といって自分のところで開発された技術でなければ採用しないという閉鎖的な考え方によって起こる問題です。他社の技術が使える場合でも，これくらいなら自分たちでもできると考え，何でも自分たちでやってしまおうとするものです。これは時間も無駄なうえに，コストもかかり，また出来上がったときには先の企業はさらに進んだ開発をしていることから，ずっと技術の後追いになってしまうのです。

　第6がサプライヤーによるものです。これは日本企業が得意とするところですが，はっきりと意識してイノベーションの始まりであると位置づけている企業は多くはありません。下請け企業や部品等のサプライヤーがイノベーションを達成しないと生き残れないために必死になって親企業や納入先のために努力をした結果でもあります。

　自動車産業は多くの下請け企業から成り立っていますが，部品のすべてを親会社からの指示で開発をしているのではありません。組み立てメーカーと部品メーカーが協力して行うことも多いのですが，コスト優位性があり，品質も高い部品の多くは，サプライヤーの独創的な開発によって生み出されています。また企業のものづくりの環境がオープンになってきていることも，サプライヤーとの関係を密にすることにつながってきます。

3.2 事業としての成功

　イノベーションが起きて，いくつかの新製品が作られたとしても，それが事業として成功するかは別の問題です。単純な改良で既存製品との入れ替えを行うような場合でも，一度確立された製品イメージを塗り替えるのは容易なことではありません。新技術による製品を事業として成功させることは重要なイノベーション戦略になっているのです。ここでは新製品は新しい事業モデルとして考え直すことが重要です。

　近年，ビジネスモデルの重要性が指摘されています。特に新しい技術は顧客の満足を勝ち取るために，これまでと異なった事業モデルをとることが多くなりました。

　例えば，Amazonはインターネット上の新しいビジネスモデルを構築しました。これまでの技術と置き換えるということは，顧客満足の視点も変えるほうがよいのです。買い物へ行って，目的のものが見つからないということはよくありますが，ネット上ではそのようなことはあまり起きません。実際にそばに店員が来て説明されることを嫌がる人もいますが，ネット上ではサポート情報やオススメの情報を嫌がる人はあまりいません。むしろ他人の評価を積極的に聴こうとします。実際の場面で，他人の意見を聴くことは難しいですが，ネットでは簡単です。

　2000年頃から，ビジネスモデルの重要なファクターとして顧客価値への提言ということがいわれるようなりました。そこでは技術や製品がどの顧客の満足を向上させるのか，顧客にとって大きな価値の提供とは何かを中心に製品を設計し，他の機能を革新することに主眼が置かれます。

　ここでのポイントは他の資源を有効に使うというオープンな事業展開です。もはや顧客視点を貫き通せば，自社の技術や資源だけで高い満足を達成することは難しいということです。最高の満足や価値や経験を提供しようと思えば，市場に存在する最も適切な技術や資源を活用しなければならないということです。

3.3 イノベーションの管理

イノベーションを可能にするための管理方法についても多くの研究が進んできました。図表12-1にみられるように,イノベーションを引き起こすには経営の姿勢が問われてきます。どのようにしてイノベーションを引き起こそうとしているのか,製品開発か,流通か,人材か,人材の評価方法か。それはたくさんの戦略の代替案が存在します。イノベーションを大事にする企業文化も重要です。アメリカの３Ｍはイノベーションが企業の存在意義であるとうたっています。企業はイノベーションを起こすために存在するという考えで,事業の評価や個人の評価も新製品の開発や技術の革新に中心が置かれています。

3.3.1 イノベーションのための資源管理

イノベーションを恒常的に起こしていくために,どのような資源の管理をすべきでしょうか。近年,技術資源の管理が重要なテーマになっています。技術資源の管理のうち,特に重視されるのが**コア・テクノロジー**（核となる技術,競争力のある技術）といわれるものです。これは自社が持っている技術資源の中で競争力があり,自社の主力製品に使われている技術を指します。

例えばキヤノンでは1950年代は光学技術,精密光学技術がコア・テクノロジーでしたが,時代とともに業容が拡大すると,60年代は生産技術,電子技術,電子写真技術,さらに80年代になると,レーザー光学技術,画像通信技術,ソフトウェア技術,撮像光学技術,精密光学技術と増えてきました。これらの技術の組み合わせから,デジタルカメラ,レーザー・プリンター,カラー複写機,ステッパ露光装置などが開発,発売されてきたのです。

このことは技術の特性にも関連があります。企業はこのように得意とする技術を持っているのですが,その技術が将来の技術の展開において,ある程度の方向づけをすることがあります。これを技術の**経路依存性**といいます。化学の技術を持っている企業は電子部品の材料となる基盤材料を提供できても,そこに回路をつける技術は十分ではありません。

企業の技術の発展は，ある程度過去の実績や業界の習慣や成功方法を踏襲しているのです。このことを企業は十分に理解して開発の方法を構築していかなければなりません。

3.3.2　イノベーションの戦略としてのオープン・イノベーション

近年，オープンな開発方法が注目されています。**オープン・イノベーション**といわれる方法です。これは，製品開発において他社の技術を積極的に活用して，開発効率や新機能の追加を効果的に進めようとする動きです。自社ですべての技術開発を担当することは，不得意な分野もあるので，効率的とはいえません。それぞれの企業が得意とする技術に特化することで，コストも抑えられ，それぞれの部品の改善スピードも格段に向上するのです。

かつて，パソコンは自社で設計，ソフト開発，半導体の製造などをすべて行っていましたが，現在は，CPU（中央演算装置）はインテル，ソフト開発はマイクロソフト，といったように，それぞれの専門業者が担当して互いに協力し合って作られています。多くの部品供給会社，さらには開発専門企業，製造組み立て専門企業といった企業の協力関係が構築されています。

スマートフォンではデザイン専門企業が外装を考え，部品は日本企業や韓国企業が主として供給し，台湾企業や中国企業が製造し，最終的なブランドとしてはアップルやサムスンなどの企業が販売する市場構造になっています。自社ですべてを行っているスマートフォンの販売企業は存在しません。

このように業界を超えて，他社との技術提携や協力関係を作り上げることがイノベーションをスムーズに実現するために重要な戦略になっています。WIN-WIN の関係となるべく，現代では自ら進んで常に提携先を探すことや，その方策を確立することを重視する企業も増えています。米国のプロクター＆ギャンブルは，研究や開発の進め方に関して，Connect & Develop と称して，外部と一緒になってこれを進めることを前提としています。

イノベーションを成功させるためには，闇雲に研究や開発をするのではなく，企業として戦略的な意図を明確にして進めることが重要になっています。

Column　イノベーションにみられるジレンマ論

　イノベーションの研究をしていると，よくジレンマ論が出てきます。ここでは2つのジレンマ論について理解してみましょう。

　1つは「生産性のジレンマ」といわれるものです。それは新製品が出ると，機能の追加や価格，品質で競争が起き，やがて標準的な仕様が決まってきます。ドミナント・デザインと呼ばれ，支配的な技術要件が確定してきます。次に，製造プロセスで，コストの削減や材料の高度化，品質の向上といった革新が次々と起きてきます。それは製品と製造の間で，密接かつ明確な関係が確立することを意味しています。

　つまり，最適な製造方法が明らかになり，それに向かって固定的に進んでいくことになるのです。そこでは新しい製造方法の試みは，もはや限界的になります。製品の機能向上と製造プロセスの間の関係が固定化することで，生産性は安定するがイノベーションは起きなくなるのです。つまり「生産性が高くなるとイノベーションが起きなくなる」というジレンマです。

　しかし日本の自動車会社はこの固定的な段階から新たなイノベーションを引き起こしてきました。コストダウンと品質の向上を達成しながら，新車の開発を進め，小型車，中高級車そしてハイブリッド車と継続的なイノベーションを引き起こしてきたので，このジレンマは克服することができたのです。

　もう1つは「イノベーションのジレンマ」といわれるものです。これもアメリカの研究から出てきました。これはイノベーションを起こした企業が，その後懸命に努力をしていても，そのことがかえって新しい競争相手を生み出して負けてしまうというものです。成功した企業は，顧客の高い満足を得て，技術的にも高度で，他の企業からは納得性の高い選択をして市場トップを維持していきます。しかし，この企業に挑戦する企業は同様のことをしていても勝てませんから，異なった評価基準でそれまで評価されなかったテーマで取り組みます。つまり，従来軽視されてきた，価格は安いが，性能も悪い技術が改良され，圧倒的に安い価格で高性能の製品が作り出されたりします。

　例えばアメリカの顧客にとって小型車は乗りにくいし，魅力のないものでした。顧客サーベイでも小型車は求められていなかったので，アメリカの自動車会社は小型車に参入しませんでした。しかし，日本の自動車会社は小型車の製造に果敢に挑戦し，アメリカの大型車や高級車に負けないような性能で低価格の車を作り出しました。小型車は燃費効率がよく，環境にもやさしいというメリットをつくり，成功したのです。

　先行する成功企業が正しい戦略行動をとればとるほど，後発企業はそれ以外の戦略をとることになります。そこに資源を集中させることで破壊的なイノベーションが起こしやすくなるのです。

4 イノベーション・メカニズムの解明に向けて

　イノベーションは企業内でどのようにして起きるのでしょうか。従業員は何を考えればいいのでしょうか，従業員にどのように仕事を与えればいいのでしょうか。イノベーションが起きるにはいくつかの特徴的な条件があるといわれています。整理してみると，マクロ・イノベーションのように経済政策と一体となっているもの，自社内での科学的研究から製品開発までを担当するもの，確実な組織体制を作ることで成功するもの，運のよい，革新的な経営者が出現して，その人の指導の下でイノベーションが起きるもの，常日頃コツコツと改良を加え，あるとき大きな革新を引き起こすようなもの，中核的な技術を多方面に広げて，新しい市場にたどり着くものなどさまざまな発生メカニズムが研究されてきました。

　イノベーションは社会，個人，組織，技術，顧客が時々の条件で関連し合って可能になるものです。そこには唯一絶対の答えが存在するわけではありません。新たなイノベーション発生メカニズムの解明も，イノベーション研究の重要なテーマです。

Working　　　　　　　　　　　　　　　　　　　調べてみよう

　コンビニエンス・ストアのイノベーションを調べてみましょう。コンビニエンス・ストアが出現する以前のお店とどこが違うのでしょうか。また2年前のコンビニエンス・ストアと最近のコンビニエンス・ストアの違いを調べてみましょう。どのようなイノベーションが起きているでしょうか。

Discussion　　　　　　　　　　　　　　　　　　　議論しよう

　今後，日本企業が発展していくためにはどのようなイノベーションが必要となるでしょうか。また，どのようにそのイノベーションを起こしていけばいいのでしょうか。

▶▶▶さらに学びたい人のために

- 一橋大学イノベーション研究センター編 [2001] 『イノベーション・マネジメント入門』日本経済新聞社。
- Drucker, P. F. [1985] *Innovation and Entrepreneurship*, New York: Harper & Row. (上田惇生訳 [1997] 『イノベーションと起業家精神』ダイヤモンド社)
- Hamel, G. & C. K. Prahalad [1994] *Competing for The Future,* Boston, Mass. : Harvard Business School Press. (一条和生訳 [2001] 『コアコンピタンス経営』日本経済新聞出版社)
- von Hippel, E. [1988] *The Sources of Innovation*, Oxford, England: Oxford University Press. (榊原清則訳 [1991] 『イノベーションの源泉』ダイヤモンド社)

参考文献

- Abernathy, W. J., K. B. Clark & A. M. Kantro [1983] *Industrial Renaissance: Producing a Competitive Future for America*, New York: Basic Books. (日本興業銀行産業調査部訳 [1984] 『インダストリアル・ルネッサンス─脱成熟化時代へ』TBSブリタニカ)
- Drucker, P. F. [1985] "The Discipline of Innovation," *Harvard Business Review*, Vol.63, No.3, pp.67-72. (ダイヤモンド・ハーバード・ビジネス・レビュー [1985] 「企業家精神の根幹」, No.9, pp.22-30)
- Christensen, C. [1997] *The Innovator's Dilemma : When New Technologies Cause Great Firms to Fail*, Cambridge, Mass. : Harvard Business School Press, (伊豆原弓訳 [2001] 『イノベーションのジレンマ─技術革新が巨大企業を滅ぼすとき』翔泳社)
- Schumpeter, J. A. [1926] *Theorie der Wirtschaftlichen Entwicklung*, 2. Auf. München; Leipzig: Duncker & Humblot (塩野谷祐一・中山伊知郎・東畑精一訳 [1980] 『経済発展の理論』岩波書店)
- Teece, D. [1987] *The Competitive Challenge*, Cambridge Mass. : Ballinger.

第IV部

日本企業のマネジメント

第13章
日本企業における人のマネジメント

第14章
生産管理とその日本的特徴

第15章
日本企業の財務管理とコーポレート・ガバナンス

第13章 日本企業における人のマネジメント

Learning Points

- ▶ 人のマネジメントはどのようなマネジメントで，他の経営資源のマネジメントに比べてどんな特徴を持っているでしょうか。
- ▶ 日本企業における人のマネジメントは，1980年代に日本的経営として一躍有名になりましたが，日本的経営は人のマネジメントに関してどのような特徴を持っていたのでしょうか。
- ▶ 2000年以降，日本的経営も変化してきています。現在，どのような具体的変化がみられるでしょうか。今後はどのような方向へ変化していくと予測されるでしょうか。なぜそういえるでしょうか。

Key Words

人的資源管理　日本的経営　チーム　多能工　ダイバーシティ

1　人のマネジメントとは何か

1.1　人的資源管理

　企業が働く人々を管理する活動は，一般に**人的資源管理**と呼ばれます。文字通り，人という経営資源を管理するという意味です。この人的資源管理は，かつては人事管理，あるいは労務管理という呼称（2つ合わせて人事労務管理とも呼ばれます）が一般的でした。人的資源管理という用語には，企業の経営戦略（第10章）と，そこで働く人々の管理とを強く関連づけ，働く人々を収益向上のための資源や要素として捉えるというニュアンスがあります。

　では，この人的資源を管理するということは，より具体的にはどのような

活動を指すのでしょうか。以下，人的資源と管理に分けて考えてみましょう。

1.2 企業で働くさまざまな人々

まず人的資源についてです。ひとくちに「働く人々」といっても，企業には多種多様な人々が働いています。次の**図表 13 − 1** は，職能別に部門化された企業の典型的な組織図（職能別組織）と，それぞれの部署でどのような人たちが働いているかを，典型的な**職位**（組織での業務遂行上の地位）の呼称で示したものです。

図表 13 − 1 は製造企業の組織図を簡略化して例示したものですが，この図表の上半分に表されているように，製造企業は，モノづくりを営んでいくうえで最低限持っておかなければならない機能として，どんなモノを造るべきかを検討する研究開発の機能，実際にモノを造る製造機能，造ったモノを売る販売機能の 3 つがあり，それぞれの機能が部門として組織されていることが一般的です（こうした企業の基本的役割のことを**職能**と呼びます）。

働く人々に着目すれば，研究開発部門では研究技術者や開発技術者等のエンジニアが，また製造部門の工場では，現場作業員や職長らが，また販売部

図表 13 − 1 ▶▶▶ **製造企業における組織図と職位の例**

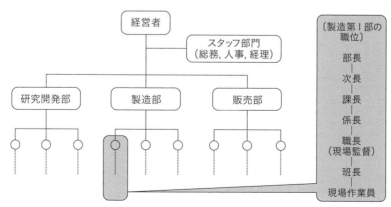

出所：筆者作成。

門では実際に販売に携わる営業スタッフといった人たちが，それぞれ仕事に従事しています。

　また図表の下半分に示されているように，各部門の内部には，誰が誰に対する権限を有しているかを示す指揮命令系統が構築されています。例えば製造部門では，部長以下，課長，係長と続き，工場の作業現場で作業に携わる現場作業員に至っています。

　第7章で述べたように，指揮命令の権限があり，業務の遂行に直接関わるメンバーのことを**ライン**と呼びます。また，これらライン部門以外の部署で，専門家としての立場からラインの業務を補佐する人たちのことを**スタッフ**と呼びます。スタッフはラインへの命令権を持たない，総務部や人事部，経理部等の部署で働く人たちのことです。

　企業に雇われる際の形（雇用形態）でみても，働いている人たちは正社員に限りません。例えば製造部門の工場では，正社員以外にも派遣や契約社員，パートタイマーやアルバイト等の非正規社員も含まれていることもあります。こうした非正規社員は，仕事の繁閑に応じて雇われたり雇われなかったりするのです。

　企業のトップは，こうしたさまざまな職位にある従業員や，多種多様な形態で雇われている従業員を企業目的に沿って働かせ，最終的に収益が上がるように管理しなければなりません。企業が人を管理するにあたって基軸となる考え方はこの最終的な収益向上です。したがって，われわれは企業のどのような人的資源管理の活動を考える際にも，この基本視点を忘れてはならないのです。

　人的資源管理とは，企業で働くこうしたさまざまな人々を管理する一連のプロセス，より具体的には人々を雇い入れ，育成し，仕事に就かせ，仕事の結果を評価し，結果をもとに人々の処遇を決める，一連のサイクルを指します（この点の詳細は，上林編著［2016］の第1章を参照して下さい）。

2 人のマネジメントの特殊性

　企業が管理する経営資源は，人的資源以外にも物的資源（第14章参照）や財務的資源（第15章参照），情報的資源など，他にもたくさん存在します。では，人的資源管理はとりわけ他の資源のマネジメントと比較して，どのような特徴を持っているのでしょうか。

　一般に，人的資源ないし人的資源管理にしかない固有の特徴として，以下の4つの点をあげることができます。

2.1 中心性

　第1の特徴は，人的資源それ自体が，モノ（物的資源）やカネ（財務的資源），情報等の他の諸資源を動かす原動力になっていることです。これを人的資源が持っている中心性と表現します。当たり前のことですが，企業経営の現場で，実際に機械設備を動かし製品を産出する活動に従事するのは，従業員である人間です。いくら最新鋭の機器を導入した工場でも，それらの機器は人がスイッチを押して稼働させない限り動かすことができませんし，いかなる活動も起こせません。

　同様に，どれほどの大金を稼いだところで，それを実際に使うのは人間です。紙幣は，人間がそこに価値交換の手段としての意味を見出さないならば，紙くずに過ぎません。また情報的資源も，人間が生の「データ」に何らかの価値や意味を見出して，初めて経営のいろいろな局面に適用でき，真に「情報」となるわけです。データの段階は単に数字が羅列されているに過ぎません。データから何を読み取るかは，人間の価値判断で変わってくるということです。

　このように，他のあらゆる経営資源を動かすうえでの大元は人間なのです。

2.2 主体性

　人的資源が固有に有している第2の特徴は，人的資源の主体性です。人的資源は生身の人間であり，日々思考をし，学習を繰り返しながら成長していく主体的な存在であるという点です。いうまでもなく，他のモノ，カネ，情報等の資源にはこのような特徴はありません。

　こうした特徴を持っているがゆえに，人的資源は，企業に採用され始めた当初よりもどんどん質が高まっていき，企業にとって，より大きな貢献をなすことができるようになっていく可能性を秘めています。だからこそ，企業は従業員に対し教育訓練を施し，人材を育成しようという動機を持つわけです。他の資源，例えば工場で生産活動に用いる器具や機械などは，人間が手を加えて改良されなければ，その機能を高めることができないのです。この点は，当たり前のようでいて，実は非常に重要な人的資源の特徴となっています。

　したがって，企業としては，人的資源が持つ潜在力をできる限り伸ばし，経営活動のさまざまな局面に最大限に使えるようにすることが，収益向上という企業目的を達成するうえで極めて重要になってきます。

2.3 管理困難性

　上述の第2の特徴があるため，管理者が人的資源である従業員に管理者の好き放題の手法で接すると，管理される側である従業員が，管理者の指示を快く聞き入れてくれないような事態が発生することがあります。

　人的資源管理の対象は，他の諸資源と違って生身の人間ですから，感情や感覚を持っています。管理者からの要請には，当該組織の従業員である以上，できる限り応えなければならないのですが，ときには気乗りがしなかったり，腹が立ったりすることもあります。そして，どうしてもこらえきれなくなったとき，反乱行動をとったり，退職してしまったりということも起こり得ます。

このことは，管理者は人的資源を管理する場合には，管理されるべき対象である人間に対して十分な配慮をしなければならない，ということを意味しています。モノやカネ，情報等の経営資源に対しては，管理者は対象に気兼ねせずにそれを使うことが可能ですが，人的資源に対してだけはそうはいかないのです。つまり，企業が業績向上を狙って従業員を管理する際，管理されるべき対象である従業員に配慮しながら経営していかざるを得ない点に人的資源管理固有の特徴があるといえます。この意味で，人的資源管理は他の諸資源のマネジメントにはない難しい側面を有しているといえます。人的資源の管理困難性といっていいでしょう。

2.4 非革新性

　人的資源管理は，こうした厄介な特性を持っているために，経営学が生まれた20世紀初頭以来，これぞ決定版といえるようなマネジメント手法はまだ発見されていません。イノベーションが起こりにくいのです。他の資源のマネジメントに比べてみるとそのことはよくわかります。

　他の領域，例えばモノの管理を取り扱う生産管理（品質管理）では，例えば第14章でみるように，QCC（Quality Control Circle：品質管理サークル）やTQC（Total Quality Control：全社的品質管理），TQM（Total Quality Management：総合的品質管理）などと10年に一度ほどの頻度でマネジメントの新たな発想法が編み出されてきました。カネや情報の管理についても事情は同じです。ただ，人のマネジメントの領域ではそのようなことはあり得ません。管理の対象が生身の人間であるという本質は，時代が変わっても永久に変わらないからです。

　人のマネジメントにおける永遠のテーマはバランスです。収益を上げるために，厳しく管理しようとすれば従業員は窮屈に感じて仕事がやりにくくなります。だからといって緩く管理してしまうとサボってしまう人も出てくるので効率も上がりません。したがってその両者間のバランスが重要です。このバランスを，その時々の経営環境や組織体内部の状況に応じていかにうま

く確保するかという点こそが，人のマネジメントの要諦なのです。

　経営学の発祥以来，人的資源管理の諸理論が明らかにした最大の発見，これだけは確実にいえるという発見は，「人は，単調で反復的作業ばかりに就いているとやる気があがらないので，たまには仕事を交代したり，仕事範囲を拡張したり，自分の能力より少し高い目のチャレンジングな仕事を与えられたりしたほうがやる気があがり，効率もあがりやすい」という，一見当たり前の事実です（第5章参照）。

　人的資源管理におけるこれ以外の発見事実は未だ不確定さを含んでおり，さらに追試が必要な命題ばかりであるといっても過言ではありません。それほど人的資源管理の領域において管理手法のイノベーションは起こりにくいのです。

　では，こうした人のマネジメントの一般的特徴や仕組みは，日本企業というコンテキストでどのように展開されているでしょうか。以下では，日本企業における人のマネジメントの特徴についてみてみることにしましょう。

3　日本的経営と人のマネジメント

　実は，日本企業は人のマネジメントがうまいことで世界的に有名でした。特に1970年代から80年代にかけて，日本企業の経営は**日本的経営**と呼ばれ世界中から注目されましたが，その注目の背景には日本企業の人のマネジメントが，他国にはない特徴を有していたということがあります。以下ではその特徴をまとめてみましょう。

3.1　日本的経営の三種の神器

　日本企業の経営の実態を初めて英語で紹介したアベグレン（Abegglen, J.）は，1958年の著作『日本の経営』において，日本企業の従業員が生涯を通じて会社との関係を持ち続けることを lifetime commitment という英語を

用いて表現しました。ただ，この語は日本語の訳書でアベグレンの意図から少しずれて**終身雇用**という語で紹介されました。これが日本的経営の特徴として終身雇用があると言われ出した始まりです。

その後，1972年の『OECD対日労働報告書』では，**日本的経営の三種の神器**として，この終身雇用以外に，**年功賃金**，**企業別組合**があげられ，この3つの要素が，他国の企業経営にはない日本企業の経営の特徴であるとされました。3つとも人のマネジメントに大きく関わる要素です。

終身雇用とは，従業員が一生涯を通じて1つの企業に雇用され続けることを（文字通りには）意味しています。年功賃金とは，従業員の年齢やその雇用されている企業での経験年数とともに賃金が上昇していくことです。企業別組合とは，労働組合が欧米のように職業別や産業別ではなく，個別の企業ごとに組織されていることです。労働組合は，本来，従業員の地位や権利を経営者に対して主張するための組織ですが，それが企業内に組織されていることで，労働組合としての独立性や機能は弱くなってしまい，経営者が強い力を持つことにもつながります。

こうして日本的経営の強さの源泉は，この日本的経営の三種の神器であるという認識が世間一般に拡がっていきました。低価格で高品質な製品を産み出す日本企業の秘密も，この日本的経営の三種の神器にあるという理解が広まっていったのです。

日本的経営は諸外国から注目され，多くの日本企業が海外へ進出し，工場やオフィスを構えました。しかし，海外進出した日本企業は，日本的経営の三種の神器を現地法人にそのまま適用することはできませんでした。日本との文化や慣行の違いが大きすぎたためです。欧米の産業界から高く評価された日本的経営の特徴は，むしろ現場で導入されている次のような慣行でした。

3.2 欧米の産業界から注目された日本的経営

3.2.1 シングル・ステータス

シングル・ステータスとは，文字通り訳すと単一の身分という意味です。欧米の社会ではブルーカラーとホワイトカラーが明確に区別されていますが，こうした身分差別をやめて平等に取り扱うことをそれは意味しています。

1970年代の欧米では，ホワイトカラーとブルーカラーは服装のほか利用する食堂やトイレ，駐車場まで区別されていました。日系企業では工場長も現場作業員も同じ作業服ですし，食堂でも作業員と同じテーブルで食事をしています。駐車場も一緒です。こうして，ホワイトカラーとブルーカラーを平等に取り扱った日本企業の慣行は，階級意識の残る欧米社会では，とりわけブルーカラーに好意的に受けとめられたのです。

3.2.2 大部屋主義

ホワイトカラーが仕事をする部屋についてもシングル・ステータスと同様です。欧米のホワイトカラーでは個室で仕事をすることはステータス・シンボルで，彼らの誇りにもなっていました。

しかし，日系企業では違います。課長も部長も，時には工場長でも同じ大きな部屋で一緒に仕事をしています。大部屋で職員同士が机を並べて仕事をすれば，管理者と一般職員の間の心理的な壁も小さくなり，コミュニケーションも増えます。この**大部屋主義**は，欧米のホワイトカラーからは日本的経営の特徴であると受けとめられました。

3.2.3 5S

5Sとは整理・整頓・清掃・清潔・躾の日本語の頭文字Sをとり，5つまとめて表現したもので，日系企業の工場の特徴を表しています。日系企業ではこの5Sが，標語のように，工場内のよく見えるところに掲げてあります。1970年代頃までの欧米企業の工場は，作業員の身だしなみが悪かったり，

ガラスの破片が散乱したりしていましたが，日系企業の工場はその逆で，模範とされたのです。

　日本企業では，高品質はきれいな職場から生まれると考えられています。TQC（第14章参照）を導入するにあたっても，その最初のステップとして5Sの定着が図られているのは，こうした考え方が背後にあるからです。

3.3　チーム方式

　こうした三種の神器やシングル・ステータス等にみられる日本的経営の特徴は，制度的な側面や働く職場の外観に着眼した場合の日本企業の人のマネジメント上の特徴です。より原理的に，これらの背後にある組織のあり方やマネジメント上の特徴に着目すると，日本的経営の特徴は**チーム**を基礎にした組織編成の仕方（チーム方式）にあるといえます。

3.3.1　緩い分業

　通常，アメリカの企業では，とりわけ工場の現場作業レベルでは，職務は非常に細かく分割され，1人の従業員は1つの職務だけ担当する，という発想で運営されてきました（こういう考え方を「1人1職務」と呼ぶこともあります）。最近では事情が少しずつ変わってきましたが，今でもアメリカの企業では，伝統的には細かな分業がなされているケースが多いようです。

　これに対し，一般に日本企業では，分業はそれほど徹底されていません。少なくともアメリカの企業と比べると，日本の企業ではより緩い分業のシステムがとられています。この理由には諸説がありますが，日本では長らく集団主義文化のもと，みんなで一緒に仕事をしてきた伝統があるため，個々の従業員の誰がどんな仕事を担当する，というふうに厳格に決めてしまうのには心理的抵抗が強く，仕事の効率も上がりにくいために分業が緩く設定されている，という説が有力です。

　日本企業の作業員は，アメリカの企業のように1人1職務ではなく，1人で複数の職務を担当するのです。日本企業では，1つの職務を専門的に掘り

下げて行うことは少ないのですが、作業員がいろいろな職務に就くことで、逆に多様な技能を身につけることが可能になります。こういった複数職務を担当できる作業員は、多くの技能を持っている作業員という意味で**多能工**と呼ばれます。これに対し、1人で1つの職務しかこなせない作業員は単能工と呼ばれます。

一般に、日本企業の現場作業員は有能で、仕事をきっちりこなすことで世界的に有名です。1980年代にアメリカで日本的経営のブームが起こったのは、アメリカの会社では現場作業員の多くが単能工であるのに対し、日本の現場作業員が多能工で優秀であるという点と大きく関係しています。

日本的経営の要素として、先にみた日本的経営の三種の神器やシングル・ステータス、大部屋主義などが有名ですが、その背後にある組織原理の観点からいえば、日本的経営の重要なエッセンスは、この多能工を生み出したチーム方式という組織編成原理にこそあるということができます。

3.3.2 日本企業の人事制度

こうした「緩い分業」という特徴は、日本企業における人的資源管理のあり方をアメリカのそれらから異ならせているいちばんの根本となっています。分業が緩いということは、従業員の仕事内容が最初から明確には決められていないこと、そして特定の職務に固定的に長期間にわたって就くことが少ないということを意味しています。分業関係が違えば組織全体での調整のあり方も当然異なりますから、組織構造の全体が日本企業とアメリカ企業とでは大きく異なってくることになります（第7章参照）。

例えば、日本企業では分業が緩く「職務」概念が曖昧なために、（少なくともこれまでは）職務に基づいて仕事の結果を評価する仕組みは作ることができなかったのです。したがって職務をベースにして成果主義を導入しようとしても、なかなかうまく運用ができないという事態が発生します。

人の育成にあたっても、分業関係が緩く、いつどのような仕事に就くかわからないために、「あなたはこの職務を極めなさい」というような形で、個々人の特定の能力だけに限定して伸長させるようなやり方は、これまでの

図表 13 − 2 ▶ ▶ ▶ 典型的な日本企業（1980 年代）とアメリカ企業の相違

	日本企業	アメリカ企業
人員を雇い入れる	長期雇用・正社員が中心	短期雇用・非正規社員も多い
人員を育てる	企業特殊的，企業内教育（特に OJT）が中心	汎用的，企業外機関による教育訓練
仕事に就かせる	緩い分業	厳格な分業
仕事の結果を評価する	能力主義	職務・業績主義
処遇を決める	職能資格制度，能力給	職務等級制度，職務給

出所：筆者作成。

日本企業ではとられてきませんでした。

こうした日米企業間の相違を簡単に要約すると**図表 13 − 2** のようにまとめることができるでしょう。

4　新しい日本的経営へ向けて

　前節で学習した内容を踏まえると，日本的経営における人のマネジメントの背後にある暗黙の従業員像が明らかになります。それは「特定の企業で雇用され続け，企業忠誠心が高い正社員，とりわけ男性の現場作業員」という像です。この像にみられるような典型的な日本人従業員が一生懸命働き，日本の高度経済成長やその後の安定成長期を支えたといわれています。

　ところが，バブル経済の崩壊した 1990 年代以降，特にグローバリゼーションがますます進展した 2000 年以降では，こうした日本的経営の従業員像はかなり崩れてきています。最後にこの点に少し触れ，今後の日本的経営のあり方を展望していくうえでの，基本視点を抽出しておきましょう。

　1980 年代に日本企業の成功を支えてきた日本的経営の仕組みは，21 世紀に入り，修正を余儀なくされています。日本企業を取り巻くさまざまな環境が大きく変わってきたことが原因です。とりわけ，日本社会の人々の変化（社会環境の変化），ICT（Information & Communication Technology：情報通信技術）など技術の発達（技術環境の変化），グローバリゼーションの

進展（社会環境や経済環境の変化）が大きな要因です。

　変化の1つには，特定企業で働き続けることが当たり前ではなくなり，日本でも転職する人々が増えてきたことがあげられます。とりわけ若年層は会社忠誠心がかつてほど高くなく，気質もドライな若者が増えてきているといわれています。日本的経営で暗黙のうちに想定していた従業員像の根幹が崩れてきているのです。

　働く人々の性別も変化しています。男性が中心だった高度成長期とは異なり，女性の社会進出が進んできています。管理職として活躍する女性も，緩慢なスピードですがだんだん増えてきています。働く人々の年齢も変化しています。高齢社会が急速に進んできたことで，高年齢者を雇い続けたり，仕事内容を高齢者に合うよう考慮したりする必要性に迫られています。グローバリゼーションの影響で，海外から高い技能を持った人たちがやって来て，外国人労働者として働くようにもなってきています。

　働き方についても変化がみられます。朝から夕方まできっちり働くことが前提の，いわゆる正社員が主流であった時代から，最近ではパートタイマーや派遣社員など，非正規社員としての働き方も多くみられます。ICTを活用し，必ずしも職場に出勤しなくても自宅に居ながら仕事をするテレワークという働き方も徐々に出てきています。仕事に対する価値観も変化し，ワーク・ライフ・バランスのとれた働き方を希望する若年層の従業員が増えてきています。

　これらの変化は，言い方を変えると，先の**図表13－2**でみた右側の列（アメリカ企業）の特徴が，徐々に日本企業の経営や人のマネジメントにも浸透してきているものとして理解することも可能です。グローバリゼーションを基礎として市場主義の考え方（規制してルールを決めるのではなく，市場に委ねて調整しようとする考え方）が普及するにつれ，前節でみたような組織中心の日本的経営の特徴が揺らいできているのです。

　こうして，かつては日本的経営という用語でひとくくりにされた「人のマネジメント」のさまざまな局面が，社会環境・技術環境・経済環境の変化に対応すべく，今日では多様化してきています。人のマネジメントに多様性が

生まれているのです。

　多様性は英語で**ダイバーシティ**と呼ばれますから，今後の新たな日本的経営を志向する基軸はダイバーシティにあるということができます。働く人々のタイプや働き方，仕事への価値観，雇用の時間と場所などのダイバーシティです。こうしたダイバーシティを基軸に据えつつも，いかにして企業として収益を確保し，うまく経営していくかが，これからの新しい日本的経営を考えていくうえで重要な視点になっています。

Column　ネッツトヨタ南国の人材育成

　ネッツトヨタ南国株式会社は，高知県に本拠を置くトヨタ系の自動車ディーラーです。同社の人のマネジメントはユニークで，人の雇用や育成にさまざまな工夫が凝らされています。

　まず，採用にあたっては，面接を1人当たり30時間もかけ「目的」意識の高い人を見極めて採用します。同社では，仕事を通じて自分自身を成長させようという意欲を持つ人を「目的」意識の高い人と定義し，営業成績や収入，昇進といった「目標」ばかりを常に考えている人から区別します。社長によると，30時間も面接すれば，最初は繕っていても最後にはその人の本心が見えてしまうとのことです。

　また，一般に，営業と技術はそれぞれ部門を最初から分け，独自のキャリアを歩ませる企業が大半ですが，同社は違います。しゃべり下手で営業に苦手意識があって技術部門を希望した社員にも，半年程度，営業部門に配属します。逆のパターンもあります。そのことで，技術部門の"我がまま"や営業の論理もよく見えるようになるとのことです。こうしたローテーションを通じ，各自の仕事が全社的視点からよく見えるようになると同社では考えられています。

　アメリカ型の成果主義に対しても否定的です。横田会長によると「社員同士で成果を競わせるということは悪いことではないが，たった1つの基準（例えば個人業績）で競わせると，その数値だけを上げようとする集団になってしまい，そのことでチームワークは確実に乱れてしまう」とのことです。

　同社では，こうした人のマネジメントの仕組みや考え方を必ずしも"日本型"とは呼んでいませんが，人の成長には時間がかかり，短気を起こすのではなく長期間かけてじっくり育成する必要があると考える姿勢がうかがえます。アメリカで一般的な「人は労働市場からカネを出して買ってくるもの」という発想とは正反対の哲学に立っているといえるでしょう（参考：横田［2012］）。

| Working | 調べてみよう |

　図書館に所蔵の企業年鑑やインターネットのホームページ等で，日本の大企業10社を選び，最近20年間程度の女性従業員の増減について調べてみましょう。また，女性管理職がどの程度増えてきているかについても調べてみましょう。

| Discussion | 議論しよう |

　日本的経営ではチーム方式を採用しており，それが世界中から注目されてきたことについて学習しました。しかし，現在，欧米諸国ではそれほどチーム方式は普及していません。日本企業で成功を収めたチーム方式が，欧米諸国で採用されにくいのにはどういった具体的理由があるのか，基軸となる視点を自分でいくつか設定し，多面的に考えてみましょう。また，そこから人間観や人のマネジメントに関する日米間の違いについて考えてみましょう。

▶▶▶さらに学びたい人のために

- 奥林康司・平野光俊編著［2014］『多様な人材のマネジメント』中央経済社。
- 上林憲雄編著［2016］『人的資源管理（ベーシック＋）』中央経済社。
- 上林憲雄編著［2014］『変貌する日本型経営―グローバル市場主義の進展と日本企業』中央経済社。

参考文献

- 岡本大輔・古川靖洋・佐藤和・馬場杉夫［2012］『深化する日本の経営』千倉書房。
- 上林憲雄・奥林康司・團泰雄・開本浩矢・森田雅也・竹林明［2007］『経験から学ぶ経営学入門』有斐閣。
- 上林憲雄・平野光俊・森田雅也［2014］『現代 人的資源管理―グローバル市場主義と日本型システム』中央経済社。
- 小池和男・中馬宏之・太田聰一［2001］『もの造りの技能』東洋経済新報社。
- 横田英毅［2012］『会社の目的は利益じゃない―誰もやらない「いちばん大切なことを大切にする経営」とは』あさ書房。
- Abegglen, J. C.［1958］*The Japanese Factory: Aspects of its Social Organization*, Glencoe, Ill: Free Press.（占部都美監訳［1958］『日本の経営』ダイヤモンド社）
- Abegglen, J. C.［2006］*21st Century Japanese Management : New Systems, Lasting Values*, Basingstoke: Palgrave Macmillan.（山岡洋一訳［2004］『新・日本の経営』日本経済新聞社）

第14章 生産管理とその日本的特徴

Learning Points

- ▶製造業において生産管理は重要な機能です。ではそもそも生産管理とは何をすることなのでしょうか。
- ▶今日の主要な生産システムである大量生産システムはどのようにして構築されたのでしょうか。
- ▶企業は良いものを安く作らなければなりません。どのようにすればコストダウンができるのでしょうか。

Key Words

大量生産方式　フォーディズム　トヨタ生産方式　コストダウン　品質管理　TQC　多能工

1　2つの大量生産物語

1.1　生産管理と大量生産

　生産管理では物が作られるためのさまざまなプロセスを，どのようにうまく管理するかということが主要なテーマになります。うまく管理するとはどのようなことなのでしょうか。それは品質が安定すること，コストが逓減していくこと，性能や機能が向上していくこと，時間管理が正しく行われていること，無駄な動きや材料がないことなどを意味します。

　また最近はどのような製品を作るべきか，ということや，競争優位を持った製造方法を構築することもテーマとなっています。経営管理において生産技術の進展は最も関心を払わなければならないテーマの1つです。

　工場現場の管理では，テイラー・システムにみられるように，20世紀初

頭から時間当たりの生産高が効率性の指標として利用されてきました。時間当たりの生産高の測定は，作業項目とその作業方法の確定が前提となります。それらが確定して初めて正確な成果との関係が把握できます。

第3章でみたように，テイラーの動作研究によって，生産現場での数量的な生産性の把握が進みました。難しい作業も，それを分解することによって時間と作業の関係を把握することができます。1920年代までには，このような生産現場の科学的管理の研究と実践が行われてきましたが，自動車産業や通信産業，家電産業を中心とした20世紀の大量生産方式が，生産管理の技法をさらに大きく進めることになりました。

まず，大量生産システムに関わる，生産管理の発展を描いた2つの物語をみることにより，生産するという機能が企業にとってどのような意味があるかをみてみましょう。

1.2 第1の大量生産方式

大量生産が始まる前は，職人が**クラフトマンシップ**と呼ばれる職人技でものを作り上げていく方式が一般的でした。分業体制も一部使われますが，少人数で完成品までを作り上げます。これは現代においても伝統工芸の世界で見ることができます。やがてその中から，分業と部品の共通化が進展し，大量生産が出現してくるようになります。

18世紀半ばから19世紀にかけて起こった産業革命では，蒸気機関という産業の動力源の革新が毛織物業や鉄道業等を発展させ，大きな社会変革になりました。そこでは機械による大量生産を可能にする仕組みを持った国々が，ものづくりにおいて国際的に優位な地位を占めるようになりました。

それに続いて19世紀後半から20世紀にかけて，本格的な大量生産の時代を迎えることになります。これが第1の大量生産物語の始まりです。それは電気と化石燃料による革新でもあり，家電製品や自動車に代表される物質文明社会の始まりでもあります。

このとき，米国において，新たなものづくりの考え方が示されました。そ

れが，フォード自動車の創業者であるヘンリー・フォード（Ford, H.）によって提唱された**フォード・システム**です（第3章 Column 参照）。フォードは部品の標準化とともに，T型車による製品の標準化，原材料の大量購入，移動式組み立て方法の導入による作業の細分化と，それによる作業の標準化を進め，生産性を飛躍的に向上させました。その結果，製品価格は低下し，自動車の大衆化が進みました。

　このフォード・システムの基礎にあるのがフォードの経営哲学である**フォーディズム**です。フォードは「企業の目的は大衆への奉仕である」と考え，一般大衆にできるだけ安く必需品を提供すると同時に，労働者の賃金をできるだけ引き上げるという「低価格・高賃金の原理」をもって経営を行いました。

　移動式組み立て方法が導入された1914年には，フォードの工場では労働者に対して，一般的な賃金の2倍以上である1日5ドルの賃金が支払われました。フォードは効率的な生産システムを構築して自動車の価格を下げると同時に，労働者の賃金を引き上げることにより，自社の労働者を自社製品の購買者へと変えていったのです。

　フォーディズムによると，大量生産が大量消費を生み，さらなる大量生産の発展により，技術革新も進んで，社会全体が発展することになります。これが今世紀の初めまでの100年にわたって展開されてきた，大量生産による経済発展のモデルです。

　このモデルが完成するまでには時間がかかりました。例えば部品の標準化1つとっても，部品が共通化され，いたるところで使えるようになるまでには半世紀もの時間がかかりました。自社工場内での標準化や部品の共通化は比較的進みやすいのですが，企業間や産業間での共通化には時間がかかります。そこで，フォードは自社内で完結する大量生産システムを作り上げました。

　かつては自動車産業でもオープンに市場から部品が調達されていましたが，フォードは製鉄所から部品会社まですべてを自社内に取り込んだ垂直統合的な大量生産システムによって，クローズドな体制を作り上げたのです。この

方式により生産性は飛躍的に向上しました。特定の製品の生産に特化し，その生産システムを改良していくことにより，その製品の生産性は向上するのですが，一方で，製品に関する画期的なイノベーションができなくなるという事態が発生します。これが「**生産性のジレンマ**」といわれるものです。そのような問題を持った生産システムに対して，新たな生産方式が展開されることになります。それが第2の物語です。

1.3 第2の大量生産方式

　もう1つの大量生産の物語は，ごく最近のものです。これは1企業内で完結するものではなく，企業間において生じてきます。企業は自分が得意とする部品や製造方法に特化することで，それぞれが独自の強みを持つようになります。それは技術，開発，生産，流通，販売等の各場面で発揮されます。そのようなそれぞれの強みを持った企業が協力し合うことで，より効率的な生産が行われることになります。デジタル機器の生産がその代表例です。

　パソコンは，現在では，すべての生産過程を1社で賄っているところはありません。部品は各部品メーカーが，それぞれの強みとする技術で作ります。ソフトウェアはマイクロソフトなどソフトウェアの専門企業が作り，それを多数のパソコンメーカーが利用します。

　スマートフォンでもデザインを担当する企業，部品を作る企業，組み立てを行う企業，販売する企業は別々です。例えば部品生産でも，それぞれの部品が圧倒的な強みを持っていると，その部品は性能，品質，価格で世界一を達成しているので，それを使うことのメリットが高くなります。その結果，多くの企業がその部品を使用するようになり，その部品メーカーは大量生産が可能になります。

　このように，一企業がすべてのものづくりの機能を担当するシステムから，それぞれの企業が得意とする技術や経営機能に特化してものづくりを行うシステムへと次第に変化してきました。部品が共通化され，その部品が技術的にも優れ，価格，品質においても圧倒的な優位性があると，製品を作るとい

う行為においては,優れた部品を自社内で作ったり,生産性を向上させることよりも,顧客のニーズを徹底的に理解して,設計またはデザインを工夫することのほうが重要視されるようになります。今後さらに組み合わせによるものづくりが進むと考えられています。

「**組み合わせ**」が主流の生産では,消費地での生産も容易になり,新興国での現地生産が進むことになります。これまで重要であった「**擦り合わせ**」といわれる生産と開発の連動や,部品会社との長期的信頼関係に基づくイノベーション,生産時点における微妙な情報交換が必要なくなり,従来の作業方法の優位性が薄れる可能性が高くなります。そのため国内で作ることのメリットが薄れ,適地生産が常態化する可能性が高くなってくるのです。

2 生産管理と経営

2.1 生産管理の概要

では具体的な生産管理について考えてみましょう。生産とは人的な能力と原材料,技術,機械設備を駆使して,何か有益なものに変換する一連のプロセスと考えることができます。生産するには始めに製品の企画開発が行われて,設計書ができてきます。この設計仕様に基づいて生産が行われます。

生産のためには生産のプロセスを設計することが求められます。どのような順番で作るべきか,どこで機械生産を行い,人的作業は何をするべきかを決定しなければなりません。また市場での需要の予測や注文の状況から,生産のタイミングと生産量を決めなければなりません。この生産量が価格を決める要因になります。一方,生産の材料や作業時間,投入機械などからコストが計算されます。

かつては,かかったコストに利益を加算して価格が決定されていました。しかし現在では求められる市場価格が先に検討されることが多く,目標価格が決められ,この目標に向かって製品の改善やコスト削減策を考えて生産に

入るようになってきています。はじめからコスト削減を見越して作らないと，市場で勝つことができないからです。

2.2 生産管理の主な役割

生産管理は大きくは5つの役割を持っています。

第1の役割は，設計書から適切に製品化するために，安定的な製造方法を確立することです。安定的な製造方法とは業界で最も信頼される方法を発見して，認めてもらうことです。

ドミナント・デザインの確立ともいわれますが，製品の仕様や部品が決定することで，その製造方法が支配的となることを意味します。ドミナント・デザインが確立されると，他社はこれに追随することになります。製造方法のトップ企業になれば，多くの部品企業が最もよい技術や製品を使ってもらおうとします。その結果，さらにその製造方法が正統化されることになります。

第2の役割は，その製造方法のコストを下げることです。そのために工程設計や資材の調達の範囲やタイミングを検討しなければなりません。第3の役割が製品の品質を向上させることです。この第2，第3の役割をうまく果たしている代表例がトヨタの生産システムです。第4の役割に製造現場で働く人々の管理があります。働く人々の技量の向上と，さまざまな改善活動への貢献が重要なテーマになります。

最近では第5の役割として情報の有効活用があげられています。これは在庫管理から始まり，流通情報や世界市場からの調達といった情報システムや**IoT**（Internet of Things）などインターネットを使った製品情報を生産情報管理に活用することで，製品品質の向上や顧客価値の増大に結びつけようというものです。

2.3 Make or Buy

　製品を製造するにあたっては，すべての部品を自社で作る（Make）か，他社からの購買によって部品を調達する（Buy）かも判断する必要があります。自社で作るということは，情報が外部に漏れないことや擦り合わせという微妙な部品間の調整ができるという点では有利ですが，新たに技術を開発するのに時間がかかってしまいます。また専門企業のほうがコストが安い場合も多いので比較検討が必要です。

　購買する場合には，自社の部品との調整が必要か，またその部品が製品の基幹部品であるかどうかなどを検討しなければなりません。企業の技術戦略の1つとして，自社で保有すべき技術はどのような分野であるかを明らかにしておくことが必要です。購入したほうが安くすむ場合でも，一般的に技術者は何でも自分たちで作りたがる傾向があります。企業はついつい自作することがよいことのように考えてしまうのです。

　また日本企業のように系列化された供給先からの部品調達が多い場合，強い信頼関係をもとにして，共同での開発や生産，または技術や資金の支援を行うことで調達の安定化を進めることがあります。これらのことが考慮されて，工程と部品調達が決定されていきます。

2.4 日本的生産の基本として現場主義

　日本的生産の特徴として，**現場主義**があげられることがあります。日本の現場主義は，生産現場で考えるということを基本としています。「現場，現物，現実」をよく見ることといわれますが，ものが実際にできてくるところで意見を出し合って，そこで起きていることをつぶさに観察し，現物のどこをどのように改善するかを話し合います。

　また現場を重視する姿勢が，技術者は現場を知らなければならないという価値観を生み出し，誰もがものづくりの現場に意見を言うことができる文化を作り上げてきました。

欧米ではブルーカラーとホワイトカラーを区別して現場の管理を行うことがよくありますが，日本企業の現場ではブルーカラーとホワイトカラーはあまり区別されておらず，生産に関しては現場の意見が強く反映されます。

アメリカではホワイトカラーのエンジニアは開発，設計が中心で，彼らからの指示で現場のブルーカラーが動くというように，役割分担と権限が明確に規定されています。それに対して日本企業では，現場に優秀な技術者が配属されているので，現場で改善されることが多く，製品の製造方法の決定や改善に関して現場の権限が大きくなっています。常に現場とホワイトカラーの技術者の間で密接なコミュニケーションがとられ，一方通行でないことも特徴です。

2.5 工程の管理と生産計画

具体的な生産管理として，生産計画や生産工程管理，**MRP**（資材所要量計画）などがあげられます。生産工程の管理は生産管理の中心です。ここでは，生産計画をどのように進めるか，それを実行する体制をどのように作るかが決定されます。

生産計画は大日程（工場全体の生産計画や半期または四半期の生産計画），中日程（製品別の生産計画で1カ月前後の生産計画），小日程（細かな製品種別で10日，1週間くらいの生産計画）が連動して作られます。これらと合わせて，材料の調達や機械や段取りの計画，要員の計画が作られていきます。

生産計画は，企業の生産活動が，見込み生産によるか，受注生産によるかでその内容は異なります。見込み生産では過去の実績値から類推して生産計画を立てます。あらかじめ生産してあるのですから在庫が蓄えてあります。注文があればすぐに出荷できますが，大きな変動要因で需要予測が狂うと大きな損失になります。

一方，受注生産は注文があった分だけ作るのですから無駄な生産をすることはなくなりますが，納入までの時間がかかります。またその都度，部品も発注するのであれば，さらに時間もかかるでしょうし，大量発注ができない

ので割引等のメリットも受けにくくなります。

　生産においては安定した活動をすることで生産性向上や要員の活用が図られますが、これが不安定になると日々の生産性は上がりません。そこで企業は常に生産量の安定化を目指して計画を立てることになります。一定の生産量は確保して見込み生産を行い、そこから受注状況に応じて日々生産量を調整するということも行われています。

2.6　資材所要量計画（MRP：Material Requirement Planning）

　生産計画が決まると、次に各生産工程にどの部品・材料をいつまでに、どれくらいの数量をどのように届けるかについて、コンピュータ・システムを利用して指示を出すことになります。これは資材所要量計画ともいわれ、各企業がその正確さを高め、無駄を削減するために開発を進めています。

　1時間前に材料が届くのがよいのか、5分前でよいのか、1回の発注量は10個がよいのか、100個がよいのか、それぞれの指示の仕方によって、工場の生産性が決まるともいえます。時間を経ると次第に正確かつ効率的な情報が集まってきます。これは1950年代にアメリカで開発された管理手法ですが、コンピュータ・ネットワークが進んでくると企業間の取引にもつながり、現代では広く活用されています。

　これらの究極の目的は、工程内の部品や材料の在庫をなくすことですが、在庫を全くゼロにすることは至難の業ですし、現実的ではありません。そこで最小在庫の考え方が出てきます。部品在庫がなくなる少し前に次の部品が配達されていれば生産は滞ることなく進むのですから、その時間的な調整が重要になるのです。トヨタ自動車の**ジャスト・イン・タイム**（Just In Time：JIT）がこれにあたります。

　ジャスト・イン・タイムはトヨタ生産方式の中核をなすもので、製造工程において、在庫も仕掛品在庫もゼロにすることを目標にした生産方式です。その中にカンバン方式が含まれます。

　カンバン方式とは、必要な量を、必要なときに、必要な箇所に届けるため

にカンバンという連絡票を使って，使用した分が補充されるというメカニズムです。これはトヨタ自動車の副社長を務めた大野耐一氏が，アメリカ視察の際に，スーパーマーケットの商品棚が空いた隙間分だけが補充されることからヒントを得て作られた生産方法です。この方法により，ジャスト・イン・タイムが実現されたのです。

3 生産技術の進化

3.1 自動化の意味

　生産技術の進化を考えた場合，最終的には全自動化を想定する人が多いかもしれません。生産技術は人の技術に頼っていた時代から，機械を利用するようになり，生産量や手法の安定化が進んできました。コスト面からみると，生産量が安定していること，機械で定量を定時で生産することが重要です。しかしながら需要が不安定な場合や，タイミングが不定期である場合もあります。そのような場合には，全自動生産が効率的であるとは限りません。

　また自動化は初期投資が大きくなるので，投資の回収が確定されなければなりません。そのため，何を自動化し，何を人の技術で対応するべきかを決定しなければなりません。生産技術の進展では，人的作業を少なくすることでコストと間違いを少なくすること，それによって品質を上げることが目的とされてきました。そのために自動化は最も重要な手段と考えられてきました。

　確かに機械による自動化はコストを下げ，間違いも少なくなります。しかしながら製品の改良やその継続，次の製品への改善点の示唆，改善の積み重ねといった観点からは，機械による自動化が最適であるとは限りません。自動化は機械任せですから，何か改善点を教えてくれるものではないのです。

　それに対し，人が自分で作業を行う場合，動き回り，感じたりすることで進化が起きることがあります。例えば塗装作業は人にとっては厳しい作業環

境なので,機械化による作業が有効な解決方法と考えられます。

しかし,それによってすべてが解決したと考えてしまうと,その作業はきっと進化しなくなるでしょう。もしその作業を人が行っていたら,塗料の量を減らす方法や飛沫が飛び散らない方法,さらには塗装しないではじめから着色された部品を使うなどのアイディアが出てくるかもしれません。機械化による自動化を進め,作業環境を改善しながらも,作業の意味を問い直すことが重要です。

3.2 生産技術とコストダウン

2.2項で,生産管理の役割として,コストダウンの重要性を指摘しましたが,そのために多くの研究が行われてきました。コストダウンの構造は部品コストとプロセス・コストに分けられます。

部品コストは部品単体のコストと,部品の多機能化によるコストダウンにさらに分けられます。それまで複数の部品で行っていたものを1つの部品で行ったり,ソフトウェアなどで制御された部品が出てくるとコストは下がります。

一方,プロセス・コストの削減は部品統合によるプロセスの短縮化,作業の効率化,熟練化による作業時間の短縮化,プロセス改善などによって可能になります。

コスト改善に向けてさまざまな管理方法も検討されてきました。これは「コストの見える化」などといわれています。管理指標をわかりやすく見えるようにすることです。複雑な問題を仕分けして単純な課題に展開することや,それらの因果関係を示したり,影響の大きさを測定するなどして,コスト管理の方法を一目見ただけでわかるようにするといった工夫が必要です。

一方,**2.3**項で説明しているように,多くの場合,外部からの部品調達によってもコストダウンが可能になります。供給業者は競争によりコストを下げ,品質を上げてくれる可能性があるので,部品の要求水準さえ満たしていれば外部調達によりコストダウンが追求できます。

セル生産方式という生産方法でもコスト削減が可能な場合があります。セル生産方式とは，分業による流れ作業（ライン生産方式）ではなく，1人あるいは少人数の作業チームではじめから最後まで生産する方式です。ライン生産方式と比較して，作業者1人が受け持つ作業の範囲が広いのが特徴です。大量生産には向かない方式と考えられますが，需要の変化に柔軟に対応することができる点が大きなメリットです。さらに少人数や1人で完成品まで作るということは，その製品に関して，部品や作り方，手順などをすべて理解している必要がありますので，全体的な視点から作業の改善や製品の改良のための意見が出しやすいということも大きなメリットとして考えられています。

　時代はかつての少品種大量生産の時代から，多品種少量生産の時代へと変わってきています。多品種少量生産は市場のニーズに即した生産体制であるとともに，多くの種類の製品を作ることで，製品間の情報や，共通化作業の発見など，改善改良を加えるための有効な手段としても活用されています。顧客管理から物流（内部，外部），開発までの多くの部門を複合的に担当することで，多面的な視点から改善点を見つけ出していこうという試みもあります。さらに，市場がグローバルになると多品種大量生産が求められるようになってきています。

　これまで顧客の視点でものづくりをしてこなかった生産部門の人々も，顧客が本当に求めている機能は何なのか，その機能を提供するためにどれだけの工夫やコストをかけなければならないかを考えなければならなくなっているのです。

4　品質の理論

4.1　品質改善活動

　生産管理において品質を向上させることは極めて重要です。品質向上のた

図表 14 − 1 ▶▶▶ PDCA サイクル

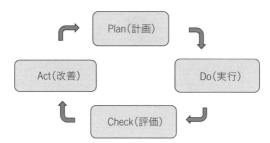

めの仕組みをどのように構築するかが大事です。日本のものづくりのレベルは戦後，世界的な水準に到達しましたが，それまでは自動車，家電製品，精密機器のどれをとっても，決して世界水準のものではありませんでした。

戦後，日本製品の品質向上には，いくつかの理由がありました。その1つが，アメリカからの品質向上の指導です。戦後，連合国の占領下にあって，通信機やラジオなどの製品について，アメリカから品質管理の手法が導入されました。戦後の日本にとって必要なものが性能のよい通信機器と伝達機器であり，具体的には電話やラジオといった製品でした。多くの情報が伝達されることで平和な社会が作られると考えられていた面があります。

品質向上の指導者として有名なのが，デミング（Deming, W. E.）やジュラン（Juran, J. M.）などの人々です。彼らの指導により，統計的手法を用いた品質向上のチェック方法や分析手法，**PDCA**（Plan-Do-Check-Act：計画・実行・評価・改善）**サイクル**などが導入されました（図表 14 − 1）。

これらの人々は日本中を巡回して統計的品質管理手法を指導していきました。これはGHQの指導のもとに行われたため，その指令は絶対で，全国の大企業から中小企業までのトップが参加しました。これが，日本の品質管理活動においてトップが積極的な推進役になるきっかけとなったといわれています。アメリカで作られた統計的品質管理手法が日本で花開いたというわけです。

PDCAサイクルは現代の日本人にとっては当たり前の仕事のやり方ですが，その起源はここにあります。これらの活動は**TQC**（Total Quality

Control：統合的品質管理，全社的品質管理)，**TQM**（Total Quality Management：総合的品質管理）につながっていきました。

品質の管理は品質担当の役割であるというのが海外の常識ですが，日本ではこれは全員の役割であり，多くの人々がさまざまな場面で改善案を提案するのが当たり前になっています。TQC では統計的な手法に加えて，グループ活動や課題設定方式，提案活動など，社員全員が参加する活動として広がってきました。

よく使われる道具として QC の 7 つ道具と呼ばれるものがあります。①特性要因図（魚の骨図），②チェックシート，③層別分類，④ヒストグラム（ばらつき分布図），⑤パレート図，⑥散布図，⑦管理図などがよく使われます。これらの道具を用いて品質上の問題を発見し，その原因を把握し，対策を立てて改善を行った後に，その問題が解消したことを確認して品質を向上させていくのです。

品質の向上で功績のあった団体や個人に授与される賞に**デミング賞**というものがあります。これは先述のアメリカの品質管理の専門家であるデミングからの寄付をもとに設立された賞です。一方，アメリカ生まれの品質改善活動が日本で成功したことに刺激を受けて，アメリカでは，当時の商務長官の名をとって**マルコム・ボルドリッジ賞**が作られました。これは大統領から直接表彰される権威ある賞です。

この影響で，今度は日本にも**日本経営品質賞**が作られました。これは 1995 年に**日本生産性本部**によって創設された制度です。「顧客の視点から経営全体を見直し，自己革新を通じて新しい価値を創出し続ける『卓越した経営の仕組み』を有する企業」に対して授与されます。

製品品質から顧客の満足，さらには組織やリーダーシップのあり方などの視点が評価軸に含まれています。生産現場の品質から，全社の仕事のやり方や成果に関して，それらが常に向上しているか，最終的な評価者である顧客からみて，その業務や仕事のやり方は満足度が高いか，さらにトップが積極的に推進して，そのリーダーシップのもとで業務が遂行されているかなど，幅広い視点で品質が捉えられているのが特徴です。

4.2　シックスシグマと改善運動

　製品品質の向上策については，アメリカで1980年代後半からさらに進展をみることができます。その1つとして，統計的手法を展開させた**シックスシグマ**があげられます。これはアメリカのモトローラをはじめとした民間企業で開発された手法です。これは不良品の発生率を100万分の3.4（これを6Σレベルといいます）に抑えようという品質管理手法です。

　例えば半導体は最終製品に使われる量が多く，そこに1つでも不良品が入れば製品全体に不具合が生じてしまいます。そのため，このような製品の生産においては特に品質が重視され，この手法が導入されています。

　不良品の発生確率を抑える具体的なプロセスには**D-MAIC**モデルなどがあります。これは課題を適切に定義し（Define），それを統計的に測定し（Measure），統計的に分析し（Analyze），改善を行い（Improvement），それを経営の中に定着させる（Control）という一連の改善行動を示しています。

　この手法が特に米国のデジタル製造業で実施され，成果をあげました。常に，品質を改善するために多くの手法が開発されているのが実情です。

5　生産管理と企業の優位性

5.1　生産管理における労働者の管理

　生産現場における労働者の管理には，労働者の効率的な働き方や無駄のない作業による労働の効率化などがあげられます。近年は特に労働者をどのように育てるかが大事な問題となっています。

　例えばセル生産方式では，作業者が製品のはじめから最終段階までの手順をすべて理解し，1人でものづくりを進めなければなりません。これは作業者を多能工として育成しなければならないということを意味しています。

大量の作業を多くの作業者で行う場合には，それぞれが単能工として深い専門的な技量を持って作業することが求められます。しかしながら仕事の量にバラツキがある場合や単純な作業と複雑な作業が混在している場合などは，作業者が複数の専門的技量を持つことで，柔軟な対応が可能になります。また多能工であれば複数の工程を担当することができるので，他の作業者の作業内容をチェックすることもできます。

日本の品質管理においては「品質の作り込み」ということがよくいわれますが，日本の製造現場では上工程の担当者が下工程の作業を現場でチェックすることがあります。作業工程の中で品質や作業のチェックが多重に行われるのです。工程の最後に品質検査担当がチェックするよりも，各工程でチェックする体制のほうが丁寧なチェックができます。

これを可能にするのが作業者の多能工化です。それには現場の作業者がすすんで他の仕事を理解するという学習態度や努力が必要です。このような特徴を備えているのが，日本のものづくりであるともいえます。

5.2 付加価値の増幅と生産管理

生産管理に付加価値の増幅過程をどのように組み込むかが，最近の大きな課題になっています。それは生産情報や顧客ニーズに生産機能を対応させることによって実現できます。生産情報と顧客の情報を連動させることは，注文から納入までの期間を短縮するだけでなく，生産部門での付加価値増大へ向けた活動のヒントにもなります。

これからの生産管理では，顧客とのつながりを重視し，アフターサービス情報を活用し，より積極的にコストダウンから価値創出へ向けた活動を行うことが求められます。

| Working | 調べてみよう |

企業の工場見学に行き，どのような生産の工夫が行われているか，調べてみましょう。

| Discussion | 議論しよう |

なぜすべての生産を全自動化してはいけないのでしょうか。その理由をあげてみましょう。またその逆に積極的に全自動化をしたほうがよいときの条件とはどのようなものでしょうか。

▶▶▶さらに学びたい人のために

- 藤本隆宏［1997］『生産システム進化論―トヨタ自動車にみる組織能力と創発プロセス』有斐閣。
- 和田一夫［2009］『ものづくりの寓話―フォードからトヨタへ』名古屋大学出版会。
- Hounshell, D. A. [1984] *From the American system to mass production*, 1800-1932 : *The Development of Manufacturing Technology in the United States*, Baltimore: Johns Hopkins University Press.（和田一夫・藤原道夫・金井光太朗訳［1998］『アメリカンシステムから大量生産へ 1800-1932』名古屋大学出版会）

参考文献

- 石川馨［1984］『日本的品質管理―TQCとは何か（増補版）』日科技連。
- 大野耐一［1978］『トヨタ生産方式―脱規模の経営をめざして』ダイヤモンド社。
- 藤本隆宏［2001］『生産マネジメント入門-Ⅰ』，『生産マネジメント入門-Ⅱ』日本経済新聞社。
- 山田秀［2006］『TQM品質管理入門』日本経済新聞社。

第15章 日本企業の財務管理とコーポレート・ガバナンス

Learning Points

- ▶財務管理とは，企業のお金に関する管理を指しますが，そこにおいて具体的にどのような意思決定を行う必要があるのでしょうか。
- ▶日本では，会社は「みんなのもの」という考え方が一般的だといわれますが，そのような企業観が生まれたのは，どのようなことが背景となっているのでしょうか。
- ▶日本企業のコーポレート・ガバナンスのあり方に関して，近年，多くの議論が行われています。今後の日本企業はどのようにあるべきでしょうか。

Key Words

資本調達　コーポレート・ガバナンス　投資決定　ペイアウト政策
株式持ち合い　メインバンク制

1 財務管理とコーポレート・ガバナンス

　本章では，株式会社の財務管理とコーポレート・ガバナンスについて，特に，日本企業の状況を中心に議論を進めます。企業は，各種の生産設備を保有し，人々を雇用し，商品やサービスを生産し，収益を上げています。このような活動には，必ず金銭の動きが伴いますが，それを管理する活動は，一般に**財務管理**と呼ばれます。つまり，財務管理とは，企業を形成するヒト，モノ，カネ，情報といった経営資源の中で，「カネ」に関する管理問題を指します。

　一方，**コーポレート・ガバナンス**（corporate governance：企業統治）とは，経営者に対する監督や規律付けに関わる問題を指します。第2章で株式会社の仕組み（第**2**，**3**節）とそのアメリカにおける状況の変化（第**4**節）

について説明していますが，これもコーポレート・ガバナンスの問題に他なりません。

　この章で財務管理とコーポレート・ガバナンスを同時に論じるのは，この2つの問題の間には密接な関係があるからです。第2章の第4節でアメリカにおける経営者支配の成立とその変貌に関して説明していますが，その背景にあったのは，株主構成の変化でした。つまり，会社が資本を集めるにあたって，それを具体的にどのように集めているかということと，コーポレート・ガバナンスのあり方は密接に関係しているのです。したがって，この章では，財務管理について簡単に説明した後，日本企業の資本調達の歴史的趨勢を概観し，それを踏まえて，日本企業のコーポレート・ガバナンスについて論じていきたいと思います。

2 日本企業の資本調達

2.1　財務管理における意思決定

　図表15－1は，企業における金銭の流出入を模式的に描くことで，企業内でどのような財務的な意思決定が生じるのかを示してしています。

　図表15－1の①で示されているように，事業を起こすためには，まず，必要な資金を集める必要がありますが，これは**資本調達**と呼ばれます。その方法は多岐にわたっており，詳しくは次項で説明します。

　続いて，集められた資金を用いて，生産設備のような実物資産を購入する必要があります。その際，どのような生産設備に資金を投資するべきかという意思決定問題，すなわち，**投資決定**の問題が生じます（②）。

　そして，生産された製品が製品市場に供給され（③），収益がもたらされます（④）。企業は，資金を提供してくれた投資家に対して，支払いを行う必要があります。貸し付けの形で資金を提供している債権者に対しては，利子を支払う義務があり，意思決定の問題は生じません（⑤）。

図表 15 − 1 ▶▶▶ キャッシュフローの流れと財務的意思決定

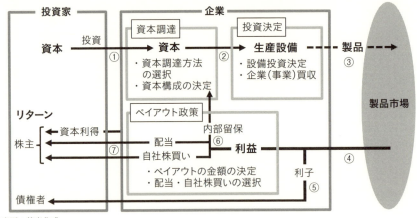

出所：筆者作成。

　出資者である株主に対しては，利益の一部が支払われますが，その際，2つの意思決定問題に直面します。利益は，全額支払われるのではなく，内部留保することが可能です。したがって，生じた利益をどの程度留保するべきかという意思決定の問題が発生します（⑥）。また，利益を株主に還元するにあたって，全株主に配当の形で支払うやり方と，発行されている自社株を買い戻す，**自社株買い**といわれる方法があります。そのため，このどちらの方法で行うか，もしくは，これらの2つをどのような組み合わせで用いるかという意思決定の問題が生じます。つまり，**ペイアウト政策**に関わる意思決定を行う必要があります。

2.2　資本調達の体系

　図表 15 − 2 に示されているように，具体的な資本調達の手段は，非常に多様です。まず，資金の発生源によって分類すると，投資家や金融機関といった企業の外部からの資本調達である外部資本調達と，企業内部で発生した資金を利用する内部資本調達に分類できます。内部資本調達には，生じた利益を配当せずに，さらに事業を行うために利用する**内部留保**のほかに，減

図表15-2 ▶▶▶長期資本調達の体系

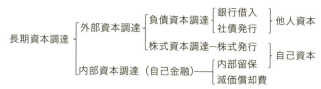

出所：筆者作成。

価償却費も含まれます。

　外部資本調達は，株式資本調達と負債資本調達に分けられます。

　株式資本調達は，株式の発行による資本調達ですが，株式発行の具体的な方法は多様です。不特定多数の投資家を対象とした公募増資のほか，既存の株主を対象とした株主割当増資や取引先等の特定の縁故者を対象とする第三者割当増資があります。株主に対しては，第2章で説明されているように，株主総会における議決権が与えられています。その代わりに，企業は株主に対して，その提供された資金を償還する必要がありませんし，毎期の支払いも変動的な配当が約束されているだけです。

　これに対して，負債資本調達においては，債権者に対して，一定期間後に元本を返済し，その間，一定の利子を支払うことが約束されます。

　この負債資本調達には，銀行等の金融機関からの借り入れのほか，社債と呼ばれる債券を発行することにより，広く一般から資金を調達する方法もあります。社債には，普通社債のほか，一定の条件で株式に転換できる転換社債や，当該企業から株式を購入できる権利がついた新株引受権付社債といった，株式と社債の両方の特徴を有する社債もあります。

　また，資本の帰属に基づいて分類すると，株主に帰属する自己資本と債権者に帰属する他人資本に分類できます。なお，留保利益は，配当等の形で株主に支払われることが可能な資金が社内に留め置かれたものであり，自己資本に含まれることに注意が必要です。

2.3 日本企業の資本調達政策の歴史的推移

図表15－3は，日本企業の資本調達の歴史的な趨勢を示すため，1965年から5年おきに，全上場企業に関して，単体の貸借対照表における，**図表15－2**の各項目に該当する各勘定科目の，総資産に占める比率の推移を示したものです。

高度成長期の日本企業にとって，資本調達源泉の最大のものは銀行借入でした。当時の日本企業は，高い成長率を背景に大きな資金需要がありましたが，それを内部資金で賄うことはできませんでした。また，株式発行も額面割当増資が中心で，大きな金額の資本調達を期待することができませんでした。さらに，社債に関しても，各種の強い規制が存在し，実質的にそれを利用できたのは，一部の企業に限られていました。

そのため当時は，銀行借入が，最大にして，事実上，唯一の資本調達源泉となっていました。その結果，当時の日本企業は，自己資本比率が20％を

図表15－3 ▶▶▶ 日本企業の長期資本調達の趨勢

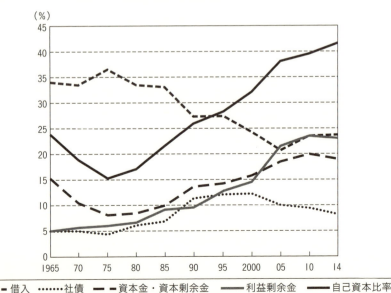

出所：日経 Needs Financial Quest をもとに筆者作成。

割り込み,「借金経営」体質であるといわれていました。

公募増資や社債発行といった証券発行に関する制度が事実上ととのい,これらがある程度普及したのは,1970年代以降です。この時期は,日本企業は安定成長に入り,資金需要が一段落します。そのため外部からの資本調達の比率が減り,留保利益の蓄積分である利益剰余金の割合が増え始めます。

1980年代の後半のバブル期には,株式市況の好調を背景に,公募増資のほか,転換社債や新株引受権付社債による資本調達が増加しました。これらは,株式の時価発行を伴う資本調達であり,エクイティ・ファイナンスと呼ばれます。

従来,企業の資本調達は,銀行を経由した**間接金融**が圧倒的でしたが,この時期に,企業が直接資本市場から資本調達を行う,**直接金融**の比率が高まります。ただし,このようにして調達された資金の多くは,「財テク」の名のもとに,それをさらに証券投資等で運用することが行われ,株価がさらに上昇するという状況が生じました。

これは実体経済を伴わない「バブル現象」であり,1990年に日経平均が暴落し,それ以降,長く続く不況に企業は悩まされることになります。この間,資金需要そのものが落ち込んだことや,環境変化に伴うリスクの増大に備えたために,留保利益が社内に蓄積されていきました。また,1990年代後半には,「金融ビッグバン」の一環として,株式発行や社債発行に関して,劇的な規制緩和が行われ,直接金融による資本調達を行いやすい環境が整いました。

このようなことから,1980年代半ばから,進み始めた「銀行離れ」が一層加速し,1975年には,借入が40%近くを占めていたのに対し,2010年には20%近くまで減少しています。また,このような状況を反映し,自己資本比率も40%を超えるようになっています。

3 日本型コーポレート・ガバナンスの成立

3.1 財閥解体と経営者支配

　第2章の **4.1** 項では，アメリカにおいて，第2次世界大戦前には経営者支配がかなり一般化していたとする，バーリ＝ミーンズの議論を取り上げました。一方，戦前の日本においては，同族により所有された持株会社を中心に，ピラミッド型にコンツェルンを形成した財閥が日本経済において，圧倒的な地位を占めていました。

　日本では，敗戦後，GHQ（連合軍総司令部）による**財閥解体**によって，より徹底した形で経営者支配が進展します。敗戦とともに日本を統治したGHQは，戦前の日本経済において，同族に支配されている財閥が独占的な地位を占めており，そうした産業構造が対外侵略の勢力を醸成したと理解していました。そのため，「経済民主化政策」の一環として，財閥解体が実施されました。1946年に，持株会社整理委員会が発足し，三井，三菱，住友，安田といった4大財閥の本社をはじめ，中小の財閥本社や大規模な事業持会社の合計83社が持株会社として指定されました。これらの会社は解体され，保有する傘下会社の株式は，同委員会に譲渡され，当該企業の従業員や一般に売却されました。

　また，GHQは財閥系企業だけではなく，戦前から続く資本金1億円以上の非財閥系有力企業に所属する経営幹部に対しても公職追放を行いました。

　この結果，2,000人以上の経営幹部がその地位を去ることになり，新たに経営者になったのは，当時，部長，工場長クラスの内部昇進の専門経営者でした。このように，財閥解体を通じて，支配的な株主が消滅し，専門経営者が経営を担う経営者支配が日本企業に一般化することになります。

　このようにして登場した若き専門経営者は，2つの財務上の難題に直面することになります。そのきっかけとなったのは，1949年3月に，戦後の極端なインフレを抑えるべく，超均衡予算主義に基づく緊縮財政がとられたこ

とにあります。その結果，日本経済は，ドッジ・デフレと呼ばれるデフレ状態に陥り，企業は深刻な資金不足に陥ります。

さらに，1950年6月に勃発した朝鮮戦争による特需は，民間の資金不足に拍車をかけることになりました。このような資金需要を一手に賄ったのが，日本銀行から借り入れた資金を，主要銀行が同系列の企業に貸し出す，系列融資でした。このような銀行と企業との関係は，後に**メインバンク制**へ発展していくことになります。

もう1つの難題は，株式の買い占めや乗っ取りの脅威にさらされたことです。ドッジラインに加えて，財閥解体によって放出された株式が市場に供給されたことにより，1949年10月から株式市場は崩壊し，極端な株安の状況が出現しました。その結果，企業の株式が，新興の資産家によって買い占められる事態が起こりました。1950年代初めには，陽和不動産（三菱地所の前身）や大正海上（現三井住友海上）といった名門企業をはじめとし，いくつかの株の買い占め事件が起こっています。

このような状況に対して，企業は，敵対的な行動をとらない株主を確保する，**安定株主工作**を図りました。同系会社の株式保有が厳格に禁止されていた講和以前の時期には，他系列銀行や第三者への保有依頼等で安定株主工作を図り，制約が解除された後には，同系列の企業間の**株式相互持ち合い**によって安定株主比率を高めました。

3.2 株式持ち合いとメインバンク制

このようにして始まった株式持ち合いとメインバンク制は，1980年代までの日本の大企業のコーポレート・ガバナンスを特徴づけることになります。

図表15－4に，1950年以降の日本企業の株式所有構造の趨勢を示しています。財閥解体直後の1950年には個人株主が60％を上回っていましたが，その後減り始め，代わりに金融機関と事業会社の比率が上昇し，1990年にはこの両者で70％を占めるに至っています。このような株式所有の法人化の背後には，企業が株式所有を伴う**企業グループ**を形成したことにあります。

図表 15 － 4 ▶▶▶ 日本企業の所有構造の趨勢

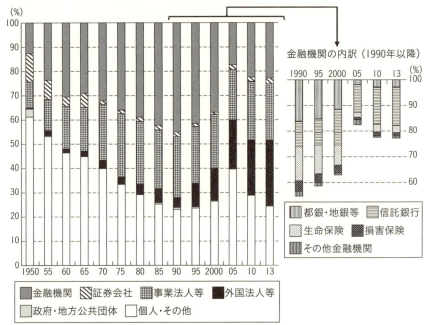

出所：東京証券取引所『2013 年株式分布状況調査』をもとに筆者作成。

　企業グループには 2 つのタイプがあることに注意する必要があります。
　1 つは，親会社・子会社の関係を持つ企業グループです。この種の企業グループは，本業を行っている親会社を頂点とし，部品メーカーや販売会社といった，それに関連する生産過程の子会社や多角化部門を子会社化した企業から成り，**系列**と呼ばれることがあります。
　もう 1 つのタイプは，系列の親会社に相当する大企業から形成され，相互に株式を持ち合っているグループです。系列が垂直的な所有関係に基づくのに対し，こちらのグループは，水平的な所有関係に基づいています。三井，三菱，住友の旧総合財閥の企業グループのほか，旧富士銀行，旧三和銀行，旧第一勧銀を中心とするグループが形成され，相互に複雑な所有関係を結びました。
　その後，株式持ち合いは，1960 年代半ばには，資本自由化への対抗策として，また，1980 年代後半には，当時，活発に行われたエクイティ・ファ

イナンスを金融機関が引き受ける形でより進行しました。これらの企業グループは，6大**企業集団**と呼ばれ，1980年代終わりの最盛期には日本を代表する企業のかなりの比率がこれに加わっていました。

　株式持ち合いを行っている企業は，お互いに株主でありながら相手に株式を所有されている関係であり，お互いの経営には口を出さない「サイレント・パートナー」となります。そして，それぞれが安易に株式を売却しない安定株主となりますので，経営者は合併・買収の脅威からも守られ，徹底的な形で経営者支配が出現することになりました。さらに，企業集団に属する企業間では，株式所有だけではなく，お互いにお互いが顧客となり合う，長期的な取引関係が一般的にみられました。その中で，最も重要な関係は，銀行との関係で，集団に属する銀行は他の企業のメインバンクとなっていました。

　メインバンクとは，狭義には，企業が取引している銀行の中で，融資額が首位の銀行を指しますが，日本企業においては，単に融資だけでなく，メインバンク制と呼ばれる，多面的な関係が築かれました。

　2.3項で説明しているように，高度成長期の日本企業は，その旺盛な資金需要のほとんどを銀行借入で賄っていましたので，メインバンクは資本調達源泉として圧倒的な存在感を持っていました。株式持ち合いを行ってない場合も，貸付先企業の株式を保有することが多く，当該企業に対して大きな影響力を有していました。貸付先企業の決済もメインバンクを通じて行われ，さらには，役員派遣を通じた人的交流も行われていました。その結果，貸付先企業の情報を熟知することにもなり，その企業を監視（モニタリング）し，経営者に助言したり，その意向を伝えたりする形で，経営に関与してきました。

　さらに，貸付先企業の財務状態が悪化した場合，経営に介入し，事実上経営権を取得して再建策を講じることもありました。東洋工業（現・マツダ）やアサヒビールといった大企業が，メインバンクから派遣された経営者により再建された事例も存在します。

　このように，メインバンクが貸付先企業の財務状態により，その程度を変えながらその経営に関与してきた状況は，メインバンクによる**状態依存型ガバナンス**と呼ばれます。

3.3 日本型コーポレート・ガバナンス

　以上のようなことを背景に，日本企業においては，**図表15－5**に要約されるコーポレート・ガバナンスの日本的特徴ともいうべきものが生まれました。

　前節で述べられているように，日本企業の多くは，高い安定株主比率を実現し，徹底した経営者支配が実現しました（①）。また，このような所有構造のもとで，取締役会の受託職能に対する認識が希薄になり，受託職能と全般管理職能が未分離な，第2章の第3節で説明されているような取締役会のあり方が容認されてきました。

　一方，第13章の第3節で述べた終身雇用のもと，日本企業において従業員は同一の企業に長期間勤続することが一般的となっています。経営者や取締役も，長年その企業に勤めた従業員の中から昇進し，選抜されてきました（②）。

　このような雇用慣行の下では，従業員も企業の盛衰と運命を共にする存在となっています。そのため，従業員の経営に対する関心も高く，経営者は彼らから少なからぬ圧力を感じていると考えられます。また，経営者自身も，従業員出身であり，従業員に対する共感やその代表であるとの意識を持っているかもしれません（③）。

　さらに，前節で説明しているように，資本調達におけるメインバンクの存在感は圧倒的であり，企業に対する大きな影響力を有していたと考えられます（④）。

図表15－5 ▶▶▶日本型コーポレート・ガバナンスの特徴

①株式相互持合い，安定株主工作といわれるように，株式市場から相対的に自立した企業経営が行われている。
②内部昇進の専門経営者によって構成される取締役会と業務執行にあたるエグゼクティブのメンバーが一致している。
③従業員がステークホルダーとして一定の力をもっている。
④メインバンクのモニタリング機能がある。

出所：宮本又郎「日本型コーポレート・ガバナンス」宮本他［1992］，174頁を加筆修正。

> Column　各国における企業観

　コーポレート・ガバナンスのあり方の原因であるのか，はたまた，その結果であるのかは一概には言えませんが，企業目的に対する考え方は，それぞれの国で相違します。図表15－6に示されているように，日本においては，株主のみを重視するアメリカやイギリスとは異質な，利害関係者全体を重視する企業観・経営観が一般的となっています。すなわち，アメリカやイギリスにおける企業観が，株主利益中心の一元的企業概念であるのに対し，日本企業は従業員を中心とする多元的企業概念であるといえるでしょう。

　なお，フランスやドイツでは，日本により近い姿勢がみえます。ドイツにおいては，一定以上の規模の企業においては，経営者の選任権を有する監査役会（日本の取締役会に相当します）の半数を労働者代表としなければならないとされ，従業員を重視する風土が具体的に体現された，共同決定と呼ばれる法律上の制度が存在します。

図表15－6 ▶▶▶ 日本企業と欧米企業の企業目的（1990年，1992年調査）

質問：以下の2つのどちらの前提に基づいて，あなたの国の大企業は経営されていますか？
- 株主の利益を最優先すべきである
- 会社のすべてのステークホルダーのために存在する

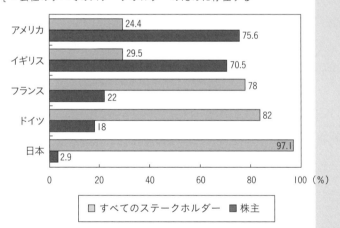

注：調査対象をそれぞれの国のミドルマネジャーとする郵送によるアンケート調査の結果。実施時期は，日本とフランスが1990年，アメリカ，ドイツ，イギリスは1992年。サンプル数は，日本68，フランス51，アメリカ86，ドイツ113，イギリス86。

出所：Masaru Yoshimori [1995] "Whose Company Is It? The Concept of the Corporation in Japan and the West," *Long Range Planning*, Vol.28-4, pp.34-35.

4 日本におけるコーポレート・ガバナンスをめぐる議論

4.1 株式所有構造の変化とコーポレート・ガバナンス改革

ところが，1990年代に入ると，日本企業を取り巻く状況は一変し，コーポレート・ガバナンスのあり方にも関しても大きな変化が生じます。

まず，1980年代後半のバブル経済の後，1990年代初めにそれが崩壊すると，企業業績や株価の低迷が長く続きました。その「犯人」として注目されたのが，コーポレート・ガバナンスの問題点です。つまり，日本企業において，バブル期においては経営者の暴走に歯止めをかける仕組みが，また，その後の不況期には，経営者により効率的な経営を行わしめる仕組みが存在しないと主張され，90年代以降の不況は，「ガバナンス不況」とも呼ばれました。

前節で説明しているように，従来の日本企業においては，安定株主比率が高く，株主からの圧力はほとんど受けていませんでしたが，メインバンクによる経営者に対する牽制がある程度存在するとされていました。ところが，**2.3**項で説明しているように，1980年代後半から，日本企業の資本調達は銀行借り入れ中心から，株式の公募や各種の社債の発行といった直接金融や内部資金に比重が移り，資本調達に占める銀行借入の比率が低下しました。その結果，メインバンクの企業に対する影響力が低下し，経営者の放漫経営をもたらしたとする議論が有力になりました。

また，1990年代に入って，株式の所有構造が劇的に変化し始めます。バブル崩壊後，各企業は事業収益が落ち込み，それを補うために，含み益のある株式の売却が行われました。さらに，銀行の株式所有の制限，時価会計の適用，株式保有状況の開示の義務化といった法令の改正により，政策投資による株式保有を維持することができにくい状況となってきました。

図表15－4をみると，金融機関の持株比率が，1990年には45％に達していたのに対し，2013年には23％，特に，都銀・地銀等の持株比率は，3％

図表15－7 ▶▶▶ コーポレート・ガバナンスに関する主な法律の改正

年	内容
1993年	株主代表訴訟の簡素化（手数料を一律8,200円） 監査役会制度の導入（3人以上の監査役の設置と内1名の社外監査役を義務化）
1997年	ストック・オプション制度の導入
1999年	時価会計の導入
2001年	監査役の機能強化（監査役の半数は社外監査役，取締役会への出席の義務化） 銀行等株式保有制限法の制定（2002年施行）
2002年	委員会等設置会社の導入
2003年	自社株買いが取締役会の議決で可能に
2010年	コーポレート・ガバナンスに関する開示に関する内閣府令（政策投資の持株比率の開示，役員報酬の開示）
2014年	監査等委員会設置会社の導入 スチュワードシップ・コードの制定
2015年	コーポレートガバナンス・コードの制定 東証の上場規則の変更（複数の独立取締役）

出所：筆者作成。

にまで下がっています。これらの所有比率の低下を埋めたのが，当時，国際的な分散投資を進め始めていた外国人投資家と投資信託・年金基金（**図表15－4**では信託銀行に含まれています）による株式所有で，2013年における両者の所有比率は，合わせて30％を超えています。

かくて，株式持ち合いを中心とする高い安定株主比率という日本型ガバナンスの基盤ともいうべきものが崩れることとなりました。反面，外国人投資家や投資信託・年金基金といった純粋な投資目的の投資家が増加し，彼らによる株主行動主義的活動が目につくようになりました。また，派手な敵対的買収が起こるようになり，株式市場が会社支配権市場としての意味合いを持っていることが認識されるようになりました。

このようなことを背景とし，1990年代半ばから，経営者に対する監視を強める方向でのガバナンス改革が行われています。第2章の**3.2**項で説明されている取締役会改革も，その一環として実施されています。また，**図表15－7**に示されているような法令の改正が，次々と行われています。このように，近年の日本企業において，1970年代のアメリカにおける株主復権（第2章**4.2**項）とよく似た変化が起こっているといえるでしょう。

4.2 日本企業とコーポレート・ガバナンス

4.2.1 株主中心型ガバナンスの効果

　以上のように，戦後の日本企業は，独特の日本型コーポレート・ガバナンスを構築しましたが，近年，株主の影響力が増加し，アメリカ企業と同様の「株主中心型ガバナンス」へと変貌しつつあるようです。1990年代以降，日本企業のコーポレート・ガバナンスのあり方に注目が集まり，さまざまな視点から，多くの議論が行われてきましたが，それらの議論に照らして，このような変化はどのように評価されるのでしょうか。

　株主中心型ガバナンスへの変化により期待される効果は，以下の諸点でしょう。そもそも，日本型ガバナンスにおいては，メインバンクや従業員を中心に多元的なステークホルダーによって経営者が牽制されていましたが，ガバナンスの中心となる主体は存在せず，経営者に大きな自由度が与えられていたと考えられます。そのことが，放漫経営や各種の不祥事が起こったことの原因の1つであったことは否定できず，それらが改善される効果が期待できるでしょう。

　かつての日本企業の大株主の多数派は，銀行や取引先といった安定株主で，彼らは純粋の投資目的の投資家ではなく，取引先としての利害関係も勘案して投資採算を計算する，政策投資を行っていました。これらの株主は，純粋な投資目的の株主と比べて，出資していることそのものに対しては，低い収益率で満足する株主であると考えられます。

　そして，当時の日本企業にとって，重要な株主はこのような株主であり，その要求を満たすことが，出資に対する必要収益率であると考えて経営されてきた可能性があります。ところが，株主には，安定株主以外の純粋な投資目的の株主も存在しますから，これらの株主は，当時は事実上無視されていたことになります。そして，そのような株主が取引の中心である証券市場は，その健全な発展が阻害されていたと考えられます。

　近年，株主をより重視する形でコーポレート・ガバナンスのあり方が変化

してきていますが，その株主の中には外国人等，出資に対してそれ相応のより高い収益率を求めるタイプの株主が増えています。つまり，今後，これらの株主をより重視する，すなわち，資本に対する収益性をより重視する経営へと変化する可能性があります。その結果，証券市場が健全な形で発展することが期待できるでしょう。また，株主への意識がこのように変化した企業は，証券市場から直接資本調達できる可能性が広がり，より有利に資本調達できるかもしれません。

4.2.2　株主中心型ガバナンスの副作用

　一方，株主中心型ガバナンスが企業経営に悪影響をもたらすとする議論も数多く主張されています。

　そのタイプの議論として，まず外部から強力なガバナンスが行われることの有効性に対する疑念があげられます。実際の企業経営は非常に複雑であり，その良否を判断するためには，その実態を熟知している必要があるでしょう。現実にはそうできない株主や社外取締役が，企業の経営状況を判断しようとすると，会計数値や株価といった「数字」に頼らざるを得なくなります。このような状況で，経営者が彼らから強い圧力を受けると，必要以上に数字を意識し，将来に大きな利益を生み出すような長期的な投資を控え，短期的な業績のみを重視した近視眼的な経営になってしまう懸念があります。

　また，株主をガバナンスの主体とする根拠そのものを疑問視する議論もあります。第2章で説明されているように，株式会社は，株主を唯一のリスク負担者とし，その株主にガバナンスの権限である議決権を与えることにより，出資の形の資本という希少な経営資源をより多く集めることができることを意図した制度でした。したがって，株主中心型ガバナンスは，制度の趣旨に照らして，透明性が高い形で制度が運営されているといえるでしょう。

　ところが，従業員も株主以上にリスクを負っている可能性が指摘されています。従業員も失業や失職のリスクを負っていますが，株主が分散投資によって，その負担するリスクを削減することが可能であるのに対して，従業員は一度に1つの会社にしか勤務することができないため，そのようなこと

は不可能です。

　また，従業員はある企業に長年勤続することにより，その企業独特の技術やノウハウ，仕事の進め方を身につけます。これは**組織特殊的人的資本**と呼ばれ，その企業においてのみ価値が生じるタイプの人的資本です。このように，従業員が提供する人的資源のかなりの比率は，企業に固着した経営資源となっています。これに対して，株主は株式の売却によって，比較的自由に出資者の立場から退場することが可能となっています。つまり，企業の長期的な業績の変動は，従業員のほうにより大きな影響を与えるとも考えられます。

　さらに，組織特殊的人的資本は，他企業からは模倣されにくい，当該企業にとって競争優位の源泉になる可能性が高い経営資源です。

　従業員が安心して，このような組織特殊的人的資本を形成するためには，将来，失職してそれが無駄にならないことが，保証される必要があります。そのため，従業員がガバナンスに対する影響力を持っていることが，この種の経営資源を社内に多く蓄積するためには有利であり，従来の日本型コーポレート・ガバナンスのメリットとなっていたと考えられます。

　以上のように，株主中心型ガバナンスの根拠やメリットは，必ずしも絶対的なものとはいえないようです。したがって，その副作用も念頭に，今後の日本企業のあり方について考えていく必要があるといえるでしょう。

Working　　　　　　　　　　　　　　　　　　　　調べてみよう

　インターネットで興味のある会社のホームページを閲覧し，有価証券報告書等により，現代のその企業の資本調達の状況や株式所有構造を確認してみよう。また，これらに関して，できるだけ過去の状況を調べて，比較してみよう。

Discussion　　　　　　　　　　　　　　　　　　　議論しよう

1. メインバンク制の企業経営に対するメリットとデメリットを考えてみよう。また，銀行におけるメリットとデメリットも考えよう。
2. 「会社は株主のものである」という考え方の根拠と問題点を整理してみよう。

▶▶▶**さらに学びたい人のために**

- 榊原茂樹・岡田克彦編［2012］『1 からのファイナンス』碩学舎。
- 加護野忠男・砂川伸幸・吉村典久［2010］『コーポレート・ガバナンスの経営学』有斐閣。

参考文献

- 青木昌彦［1995］『経済システムの進化と多元性』東洋経済新報社。
- 伊丹敬之［2000］『日本型コーポレートガバナンス―従業員主権企業の論理と改革』日本経済新聞社。
- 伊丹敬之・岡崎哲二・沼上幹・藤本隆宏・伊藤秀史［2005］『企業とガバナンス（リーディングス日本の企業システム第2期第2巻）』有斐閣。
- 井手正介・高橋文郎［2009］『ビジネス・ゼミナール―経営財務入門（第4版）』日本経済新聞出版社。
- 岩井克人［2003］『会社はこれからどうなるのか』平凡社。
- 江川雅子［2008］『株主を重視しない経営―株式市場の歪みが生んだ日本型ガバナンス』日本経済新聞社。
- 坂本恒夫・松村勝弘［2008］『日本的財務経営』中央経済社。
- 佐久間信夫編［2006］『よくわかる企業論』ミネルヴァ書房。
- 塩次喜代明・高橋伸夫・小林敏夫［2009］『新版　経営管理』有斐閣。
- 土屋守章・岡本久吉［2003］『コーポレート・ガバナンス論』有斐閣。
- 花枝英樹・榊原茂樹［2009］『資本調達・ペイアウト政策』中央経済社。
- 森川英正編［1992］『ビジネスマンのための戦後経営史入門』日本経済新聞社。
- 宮本又郎・服部民夫・加護野忠男・杉原薫・近藤光男［1992］『日本型資本主義』有斐閣。
- 「山を動かす」研究会編（中神康議・小林慶一郎・堀江貞之・杉浦秀徳・柳良平・上田亮子）［2014］『ROE 最貧国日本を変える』日本経済新聞出版社。

索 引

▶**事項索引**

英数

- 4大財閥 ……244
- 5S ……214
- D-MAIC ……235
- E・R・G理論 ……81
- Hi-Hi パラダイム ……97
- ICT ……217
- IoT（Internet of Things） ……226
- LPC 尺度 ……97
- M&A（企業の合併・買収） ……40, 171
- Make or Buy ……227
- MPS（Motivating Potential Score） ……91
- MRP（資材所要量計画） ……228
- NIH 問題 ……198
- PDCA サイクル ……233
- QCC ……211
- QCの7つ道具 ……234
- SBU ……166
- SL 理論 ……97, 100
- TQC（統合的品質管理, 全社的品質管理） ……211, 233
- TQM（総合的品質管理） ……211, 234
- T型フォード ……48
- VRIO フレームワーク ……180

あ

- アンダーマイニング効果 ……83
- 安定株主工作 ……245
- 意思決定 ……69
- 移動式組み立て方法 ……223
- イノベーション ……189
- イノベーションの源泉 ……196
- イノベーションのジレンマ ……202
- イノベーション・パイプライン ……194
- インセンティブ ……48
- インタビュー調査 ……54
- インフォーマル・グループ ……56
- 雲母剥ぎ作業集団 ……53
- エクイティ・ファイナンス ……243, 246
- エクセレント・カンパニー ……22, 128, 129, 132
- オープン・イノベーション ……201
- オープン・システム（開放体系） ……143
- オープン・システム観 ……22
- 大部屋主義 ……214, 216
- オハイオ研究 ……95

か

- 会社機関 ……32, 33
- 会社支配権市場 ……40
- 外的均衡 ……65, 66
- 買い手の交渉力 ……177, 178
- 外部資本調達 ……241
- 下位文化 ……128
- 科学的管理法 ……20, 43
- 課業 ……44
- 課業管理 ……44
- 拡大による成長 ……164
- 金のなる木 ……168
- ガバナンス不況 ……250

257

株式	29
株式会社	29
株式資本調達	241
株式譲渡制限会社	29
株式相互持ち合い	245
株式の上場	31
株主行動主義	41
株主総会	33, 39
株主中心型ガバナンス	252, 253
カリスマ的支配	114
監査等委員会設置会社	35, 37
監査役	34
監査役会設置会社	35
間接金融	243
間接的職能	111
カンバン方式	229
管理過程論	16
管理者層	17, 18
管理職能	15
管理的意思決定	160
管理の幅（span of control）	112
官僚制組織	114, 115, 146
官僚制の逆機能	114, 115, 116
機械的組織	145, 146
企業	26
企業グループ	245
企業集団	247
企業別組合	213
議決権	33
技術	163
技術決定論	150
稀少性	181
帰属理論	90
既存業者間の敵対度	177, 178
期待理論	85
規模の経済	185
基本戦略	184
基本的職能	111
業界構造分析	177
業界標準	187

供給業者（売り手）の交渉力	177, 178
業績評価制度	130
競争戦略	174
競争戦略論	23
競争優位	175
競争優位の源泉	175, 254
共通目的	64
協働	61, 109
協働意思	64
共同決定	249
業務的意思決定	160
協労的行動	100
銀行離れ	243
近代管理論	60, 143, 144
金融ビッグバン	243
組み合わせ	225
クラフトマンシップ	222
クリーク	56
グレシャムの法則	160
クローズド・システム（閉鎖体系）	143
軍隊式組織	118
経営会議	35
経営資源	13, 166, 238
経営資源アプローチ	180
経営資源の異質性	180
経営資源の固着性	180
経営者革命	40
経営者支配	39
経営者層	17
経営戦略論	23
計画におけるグレシャムの法則	160
計画部	45
経験曲線	167
経験効果	185
経済価値	180
経済人モデル	47
経済民主化政策	244
継電器組立作業実験室	51
ケイパビリティ	182
系列	246

経路依存性	200
限定された合理性	69, 70
現場管理者層	18
現場主義	227
コア・コンピタンス	182
コア・テクノロジー	200
コア・リジディティ	182
公開会社	29, 31
公企業	27
合資会社	29
公私混合企業	27
構造づくり	96
構想と執行の分離	46
合同会社	29
行動論	94
公平理論	84
合法的支配	114
合名会社	29
高齢社会	218
コーポレート・ガバナンス（企業統治）	238, 248, 250
顧客機能	163
顧客層	163
個人企業	28
個人人格	75
個人の有効性と能率	66
コスト集中	185
コストダウン	231
コストの見える化	231
コスト優位	184
コスト・リーダーシップ戦略	184
古典的管理論	21, 58
コミュニケーション	65
コンティンジェンシー理論（リーダーシップの）	94, 97
コンティンジェンシー理論（環境適応理論）	23, 144, 154, 156
コンピタンス	182
コンフリクト	153

さ

サーバント・リーダーシップ	102
財閥解体	244
財務管理	238
作業指図票	46
作業能率	43
差別化集中	185
差別化戦略	184
差別化優位	186
差率出来高賃金	47, 48
参入障壁	178
シェアード・リーダーシップ	107
時間動作研究	44
事業システム	183
事業戦略	174
事業の機能的定義	163
事業の物理的定義	162
事業部制組織	113, 117, 121
資源配分	166
自己資本	241
仕事意欲	78
資材所要量計画	229
事実上の標準	187
資質論	94
指示的行動	100
自社株買い	240
市場開発	164
市場浸透	164
静かなリーダーシップ	104
シックスシグマ	235
執行役員制	35
実体理論	78
シナジー	165
死の谷	191
支払意思額（WTP）	185
資本調達	239
資本の証券化	31
指名委員会等設置会社	35, 37

社員	29
社会−技術システム論	22, 143, 144
社会人モデル	50, 56
ジャスト・イン・タイム（JIT）	229
社団	28
借金経営	243
従業員層	17, 19
集権的	112
終身雇用	213, 248
集中戦略	185
受託職能	34, 248
出資	27
主要な定着メカニズム	133
状態依存型ガバナンス	247
情報プロセッシング・パラダイム	155
常務会	35
照明実験	51
初期人間関係論	21
職位	207
職能	111, 207
職能的職長制度	46, 118
職能的組織	117, 118
職能別組織	113, 117, 207
職務	216
職務充実	88
職務特性理論	89
所有者層	17
所有と経営の分離	38
所有と支配の分離	38
新規参入の脅威	177, 178
シングル・ステータス	214, 216
新結合	190
人事管理	206
人事労務管理	206
人的資源管理	206
新人間関係論	21
心理的な安全	138
スタック・イン・ザ・ミドル	185
スタッフ	208
擦り合わせ	225

生産管理	221, 225, 226
生産計画	228
生産工程管理	228
生産シナジー	165
生産性のジレンマ	202, 224
成熟度（レディネス）	100
成長ベクトル	164
製品イノベーション	194
製品開発	164
セクショナリズム	116, 120
セル生産方式	232, 235
全般管理者層	18
全般管理職能	33, 248
専門化の原則	16, 118
専門経営者	38
戦略的意思決定	160
戦略的事業単位	166
相対市場シェア	168
組織	60, 181
組織開発	136
組織均衡論	68
組織形態	117
組織構造	22, 109
組織人格	75
組織定義	61
組織的怠業	44
組織特殊的人的資本	254
組織能力	182
組織の有効性と能率	67
組織は戦略に従う	124
組織文化	22, 126, 153

ダーウィンの海	192
第1次職能	111
代替品・サービスの脅威	177, 179
ダイナミック・ケイパビリティ	182
ダイバーシティ	219

大量生産	221
多角化	163, 164
タスク	44
タスク環境	150
タスク志向（課題動機）型	98
他人資本	241
多能工	216, 235
単能工	216, 236
チーム	215
直接金融	243
強い文化	128, 129, 131, 132
提携	171
定型的意思決定	71
テイラー・システム	43, 221
テクニカル・コア	154
撤退障壁	178
デ・ファクト・スタンダード	187
デミング賞	234
伝統的支配	114
動機付け・衛生理論	88
投資決定	239
投資シナジー	165
道徳的創造性	74, 75
特例有限会社	30
トップ・マネジメント	18, 33–35
トップ・リーダーシップ	101
ドミナント・デザイン（支配的な製品仕様）	195, 202, 226
ドメイン	161
トヨタ生産方式	229
トリガー	192
取締役	33, 34
取締役会	33, 34
取締役会の無機能化	34

な

内的均衡	65, 66
内発的動機付け	82, 130
内部資本調達	240
内部留保	240
流れ作業方式	48
ナショナル・イノベーション	193
成り行き管理	44
二次的明文化および強化のメカニズム	133
日本型コーポレート・ガバナンス	252, 254
日本経営品質賞	234
日本生産性本部	234
日本的経営	212, 217
日本的経営の三種の神器	213
二要因理論	88
人間関係志向（関係動機）型	98
人間関係論	20, 50
年功賃金	213
能率	66, 68
ノルマ	57

は

配慮	96
花形	168
派閥	56
バブル現象	243
パラダイム	144, 145
範囲の経済	165, 185
バンク配線作業観察室	55
販売シナジー	165
非公開会社	29
非公式集団	56
非定型的意思決定	71
標準的作業量	44
品質改善活動	232
品質の作り込み	236
ファヨールの法則	16
ファンクショナル組織	117
フィードラー・モデル	97
フォーディズム	223

フォード・システム　48, 223
フォロワー　93
付加価値　236
負債資本調達　241
部分的無知　159
部門管理者層　18
部門管理職能　34
フラットな組織　19
ブルーカラー　214, 227
プロセス・イノベーション　195
プロセス理論　84
プロダクト・ポートフォリオ・マネジメント（PPM）　166
プロダクト・ライフサイクル（PLC）　167
分化と統合　150
文化変革　137
分業と調整　109, 110
分権的　112
文物　134
ペイアウト政策　240
変革型ミドル　104
法人　28
ホーソン実験　50
ポジショニング・アプローチ　176
補助的職能　111
ホワイトカラー　214, 227

ま

マーケティング近視眼　162
マクロ・イノベーション　193
負け犬　169
マトリックス組織　113, 117, 122
マネジメント　14
マネジメント・シナジー　165
魔の川　191
マルコム・ボルドリッジ賞　234
満足化基準　70
ミクロ・イノベーション　192, 194

ミシガン研究　95
ミドル・マネジメント　19
ミドル・リーダーシップ　103
未利用資源　165
無限責任社員　29
命令の一元性の原則　16, 47, 118, 123
メインバンク制　245, 247
目標設定理論　87
持分　29
持分会社　29
モティベーション　78
モティベーション論　21
モニタリング・コスト　129
模倣困難性　181
問題児　169

や

有機的組織　145, 146
有限会社　30
有限責任　30
有限責任社員　29
有効性　66, 68
緩い分業　215, 216
欲求階層説　79

ら

ライン　208
ライン・アンド・スタッフ組織　117, 119
ライン生産方式　232
ライン組織　117, 118
リーダー　93, 133
リーダーシップ開発論　106
リーダーシップ論　21
理念型　115, 117, 145, 146
ルーチン　155
例外管理（例外による管理の原則）　114

レントゲン	197
労務管理	206

ロワー・マネジメント	19
論理実証主義	73

▶人名・企業名索引

英数

3 M	200
CIC	193
IBM	190

あ

アスクル	183
アダムス（Adams, J. S.）	84
アダム・スミス（Adam Smith）	110
アッターバック（Utterback, J. M.）	195
アバナシー（Abernathy, W. J.）	195
アベグレン（Abegglen, J.）	212
アルダーファ（Alderfer, C. P.）	81
アンゾフ（Ansoff, H. I.）	159
伊丹敬之	111
ウェーバー（Weber, M.）	114
ウエスタン・エレクトリック社（Western Electric Company）	50
ウォークマン	156
ウォーターマン（Waterman, R. H.）	22, 128, 131, 132
ウッドワード（Woodward, J.）	147
エイベル（Abell, D.）	163
エジソン	196
大野耐一	230
オールダム（Oldham, G. R.）	89

か

花王	186

加護野忠男	111, 155
金井壽宏	104
ガルブレイス（Galbraith, J. R.）	22, 155
キヤノン	182, 200
グリーンリーフ（Greenleaf, R. K.）	102
クンダ（Kunda, G.）	132
コーエン（Cohen, A. R.）	107

さ

サイモン（Simon, H. A.）	21, 58, 60, 68, 69, 143
シャイン（Schein, E. H.）	133, 134, 135, 138
ジュラン（Juran, J. M.）	233
シュンペーター（Schumpeter, J. A.）	190
スタッジル（Stodgill, R. M.）	94
ストーカー（Stalker, G. M.）	145
セルズニック（Selznick, P.）	63
ソニー	156, 192

た

宅急便	157
チャンドラー（Chandler, A. D., Jr.）	22, 124, 159
ティース（Teece, D. J.）	182
テイラー（Taylor, F. W.）	20, 43, 142, 222
デシ（Deci, E. L.）	82
デミング（Deming, W. E.）	233
ドラッカー（Drucker, P. F.）	190
トンプソン（Thompson, J. D.）	154

263

な

中村末広 ... 192
ナナス（Nanus, B.）... 102
ネサンソン（Nathanson, D. A.）... 22
ネッツトヨタ南国 ... 219

は

ハーシィ（Hersey, P.）... 100
ハーズバーグ（Herzberg, F.）... 88
バーナード（Barnard, C. I.）
 ... 21, 58, 60, 61, 143
バーナム（Burnham, J.）... 40
バーニー（Barney, J. B.）... 180
バーリ（Berle, A. A.）... 38, 244
バーンズ（Burns, T.）... 145
バイエル ... 193
バス（Bass, B. M.）... 94
バダラッコ（Badaracco, J. L., Jr.）... 104
ハックマン（Hackman, J. R.）... 89
ハメル（Hamel, G.）... 182
ピーターズ（Peters, T. J.）
 ... 22, 128, 131, 132
ファヨール（Fayol, J. H.）... 14, 58
フィードラー（Fiedler, F. E.）... 97
フォード（Ford, H.）... 48, 223
フォン・ヒッペル（von Hippel, E.）... 197
ブラッドフォード（Bradford, D. L.）... 107
プラハラード（Prahalad, C. K.）... 182
ブランチャード（Blanchard, K. H.）... 100
ブルーム（Vroom, V. H.）... 21, 85
プロクター＆ギャンブル ... 201
ヘキスト ... 193
ベニス（Benis, W.）... 102
ペロー（Perrow, C.）... 155
ポーター（Porter, M. E.）... 23, 175
ボストン・コンサルティング・グループ（BCG）... 166

ま

マーチ（March, J. G.）... 68
マイクロソフト ... 224
マズロー（Maslow, A. H.）... 21, 79
マッコール（McCall, M.）... 106
松下幸之助 ... 124
ミーンズ（Means, G. C.）... 38, 244
ミッチェル（Mitchell, T. R.）... 131
メイヨー（Mayo, E.）... 21, 50
モトローラ ... 235

や

大和運輸（現・ヤマト運輸）... 157

ら

ラーナー（Larner, R. J.）... 40
レスリスバーガー（Roethlisberger, F. J.）
 ... 50
レビット（Levitt, T.）... 162
ローシュ（Lorsch, J. W.）... 150
ローラー（Lawler Ⅲ, E. E.）... 85
ローレンス（Lawrence, P. R.）... 150
ロック（Locke, E. A.）... 87

わ

ワイナー（Weiner, B.）... 90

▶執筆者紹介（執筆順）

上野 恭裕（うえの やすひろ）　　　　　　　　　　第1・7・9章
　　編著者紹介参照

馬場 大治（ばば たいじ）　　　　　　　　　　　　第1・2・15章
　　編著者紹介参照

上林 憲雄（かんばやし のりお）　　　　　　　　　第3・13章
　　神戸大学大学院経営学研究科教授。Ph.D.・博士（経営学）。
　　神戸大学経営学部卒。神戸大学大学院経営学研究科博士課程後期課程中退。
　　英国ウォーリック大学経営大学院博士課程修了。
　　主著：『人的資源管理（ベーシック＋）』（編著，中央経済社，2016年）
　　　　　『ケーススタディ 優良・成長企業の人事戦略』（共編著，税務経理協会，
　　　　　2015年）ほか

庭本 佳子（にわもと よしこ）　　　　　　　　　　第4章
　　神戸大学大学院経営学研究科准教授。博士（経営学）。
　　京都大学法学部卒。神戸大学大学院経営学研究科博士課程後期課程修了。
　　主著：「組織能力におけるHRMの役割」（『経営学史学会年報』21輯，2014
　　　　　年）
　　　　　「日本企業における組織能力の発現メカニズム―チームの協働とリー
　　　　　ダーシップの視点から―」（神戸大学大学院経営学研究科博士論文，
　　　　　2015年）

北居 明（きたい あきら）　　　　　　　　　　　　第5・8章
　　甲南大学経営学部教授。博士（経営学）。
　　滋賀大学経済学部卒。神戸大学大学院経営学研究科博士課程後期課程修了。
　　主著：『学習を促す組織文化―マルチレベル・アプローチによる実証研究―』
　　　　　（有斐閣，2014年）
　　　　　『健康いきいき職場づくり―現場発組織変革のすすめ―』（分担執筆，
　　　　　生産性出版，2014年）

上野山　達哉（うえのやま　たつや）　　　　　　　　　　　　　　第 6 章

大阪府立大学大学院経済学研究科准教授。博士（経営学）。
京都大学経済学部卒。神戸大学大学院経営学研究科博士課程後期課程退学。
主著：『組織行動論（ベーシック＋）』（分担執筆，中央経済社，2019 年）
　　　　『入門組織行動論（第 2 版）』（分担執筆，中央経済社，2014 年）

今井　希（いまい　のぞむ）　　　　　　　　　　　　　　　　　第 10・11 章

大阪府立大学大学院経済学研究科准教授。修士（経営学）。
神戸大学経営学部卒。神戸大学大学院経営学研究科博士課程後期課程単位取得退学。
主著：『スウェーデン流グローバル成長戦略─「分かち合い」の精神に学ぶ─』
　　　　（分担執筆，中央経済社，2015 年）
　　　　「経営戦略論における実践論的転回の可能性─「実践としての戦略」
　　　　の検討をつうじて─」（『Informatics』第 6 巻，2013 年）

高井　紳二（たかい　しんじ）　　　　　　　　　　　　　　　　第 12・14 章

同志社大学商学部，同大学院総合政策研究科教授。
同志社大学商学部卒，早稲田大学大学院商学研究科修士課程修了。
主著：『技術ブランド戦略─コアテクノロジーの分析・選択・展開・管理─』
　　　　（共著，日本経済新聞社，2009 年）
　　　　『実践ペルソナマーケティング─製品・サービス開発の新しい常識─』
　　　　（編著，日本経済新聞社，2013 年）

▶編著者紹介

上野 恭裕（うえの　やすひろ）

関西大学社会学部教授。大阪府立大学名誉教授。博士（経営学）。
神戸大学経営学部卒。神戸大学大学院経営学研究科博士課程後期課程中退。
大阪府立大学経済学部助手，同専任講師，同助教授，英国 Cranfield 大学客員研究員，大阪府立大学経済学部教授を経て，現在，関西大学社会学部教授。

主著:

『経営学への旅立ち』（分担執筆，八千代出版，2001 年）
「日本企業の多角化経営と組織構造」（『組織科学』第 37 巻第 3 号，2004 年）
『取引制度から読みとく現代企業』（共著，有斐閣，2008 年）
『戦略本社のマネジメント―多角化戦略と組織構造の再検討―』（白桃書房，2011 年）
「伝統的事業システムの競争優位性と課題―堺・関・燕の刃物産業の比較より―」（共著，長崎国際大学論叢，第 13 巻，2013 年）

馬場 大治（ばば　たいじ）

甲南大学経営学部教授。修士（経営学）。
神戸大学経営学部卒。神戸大学大学院経営学研究科博士課程後期課程単位取得退学。
姫路獨協大学経済情報学部助手，同専任講師，甲南大学経営学部専任講師，同助教授を経て，現在，甲南大学経営学部教授。

主著:

「現代の日本企業の資本コスト概念―アンケート調査結果をもとにして―」（『証券経済学会年報』第 50 号，2015 年）
『ビジネス・イノベーションのプラットフォーム』（分担執筆，同文舘出版，2012 年）
『コーポレート・ガバナンスと資本市場』（分担執筆，税務経理協会，2004 年）
Capital Cost and Financial Policies in Japanese Companies: Some Survey Findings, *Asian Business & Management*, 3, 2002（共著）

経営管理論

2016年7月5日　第1版第1刷発行
2020年10月15日　第1版第12刷発行

編著者　上　野　恭　裕
　　　　馬　場　大　治

発行者　山　本　　　継

発行所　㈱中央経済社

発売元　㈱中央経済グループ
　　　　パブリッシング

〒101-0051　東京都千代田区神田神保町1-31-2
電　話　03 (3293) 3371 (編集代表)
　　　　03 (3293) 3381 (営業代表)
http://www.chuokeizai.co.jp／
製版／三英グラフィック・アーツ㈱
印刷／三　英　印　刷㈱
製本／誠　　製　　本㈱

Ⓒ 2016
Printed in Japan

＊頁の「欠落」や「順序違い」などがありましたらお取り替えいた
しますので発売元までご送付ください。(送料小社負担)

ISBN978-4-502-19061-2　C3034

JCOPY〈出版者著作権管理機構委託出版物〉本書を無断で複写複製 (コピー) することは,
著作権法上の例外を除き,禁じられています。本書をコピーされる場合は事前に出版者著
作権管理機構 (JCOPY) の許諾を受けてください。
　JCOPY〈http://www.jcopy.or.jp　e メール：info@jcopy.or.jp〉

ベーシック＋プラス
Basic Plus

Let's START!

学びにプラス！
成長にプラス！
ベーシック＋で
はじめよう！

　いま新しい時代を切り開く基礎力と応用力を兼ね備えた人材が求められています。
　このシリーズは，各学問分野の基本的な知識や標準的な考え方を学ぶことにプラスして，一人ひとりが主体的に思考し，行動できるような「学び」をサポートしています。

ベーシック＋専用HP

教員向けサポート
も充実！

中央経済社